簡明中國哲學史

趙衛民　著

臺灣學生書局 印行

本書體例

一、讀者宜看完〈緒論〉第一節後,即逕行開始閱讀〈第
　　二章〉內容,依序下去,至〈第七章〉讀完直到〈結
　　論〉,再回頭看〈緒論〉第二、第三節。

二、對每家思想並不希求作全面的介紹,而是簡潔、有
　　力尋找思路的切入點,以穿透其關注的焦點。

三、重概念的展開,而不重知識的介紹。

四、〈結論〉為當代學者對中國哲學史一些思想上的爭
　　議,只是簡略勾勒。

五、讀者如須進階閱讀,可參考注解上所列書目即可。

簡明中國哲學史

目　次

第六章　宋明理學

第七章　清代哲學

第八章　結　論

第一章　緒　論

　　中國本土誕生的思想有兩家：儒家和道家；佛家是印度傳來的，但也有佛法中國化。用數學的向量或矢量為其定位，儒家是崇高，道家是廣大，佛家是深刻；儒家提昇你的人格，道家拓寬你的意識閾（心理學名詞），而佛家深入你的潛意識。或者換種說法，儒家重視意識的光明面，道家重視意識的廣大面，佛家重視意識的黑暗面。至於結果，儒家是聖、賢，道家是真人、神人，佛家是佛、菩薩。

第一節　十字打開

　　中國主要是三家哲學，本土的是儒、道兩家哲學：孔子及老子都是哲學家，佛家是外來的，釋迦牟尼佛也是哲學家，但佛法也可以中國化。擴大來說，都可以成教，儒家道統化了就是儒教，道家有道教，佛家有佛教。哲學家根據自己對生命的洞見所思考的內容，在生命中實踐的方式，就可以成教。這三位哲學家也就不僅是概念的思考，而成為聖人、佛陀，這就是超凡入聖的生命等級。他們原始的洞見無疑是巨大的，才能引領風潮，一代代研

究儒家的學者由慕聖希賢到成聖成賢，研究道家的想成為真人、神人，研究佛家的想成為佛、菩薩。中國真是魔幻主義的國度，中國人多想經由生命實踐的印證，契入不朽的生命。

這些原初的洞見為何？借用數學上的矢量、向量的方法，看一看三家原始洞見所呈現出動力作用的方向。向量本來有向也有量，而以矢號表現之。概略言之，儒家注重人性的光明面，道家注重人性的廣度面，佛家注重人性的陰暗面，儒家朝向意識的高度量，道家朝向意識的廣度量，佛家朝向意識的深度量。略以當代西方思潮比說，儒家是現代主義、人文主義，道家是存有學、反人文主義，佛家是精神分析的思潮。

一、儒家：高度量

如果我們以意識作一定點，儒家的矢號要往上畫，是縱向的。由意識到超越意識，故那點作為君子行仁、踐仁的起點，目標是成為聖賢，儒就是要成為一個有人格的人，人格則用「崇高」表示。那麼矢號可不可以往反方向畫？往反方向畫就是反指標，衡量的標準是欲望，孔子說：「無欲則剛」。儒家實踐人文化成的領域在社會，故「正德、利用、厚生」，要成為國家社會有用的棟梁。「十年樹木，百年樹人」，你要趕快長高，成為大樹一樣喔！

但是從另一種方式，矢號也可以往下畫，因為周朝時「對越在天」，人要對超越的天道負責，而天道生化也下貫於人的性命，

這是天道性命相貫通。那麼天命流行就成為人的創造真幾。[1]現在研究儒家，要研究各家概念上的差異，概念上的差異常形成不同的生命實踐與風格。

孔子博學，「問禮於老聃，訪樂於萇弘，學琴於師襄」（《史記·孔子世家》），「博學而無所成名」（《論語·子罕》），甚至自我定位是「其為人也，發憤忘食，樂以忘憂，不知老之將至云爾。」（《論語·述而》）一生就是發憤學習的過程。孔子又復多能，「吾少也賤，故多能鄙事。君子多乎哉，不多也。」（《論語·子罕》）君子對才能是不嫌多的。「子所雅言，《詩》、《書》、執《禮》，皆雅言也。」（《論語·述而》）還說「興於詩，立於禮，成於樂」（《論語·泰伯》）。

孔子生命的仁德流行，總是天德流行，有活活潑潑的生機。見到人家有喪事，「子食於有喪者之側，未嘗飽也。子於是日哭，則不歌。」（《論語·述而》）「子與人歌而善，必使反之，而後和之。」（《論語·述而》）甚至曾點：「莫春者，春服既成，冠者五六人，童子六七人，浴乎沂，風乎舞雩，詠而歸。」（《論語·先進》）晚春時，在沂水游泳，在歌舞娛神的祭壇上乘涼，歌詠而歸；孔子對這樣悅樂的生命情調也能贊成。一般說孔子「仁智雙彰」，他的智慧不少是「好古，敏以求之」（《論語·述而》），智是外在，但有時也有內在化的傾向。「視其所以，察其所由，觀其所安，人焉廋哉！」（《論語·為政》）這是燭人之過。

1　牟宗三：《中國哲學的特質》（臺北：臺灣學生書局，1973），頁56。

如果對比《論語》的第一篇〈學而〉與《孟子》第一篇〈梁惠王〉，〈學而〉篇是學習之樂，志同道合的朋友晤面的喜悅等等，〈梁惠王〉篇一開始就是「王何必曰利，亦有仁義而已矣。」的峻烈之氣。孟子是雄辯型的，除了義利之辨，還有王霸之辨、人禽之辨，尤其人禽之辨上，把仁、義、禮、智全收歸一心。「無惻隱之心，非人也；無羞惡之心，非人也；無辭讓之心，非人也；無是非之心，非人也。」（《孟子‧公孫丑》）孟子的智慧顯然內收到一心中，是知是知非之心。

孔子雖然說：「吾欲無言。天何言哉！四時行焉，草木生焉，天何言哉！」（《論語‧陽貨》）但「夫子之文章，可得而聞也，夫子之言性與天道，不可得而聞也。」（《論語‧公冶長》）孔孟都是以心性論為主，道家的義理內容以道為主，以歷史學家湯恩比（Arnold Joseph Toynbee, 1889-1975）的說法是構成了刺激和挑戰，《中庸》、《易傳》就回應了這刺激和挑戰，從天道上面說下來，與孔子、孟子的下學而上達（《論語‧憲問》），構成了「上下雙迴向」的概念系統。

至於宋明理學，「宋代哲學家，大抵皆砥礪志節，力學有成。其出身不是利祿之門的『官學』，而是敦品勵學的『私學』，因而宋儒最有知識分子的氣節與尊嚴。」[2]但有些宋儒在許多地方好像是清教徒，而富於清教徒精神。這是一種宗教的精神，它一旦和道德精神結合起來，再加上在思想方面，他們不是採取思想之

2　方東美：《新儒家哲學十八講》（臺北：黎明文化事業公司，1983），頁99。

匯通，而是思想之隔絕。這樣一來，在宗教上面產生了宗教的偏狹主義。（同前書，頁 86-87）

二、道家：廣度量

假如我們仍然以意識作一定點，道家的矢號要往橫畫，是橫向的。如果人所處是在社會中的一點，就可以把這意識稱為社會意識，我們在社會裡所意識到的自我是偏狹的，整個社會的價值觀有嚴重的扭曲，老子說：「前識者，道之華而愚之始也。」（《道德經・第三十八章》）如果人在社會中要成就有用的人，老子卻視「有之以為利，無之以為用。」（《道德經・第十一章》）社會中的有用只是有利而已，無用才是真正的有用。至於儒家的道德意識，老子說：「天地不仁，以萬物為芻狗。」（《道德經・第五章》）如果說名、利是一種人可以承認的世俗價值，儒家認為道德更是人人都會承認的超越價值，故為提昇自己的人格，爭取別人的承認，奮鬥到死。相對的，道家為爭取別人的不承認奮鬥到死，故道家聖人多為隱沒在大地上生活的無名人物，「聖人無名」（《南華真經・逍遙遊》）。道只是一個字，「勉強名之曰大」（《道德經・第二十五章》），故說廣大之道。相對於儒家的：你要長得像大樹一樣喔！道家可以說：你的心要像大海一樣喔！大海就是大地，就是深淵，廣大故能包容，有容乃大，「天下皆謂我道大，似不肖。夫唯大，故似不肖。」（《道德經・第六十七章》）道家除了存有學外，必有廣度量的生活經驗為基礎，才會淵深莫測；莊子也說：「體盡無窮，而游無朕。」（《南華

真經・應帝王〉）你不能由一般的世俗價值來估量他，他在人間以外的地方逍遙。社會意識等於社會性的欲望，老子說：「少私寡欲」。

如果道德意識等於社會的最高價值，道家卻認為百工異業，技術是最普遍的價值，你如何宰一隻牛是應付、處理自然的暴烈力量，你如何應對獨夫式的暴君，是處理、應付權力的暴烈力量。

魏晉玄學中的王弼是青年哲學家，很難相稱於老子老年的智慧。王弼把握住無的智慧，但有時玄思過了頭，《老子・第一章》就注得糊塗。在注「無名天地之始，有名萬物之母」時，他注：「在首則謂之始，在終則謂之母」，不管前面怎麼注，「母」總有「在終」義，而《老子・第五十二章》注「天下有始，以為天下母」句，則注「母，本也」，故知〈第一章〉注為非。其實他還有種以無為本的思想，其實有則有本，無則無本，他這種以無為體，就成了無的形上學，也正好是存有學想要拆解的。至於郭象在注解上更非忠實：「內聖外王之義，乃向、郭解莊之整個看法，至為重要。且孔子貴名教，老、莊崇自然。名教所以治天下，自然所以養性命。《莊子注》之理想人格，合養性命治天下為一事，以逍遙遊、齊物論與應帝王為一貫。於是自然、名教乃相通而不相違。」[3] 這是比較持平的看法。有人批得更凶：「郭象慕貴達，故其注莊，靦顏昧心，曲說媚勢。」[4]

3　湯用彤：《魏晉玄學論稿》（臺北：育民出版社，1980），頁 105。

4　錢穆：《中國思想史》（臺北：臺灣學生書局，1980），頁 142。

三、佛家：深度量

　　佛家不似道家把意識定位於社會意識，而等於社會性欲望；佛家把意識定位於個人欲望，即等於「無明」。佛家認為「有欲故苦」，故佛家注重人性的黑暗面，故強調「無我觀」。佛家等於開展了一套以心理學為基礎的人生觀，並放大到宇宙觀。到了大乘有宗（唯識宗）則伸展到第七識和第八識，可以說「近於潛意識」[5]，故佛家進入深度心理學的領域。第七末那識是執我識，尼采（Friedrich Nietzsche, 1844-1900）攻擊西方形上學產生自語法學奠基在主賓辭結構的錯誤信仰，主辭＝主體＝我，投射到萬物都有一實體作為本體。故佛家的大乘空宗，不僅人空也要法空。執我識等於是無明住地，阿賴耶識雖是染污識，卻是中性的。後來又有設立清淨識來解決成佛的動力，有佛性觀念的出現，越深刻才能越高明。矢號也可以反方向畫，就出現佛、菩薩、緣覺、聲聞四聖。

　　佛學中國化，唯有華嚴宗、天台宗、禪宗，華嚴宗和天台宗為了誰是最圓滿的佛教爭論不休，到現代學者間仍然餘波蕩漾。如果能參考當代精神分析學乃至德勒茲（Gilles Deleuze, 1925-1995）的分裂分析（schizo-analysis），也許可以逼近答案。

　　儒、道、釋三家的影響力仍在持續，他們的原始洞見依然有力動人，每一時代都有最有力量的哲學家為經作傳或自鑄偉辭。

5　熊十力：《存齋隨筆》（臺北：鵝湖出版社，1993），頁39。

如果我們將三家的洞見結合，或是把它們的向量合併，正好是一個人在意識面的這點上十字打開的向量。儒家可以「極高明而道中庸」，道家可以「道大似不肖」，佛家可以深入到第九識，這都不妨礙他們成聖、成仙、成佛。

第二節　大地之歌

老子說：「道生一，一生二，二生三，三生萬物。」（〈四十二章〉）在道與萬物之間，有一、二、三這樣的神祕數字，如果比配上「道生之，德蓄之，物形之，勢成之。」（〈五十一章〉）在道與物之間，只有德的層次，則一、二、三的數字，均在德的層次上發生，一、二、三表示甚麼呢？一、二、三似很容易配上無、有、玄，但無、有基本上都是玄，玄可以提上到一的層次。

一、大地概念的優先性

從老子〈第一章〉：「無，名天地之始；有，名萬物之母。故常無，欲以觀其妙；常有，欲以觀其徼。此兩者，同出而異名，同謂之玄，玄之又玄，眾妙之門。」先出現無、有、物三層，牟宗三（1909-1995）說：「向後看說無是一元的，向前看說有說徼向性是多元的（pluralistic）。因為是多元的，才可以作為萬物之母、之形式根據。老子通過無與有來了解道。無有混在一起就是

玄。『玄之又玄，眾妙之門。』的玄就是創造萬物的根據。」[6]所謂「向後看」，是指向道的方向來看，「無」是一元，「向前看」，是向萬物的方向來看，有的歸向性是多元的，歸向性可以說是向量。

一、二、三彷彿可以配上無、有、玄，但無和有「同出而異名」，「同」自然指無和有同，自道所出而名稱相異，故此「同」稱為「玄」，故可說「有無玄同」。講有已玄，講無更玄，無較有優先性，違反世俗的理解，故「玄之又玄」。無和有同，故無是有中無，有是無中有，但二者都是玄，玄似乎放在無的層次上較穩妥，因為儒家已講有，道德的有，道家講無，無和有是道的雙重面相。玄也可以當無有辯證來看，似可以當三，但辯證的二元也可以轉化成更高的一元，故三應當成無和有的各種關係，多元關係。

如果把〈一章〉的天地、萬物一起安排，一是無，二是有，是天地，三是天地相合。依河上公注：「無名者，謂道……有名者，謂天地。」河上公是依「無名」、「有名」斷句，如果依「無」、「有」斷句，則「名」成為動詞，無命名了道，有命名了天地，「謂」字取消即可，有是天地。徐復觀（1904-1982）說：「一生二，即是一生天地。但天地對萬物，只是一持載的形式，天地並不能直接生萬物，萬物依然要由一而生。」[7]徐復觀說清楚了一生

6　牟宗三：《中國哲學十九講》（臺北：臺灣學生書局，1995），頁101。
7　徐復觀：《中國人性論史》（臺北：臺灣商務印書館，1977），頁335-336。

二，二是天地。但一與二都是在德的層次，德當然不能直接生萬物，道生之，德只是蓄養來自道的動力。但萬物並不「依然由一而生」，一並不是道，仍是在德的層次。至於二生三的層次，老子已有明言：「天地相合，以降甘露。」（〈三十二章〉）故而二生三，是「天地相合」，「相合」之後是天與地產生了關係，是三，但降下甜美的露水，水要上提到一的層次。如果再引一句：「天地之間，其猶橐籥乎！虛而不屈，動而愈出。」（〈五章〉）無論橐籥指的是鼓風箱，或樂器，則風也可以像水一樣，是在一的層次。但是老子同樣說：「天地不仁，以萬物為芻狗。」（〈五章〉）天地是沒有仁德的，以萬物為祭祀完就丟棄的草狗，萬物是犧牲，祭祀的是天地。雖然「失道而後德，失德而後仁，失仁而後義……」（〈三十八章〉）仁是在道德的層次以後，故而天、地也沒有仁的位置。但在語意的層次上，天地可以「相合」，也可以「不仁」，在「相合」時，也可以由辯證的二元轉化成更高一元，故三應視為天與地的各種關係，多元關係。地應是這一元，較天有優先性。以這種方式看，水和風都提到了一的層次。

老子〈第一章〉是他哲學的總綱，概念結構涉及存有論構成和宇宙論構成，歷代注疏均缺乏詳細的鋪陳及詮釋。在存有論構成上──「無，名天地之始。有，名萬物之母。」──是無和有，以及無、有辯證。在宇宙論構成上，涉及道，天地萬物，若並合「萬物負陰而抱陽，沖氣以為和。」（〈四十二章〉）則萬物氣化的層面，也在德的層次上發生，陰陽構成也是無有構成，氣化構成既是宇宙論構成，也是存有論構成。故陰、陽、陰陽沖和也

在德的層次上。陰陽可以沖和，也可以失調，故陰陽沖和在辯證中的二元，陰是陽中陰，陽是陰中陽，陰中有陽，陽中有陰，也可以轉化成更高的一元，陰較陽有優先性。故三應視為陰與陽的各種關係，多元關係。

較有趣者，為唐君毅（1909-1978）在談到「人之法道之事」有云：「老子未直言地道……老子之言守雌、法牝、守母，此雌、牝、母皆陰物，亦世所謂坤道、地道之所在之物……此玄牝之義，明高於天地之層次」[8]；這似乎說坤道、地道通極於道，較天道有優先性，他談到天道時，「天道表現於天下萬物之總體……且乃自天下萬物客觀的公言。」（同前書，頁 308）簡單區別，坤道、地道表現的是自然，天道表現的是社會，「自然」比較「社會」在道上較有優先性。甚至方東美（1899-1977）在談到道體時說：「道為大象或玄牝……抱萬物而蓄養之，如慈母之於嬰兒。」[9]玄牝，即為慈母之道。

在「道生一，一生二，二生三」上，前文說的多半是「二生三」，如果把唐君毅所說的未加解釋的優先性加入，可以大膽地推論道生一是道生無、生陰、生地，一生二是無生有，就產生無和有，陰生陽，就產生了陰和陽，地生天，就產生了地和天。這樣的優先性在與儒家所彰顯的天道的優先性對比時，有其積極的意義。

8　唐君毅：《中國哲學原論 原道篇》（九龍：新亞書院，1973），頁 299-300。
9　方東美：《原始儒家道家哲學》（臺北：黎明文化事業公司，1983），頁 168。

二、世界與大地的衝突

地道如何生出天道？地道有何積極的意義？人在大地上誕生、成長，最後又埋葬於大地，依佛家說一切有情要生、老、病、死，一切物質現象要成、住、壞空，一切精神現象要生、住、異、滅，如依道家說法，最後都要歸藏於大地。地道與天道的二元，海德格（Martin Heidegger, 1889-1976）有相應的說法，他使用世界、大地的概念。「世界奠基自己於大地上，而大地突出（jutting in）於世界……世界依賴於大地，奮鬥去凌駕它。作為自我－開放，它不能忍受任何封閉的。大地作為庇護和隱蔽，常傾向於把世界拉入自己和把世界維持在那裏。世界和大地的對立是一衝突。……在鬥爭中，每一對手把他者帶到超越自己。」[10]如果，術語改變一下：天道奠基於地道上，而地道突出於天道。天道依賴於地道，奮鬥去凌駕它。作為自我－開放，天道不能忍受封閉的。地道作為庇護和隱蔽，常傾向於把天道拉入自己和把天道維持在那裏，天道和地道的對立是一衝突。……在爭鬥中，每一對手把他者帶到超越自己。這裡說出的是，天道作為自我－開放，地道作為自我隱蔽，隱蔽也有庇護的意味。而天道、地道的二或二元，是在一種爭鬥中，或者維持在一種張力關係中。地道的隱蔽，也可以說是無或陰，天道的開放也可以說是有或陽，這種張力關係（對手），把對方帶到超越自己！地道中有天道，天道中

10　Martin Heidegger, *Poetry, Language, Thought*, trans. by Albert Hofstadter (New York: Harper Row, 1975), p.49.

有地道；無中有有，有中有無；陰中有陽，陽中有陰。二元中的一項，所以能超越自己，是因為有對立項的作用，在對立中維持張力關係。故地是天中地，天是地中天；陰是陽中陰，陽是陰中陽；無是有中無，有是無中有。另外，天道依賴於地道，奠基於地道，也就是說，地道是天道的基礎或依據，也說明地道較天道更有優先性，無和陰也較有和陽有優先性。由天道與地道的二元，歸結為地道的一元，這也同樣是無和有的二元歸結於無的一元或陰與陽的二元，歸結於陰的一元。

但為什麼說「地道突出於天道」呢？海德格在解釋「polis」一字時，說道：「人在此的基礎和景象，一切這些道路相遇點，polis。polis 一般譯為城邦，並未抓住這字實際意義。polis 意謂的寧是地方，那裡，在那裡和像那樣的歷史的在一此是（在）。屬於這地方和景象的有諸神、廟堂、教士、節日、遊戲、詩人、思想家、統治者、長老、人民集會、軍隊和艦隊。」[11]polis 是一個地方，歷史的此在（人）在那裡和像那樣地居住，有歷史延續意義的地方和景象，如果是「人在此的基礎」，那就是道在歷史的人所開展的生活空間，而這生活空間因為是「一切這些道路相遇點」，將也是神聖空間，既是屬於神（信仰）的，包括諸神、廟堂、教士；也是屬於人的，包括人民集會、節日、遊戲；屬於藝術、哲學、政治、歷史，包括詩人、思想家、統治者、長老；也

11　Martin Heidegger, *An Introduction to Metaphysics*, trans. by Ralph Manheim (New York: Yale Univ., 1967), p.128.

有軍事，包括軍隊和艦隊。神聖空間也是歷史空間，polis 畢竟是在歷史真理的沉澱的地方，我們把這生活的、歷史的、神聖的空間，稱為世界－天道。

在另一種意義上，海德格說到大地：「離開他習慣的熟悉的限制，因為他是暴烈的，傾向在強烈意義上的陌生，凌駕熟悉的限制……任何地方，人都使他自己是一道路。他冒險進入存有物的，強烈力量的一切領域，並且在這樣做中，他被拋離於一切路。」（前書，頁 127）在萬物之間的活動，是強烈力量的一個領域。當「冒險」把人「拋離於一切道路」，這意謂離開生活空間的基礎，離開那地方和景象，甚至離開歷史的空間和神聖的空間，暴露在自然或萬物間的強烈力量中，就如「無根而生活，是需要勇氣的」（雷馬克語）。「人停泊在無根的深度中，放棄了穩定的土地……但把人交織入在強烈海洋上的暴力之旅，是不停息地侵入大地不可摧毀的力量。這裡大地是諸神中最高的，暴烈的，以力量的活動，人擾亂了成長的平靜，那無需努力而生活的，女神的養育和成熟。這裡強烈的所統治的不是自我耗盡的狂野，而是無需努力和疲怠，從偉大富饒的優越平靜，它產生和加贈了不可窮盡的財富，超過一切狂熱，進入這力量，爆發了暴烈的人。……」（同前書，頁 129）。大地是穩定的土地，也有不可摧毀的力量，我們在大地上平靜地成長，在大地的養育與成熟上，是無需努力而生活的。簡言之，大地像母親一樣養育著我們，故無需努力和疲怠，大地含藏著一切力量，是「偉大富饒的優越平靜」。這樣的大地原是生活的、歷史的人的堅實基礎，如果「放棄穩定的土

地」，大地成為海洋無根的深度，人就交織入「暴力之旅」，人也必須暴烈的，以力量的活動，進入這力量。故在優越平靜中的偉大富饒，有兩種面貌，一種讓我們無需努力而生活，另一種則是力量的海洋，人必須「超過一切狂熱，進入這力量。」前者是生活的、歷史的神聖空間，後者是冒險的、力量的流動空間。前者有堅實的基礎，後者是流動而無根的。正以其暴烈的力量，由無所迸發的可能的有，讓一切平靜復歸於渾沌，這不是與天道對立的地道，而是地道的一元性，它突出於舊有的、歷史的世界或天道，創生一切天道。這就是地生天的涵義。

三、大地的四重涵義

法國哲學家米歇爾・哈（Michel Harr）曾探究海德格本文中的大地概念，他分析出四重涵義。[12]①大地概念聯結於未被希臘思考的自然（physis）意義，即聯結到真理（aletheia）。不透明在大地中是有力的，但它必然顯明自己，大地的確出現在開放中，在存有的澄明中，但它出現為不可穿透的。……那在出現中保持著把自己的深度隱藏著。世界是在歷史人民的命運中單一基本決定過程的廣度之自我開放的開放性。世界概念是內在地聯結於紀元（epoch）觀念。世界概念內在地聯結於紀元觀念，以致於看來與之混淆。紀元表達了存有命運的基本形象（figure）。②大地的

12　Michel Harr, *The Song of the Earth* (Bloomington: Indiana Univ, 1993), pp.57-63.

確一致於一般稱為「自然」的……自然存有物——太陽、夜、樹、香草、蛇、蟬——海德格命名的，在其他之間——並沒有它們自己的任何維生，他們只在世界上和關聯到人類的工作才發生，並與其相對照。完全無知於它們自己，每一個是握住在流變，或洶湧中，包含了與特殊本性同一的劃定界限的動向中。大地的自我隱蔽……展開在形式和樣式的不可窮盡和單純的豐富中。這不可窮盡的富饒看來已被世界遺忘。③大地概念出現在藝術作品的描述中，作品並不是原始地由世界的形式中抽引出（draw）（創造在字面上意謂著抽出），而是從大地抽引出。形式並非加在粗野的，最初的質料上，而是由鬥爭中誕生，大地和世界由此聯合和分開，作品提供了世界的置定在地方（setting-in-place）上和同時是大地的引入出現，並不首先基於在藝術家部分的主觀姿態，而是基於真理「置定自己去作用」的本質。④陸地的（heimatlicher Grund）。Grund 指明了大地在一種有根性基礎或根據，包含了保留，滋養的土壤，這遺忘了的要素，由此形上學的樹根抽引出樹液和活力。本地的土壤比起大地的似乎更為歷史的，因為它的確是一個民族的而非個人的土壤的問題，因此是關聯到既定世界的大地比起藝術作品的大地而言是較不自由。本地的土壤，比起誕生的觀念是更緊密地結合於熟悉居所的不可把握的鄰近性和單純性。

　　在這更細緻地澄清海德格的大地觀念中，在第一重中，大地即自然（physis）是隱蔽性（陰），但也出現在開放（陽）中，世界與歷史人民的命運有關，即所謂紀元觀念。世界（天道）是

自我開放的開放性。在第二重中，大地即自然（nature），是與人類世界相對照，萬物（如太陽、黑夜、樹、香草、蛇、蟬），充滿了流變與洶湧，均有其特殊的動向，有形式和樣式不可窮盡和單純的豐富。藝術作品是從大地抽引出，是由大地與世界（天道）的爭鬥中誕生，這樣真理才可以發生作用。在第四重中，既定世界的大地（本地的土壤）是歷史的，前面所謂「大地的養育與成熟」。藝術作品的大地較為自由，這就呼應前面所論「離開他習慣性的熟悉的限制，傾向在強烈意義上的陌生，被拋離於一切路」云云。

　　以上述海德格論大地與世界的概念來充實論述老子地道與天道的關係有其根據。海德格說「他自己經常聽從老子的教誨。」他憑藉過的有衛理賢、維克多・馮・斯特勞斯及堅・烏倫布魯克的德譯，甚至三十年代就已經熟悉馬丁・布伯編選的《莊子》德譯本。[13]老子說：「小國寡民，使有什伯之器而不用，使民重死而不遠徙。雖有舟輿，無所乘之；雖有甲兵，無所陳之。使民復結繩而用之。甘其食，美其服，安其居，樂其俗。鄰國相望，雞犬之聲相聞。民至老死不相往來。」（〈八十章〉）老子雖是陳述小國寡民的政治理想，但在「使民重死而不遠徙」中，正開展出大地的生活空間，在器具上維持簡單、單純的結繩手藝。「甘其食，美其服，安其居，樂其俗。」這種小的地域，維持的是其

13　萊因哈德・梅依著，張志強譯：《海德格與東亞思想》（北京：中國社會科學出版社，2003），頁 6-9。

風俗、傳統，很像海德格在討論 polis 時所提出的「地方」概念。「那裡，在那裡和像那樣的歷史的在一此是（在）。屬於這地方和景象的有諸神、廟堂、教士、節日、遊戲、詩人、思想家、統治者、長老、人民集會、軍隊和艦隊。」如果把軍隊和艦隊刪去，似乎兩者也沒甚麼差距，甚至這樣就更接近老子所說的「鄰國相望，雞犬之聲相聞，民至老死不相往來。」那麼這種大地觀念，也接近「成長的平靜，那無需努力而生活的，女神的養育與成熟」。

　　這樣的大地原是生活的、歷史的人的基礎。「絕學無憂。唯之與阿，相去幾何？善之與惡，相去何若？人之所畏，不可不畏。荒兮其未央哉！眾人熙熙，如享太牢，如春登臺。我獨泊兮其未兆，如嬰兒之未孩，儽儽兮若無所歸。眾人皆有餘，而我獨若遺。我愚人之心也哉！俗人昭昭，我獨昏昏；俗人察察，我獨悶悶。澹兮其若海，飂兮若無止。眾人皆有以，而我獨頑似鄙。我獨異於人，而貴食母。」（〈二十章〉）這章〈河上公注〉標題為「異俗」[14]，顯然是以「我」對照「眾人」，異於眾人的風俗。在大地所開展的歷史、生活的空間裡，似乎已離開〈八十章〉理想的純樸，是與否[15]和善與惡相去之間有沒有顯著的差別呢？只要能夠從俗：人所畏懼的，不可以不畏懼就可以了。是與非，善與惡是二元邏輯，依照社會的二元邏輯置定，只是依照歷史空間和生活空間的相對標準。下二句無論王弼注：「眾人迷於美進，惑於

14　〔魏〕王弼等：《老子四種》（臺北：大安出版社，2006），頁 23-24。

15　王淮注釋：《老子探義》（臺北：臺灣商務印書館，1990），頁 83。

榮利，欲進心競。」或河上公注「熙熙」為「淫放多情欲」，都可看出求名利的欲望彼此競爭，下焉者，則多淫欲。對比於俗人昭昭察察的精明，我則是昏昧如愚。動則求名求利，眾人之行動均有其朕兆，而我則像嬰兒一樣無知於名利，活動於沒有徵兆的地方。無論是嬰兒或愚人，皆是一種渾沌之心，「若無所歸」，則找不到歸鄉之路，找不到堅實的基礎，只有「澹兮其若海，飂兮若無止」，只有飄忽地像大海一樣，這樣孤獨的漂流，像是無盡無止的，就像耶穌的「狐狸有穴，飛鳥有巢，人子卻無可棲之地」。眾人的昭昭察察，是在社會中離道越來越遠，而我孤獨地如嬰兒回到大道的根源猶如吸飲母親的奶水。離開生活空間、歷史空間的堅實基礎，現在大地像海洋一樣，大地成為海洋無根的深度，是力量的海洋。

　　老子的「天地相合」似乎是沒有海德格所謂「世界與大地的鬥爭」，但無疑的，「大地之母」將戰勝，以慈祥作為母親的德性，老子說：「我有三寶，持而保之，一曰慈……慈故能勇……夫慈，以戰則勝，以守則固。」（〈六十七章〉）雖然是「我」而不是「大地」，但我學習的是大地的精神，大地的養育與成熟，老子的道是以大地為依歸的。但大地如何能成為力量的海洋呢？「有生殖力的大地是自我產生的，它從原始海洋的深處升起。」[16]故大道是若海洋一樣「無根的深度」，也是力量的海洋。德勒茲

16　埃利希·諾伊曼：《大母神——原型分析》（北京：東方出版社，1998），
　　頁116。

（Gilles Deleuze, 1925-1995）說：「概念創造的本身要求一個未來的形式，因為新的大地和人民尚未存在……藝術和哲學聚合在這點上：大地的構成和缺如的民族作為創造的相關連者。並非人民作家而是最貴族的才宣稱了未來，這個民族和大地不會在我們的民主中發現民主是多數，但生成（becoming）在本性上逃避了多數。」[17]如果把道歸之於德勒茲所說的「生成」，就不是在堅實穩固的基礎上，而是召喚著「未來的」大地和人民，因此大地要重新「構成」。生成即創造，並非民主的多數，老子的「俗人」和「眾人」；而是「貴族」，精神上的少數，如老子的「我獨泊兮其未兆，如嬰兒之未孩」，或「我獨異於人，而貴食母。」

就在這點上，他批判了海德格：「也許這位嚴格的教授比他看來的更要瘋狂，他弄錯了人民，大地和血統。因為藝術和哲學召喚前來的種族，不是那宣稱純淨的，而是被壓制的、私生子、較低的、無政府的、游牧的和無可救藥的少數階級……這是哲學於非哲學的構成關係。生成總是雙重的，而且是這雙重生成中構成要到來的人民和新大地。哲學家必須變成非哲學家以至非哲學家變成哲學的大地和人民。」（同上書，頁109）所謂「貴族」，或「精神」上的少數，首先是生成「被壓制的私生子、較低、無政府的、游牧的和無可救藥的少數階級」，也許這樣的生成是向遊蕩的力量生成，是脫離出「俗人」和「眾人」的習慣力量，只

---

17 Gilles Deleuze and Félix Guattari, *What is philosophy?* (New York: Columbia Univ, 1994), p.108.

有遊蕩才會帶來生成。這生成是哲學的少數與非哲學的少數之間的交換（exchange），召喚是聚合這些遊蕩的力量成為新的力量，非哲學的少數是內在於哲學的少數，猶如人民是內在於道家聖人，而「以慈衛之」。總而言之，民族不是現在的民族，而是未來的人民，大地不是現在的大地，而是新構成。

四、大地與回歸

德勒茲引述李歐塔（Jean Francois Lyotard, 1924-1998）說：「一個大規模的日本編纂的中國道家論文……我們在其中看到在男人和女人之間的強度迴路帶有女人扮演內在的或本能的力量（陰），被偷竊或傳送到男人，在這一方式下，男人（陽）的被傳送力量同樣變得內在，更為內在：力量的增大。」[18]陰是女人扮演內在的或本能的力量，被偷竊或傳送給男人，男人的生成──女人，使男人內在的力量增大。故老子式的道家聖人猶如大地的陰，有母性的力量，力量更為增大。這也就是大地（陰）是真正生成的力量，天道（陽）要回到地道的陰中。德勒茲說：「大地是在領土最深層次上的強度點或被投射到外像一個焦點，那裡所有的力量抽引到一起在緊密的擁抱中。大地不再是一個力量在其他力量之中，它也不是實體被贈與形式或符碼化的氛圍，帶有邊界或被分配的享有。大地已變成緊密地擁抱一切力量，大地的

18　Gilles Deleuze and Félix Guattari, *A Thousand Plateaus*, trans. by Brian Massumi (New York: Continuum, 1987), p.174.

和其他實體的，以至藝術家不再面對渾沌，而是地獄或地底的、無根據的，藝術家不再冒著潰散到氛圍，而是太深太深地沉入大地。」（同前書，頁 373）大地是一個強度點，緊密地擁抱一切力量，藝術家面對的是地獄或地底的，無根據的（無），大地的一元，同時是無、地、陰三者。

德勒茲說：「為了讓音樂解放自己，它將必須走到另一面——那裡領土顫抖，那裡結構崩潰，那裡民族精神混雜一起，那裡有力的大地之歌被解放，偉大的間奏曲（ritornello），變化了它所帶走的空氣並使之回歸。戴奧尼索斯除了路線和軌道不知道其他建築。這不正是民謠有特色的特徵了嗎？每一個更高的人離開自己的領地走向戴奧尼索斯的洞穴。但只有祭酒神歌（dithyramb）在大地上散開並擁抱它的全體。戴奧尼索斯沒有領土，因為他在大地一切地方。有聲音的迷宮是大地之歌，間奏曲，在個人的永恆回歸。」[19]酒神戴奧尼索斯沒有領土，只有大地，所以大地之歌被解放，這裡沒有太陽神阿波羅的理性建築，只有大地上的路線和軌道，因此祭酒神歌在大地上散開，只擁抱大地，這也就是民謠的特徵。回歸大地，就是個人的永恆回歸，可以說他將酒神戴奧尼索斯視為大地精神，所謂地道，而將大陽神阿波羅等同於天空的精神（海德格所謂「世界」），所謂天道。但大地是迷宮，只有路線和軌道的問題，放在人上說，只有永遠地回

---

19 Gilles Deleuze, *Essays Critical and Clinical*, trans. by Daniel W. Smith and Michael A. Greco (Minneapolis: Minnesota, 1997), p.104.

歸大地。

　　老子曰：「谷神不死，是為玄牝。玄牝之門，是為天地根。綿綿若存，用之不勤。」（〈六章〉）山谷的神靈不會死亡，是謂神秘的陰性，神秘陰性的門戶是謂天地的根源。山谷是因為兩山之間所形成的空虛，谷神是空虛之神，神秘的陰性同樣也可以指大地，人死了以後，如同萬物都歸藏於大地，故天陽地陰，天有地無，也是可以理解的。故天地二元對比，地似乎是堅實的大地，但大地中的空虛就指谷神了，谷何嘗不可視為大地中的「深淵」？「道沖而用之，或不盈、淵兮似萬物之宗。」（〈四章〉）道是深淵之道，也是大地中的空虛之道。「江海所以能為百谷王者，以其善下之，故能為百谷王。」（〈六十六章〉）江海是最大的山谷，故而與深淵等義。故而大地可以實現到天空中成為大地與世界（天道）的衝突，也可以自我撤回、自我隱蔽，回到大地中的空虛，前者成就天道的有，後者回歸到地道的無。大地、深淵、江海在真實的意義上，其義一也。

　　但老子又有言：「故道大，天大，地大，王亦大。域中有四大，而王居其一焉。人法地，地法天，天法道，道法自然。（〈二十五章〉）「王」可以設想為老子「我獨泊兮其未兆，如嬰兒之未孩」中的「我」或道家聖人，「人法地」是俗人或眾人則要效法大地的安靜柔和，也安於在地域中的歷史空間與生活空間。但如果依照我們所論是「地生天」，為什麼還要「地法天」呢？海

德格說：「世界奠基於大地，大地透過世界來奠基。」[20]這雙向
奠基，也是雙向衝突。如果地道由內在性來說，天道由超越性來
說，天道仍如前引唐君毅所言「天道表現於天下萬物之總體，乃
自天下萬物客觀的公言」。故而「我或道家聖人」可以是「那裡
領土顫抖，那裡結構崩潰」，「沒有領土，只有大地」，但「人」
仍必須效法自天道客觀的公言的超越性，這是從地域而言的歷史
空間和生活空間。故就人的社會層次言，地域的內在性仍須效法
天道的超越性。

五、大地之歌

莊子似乎並沒有從客觀的公言的天道。〈齊物論〉中：「（地
籟）大塊噫氣，其名為風。是唯無作，作則萬竅怒號……（天籟）
夫吹萬不同，而使其自己也，咸其自取，怒者其誰邪！」風來自
大地中的空虛，是大地吹了一口氣，不吹則罷，一吹則所有的孔
竅都怒號起來，這裡把萬物說成萬竅，連萬物都是物中的空虛，
看來莊子更傾向大地之歌，風就是大地的音樂。至於天空的音樂，
所謂天籟是萬物所有的孔竅發出的聲音，是萬物各自不同（萬不
同），而在空虛（竅）中自己成為自己，在空虛中自取而成風，
「怒者其誰」是沒有一物曰「天籟」，只是萬物內在的差異性，
自己成為自己，這是就得道者（南郭子綦）而言的大地之歌，「天
籟」只是自然如此。「天下有道，聖人生焉，天下無道，聖人成

---

20 同註10。

焉。方今之時，僅免刑焉。福輕乎羽，莫之知載；禍重乎地，莫之知避。」（〈人間世〉）超越有道與無道的對比，是無道到了極至，只能說自客觀而言的天道已完全隱蔽了，連大地上都滿是災禍，路線和軌道都只求免去刑罰而已，這是莊子時代的特殊性（「方今之時」），天道無客觀的位置。

莊子更忠實於地道，從現實面「去領域化」，而作大地漫遊。「體盡無窮，而遊無朕」（〈應帝王〉），惟有大地平野的無窮，破除了人心嚮往名利的限制，才能把生活的感受與經驗向上超越到逍遙之境。

第三節　《易經》：天與地的戰爭

〈乾〉、〈坤〉的卦辭、爻辭是為經文，持傳（《易傳》）解經是《易經》詮釋的成規。本文試圖以海德格（Martin Heidegger）的存有詮釋學系統別關蹊徑，解讀乾、坤兩卦。

〈乾卦〉所說為天道，〈坤卦〉所說為地道。王船山曰：「故天體道以為行，則健而乾；地體道以為勢，則順而坤。」[21]既是「天體道以為行」、「地體道以為勢」，可簡曰天道、地道。

〈乾卦〉卦辭曰：元亨，利貞。〈坤卦〉卦辭曰：元亨，利

21　王夫之：《周易外傳》（臺北：武陵出版社，1991），頁13。

牝馬之貞。[22]〈坤卦〉卦辭較乾卦卦辭多出「牝馬」兩字,故牝馬指地道而言,是地道的象徵。但不是,牝馬象徵人道。取牝馬順從地道的生活實踐而言。此處採取 Martin Heidegger "Being and Time." 的基本存有論(fumdamental ontology)立場,不過更強調存有論的實踐工夫論。

至於天道,觀〈乾卦〉爻辭,似以龍為象徵;不少學者認為這種自然界並不存在的生物是中國古時代的圖騰。[23]龍一方面做為鎮墓獸,卻又是生命之神,可以說龍掌管著人的生與死。[24]海德格極稱人為此有(Da-Zein),且說此有為向死的存有(Being-toward-Death),《莊子・大宗師》中亦以「孰知生死存亡為一體者」為得道者,此中人之生死為一體,是以合道為一體。許慎《說文解字》:「龍,鱗蟲之長,能幽能明,能細能巨,能短能長,春分而登天,秋分而潛淵。」[25]「能幽能明」,近似海德格存有的隱蔽、解蔽的運作。海德格說:「這開放的之間(between),是對存有的開放性(此有)而言,這字(空無,nothingness)是在存有的解蔽和隱蔽的出神(ectatic)領域來了解的。」[26]龍所象

---

22 此段採高亨《周易古經今注》(臺南:綜合出版社,1987),頁 1 和頁 5 的斷句。但不採其卜筮立場。

23 李誠:《楚辭文心管窺》(臺北:文津出版社,1995),頁 497。

24 張軍:《楚國神話原型研究》(臺北:文津出版社,1994),頁 109。

25 見段玉裁:《說文解字注》(臺北:蘭臺書局,1974),頁 588。

26 Martin Heidegger, *The Question Concerning Technology*, trans. by Willian Lovitt (New York: Harper & Row, 1977), p.154.

徵的應是道，龍即是道的代名。

　　《易》、《老》、《莊》素稱「本土三玄」，其中所涵有的義理思想極為豐富，從道家關於龍的說明，應可給我們一些線索。

一、龍就是道

　　《史記・老子韓非列傳》中記：「孔子適周，將問禮於老子……孔子去，謂弟子曰：『……至於龍，吾不能知其能乘風雲而上天。吾今日見老子，其猶龍邪！』」[27]龍能「乘風雲而上天」，「風雲」當然不是龍的車乘，因此只是說龍能「上天」。至於說老子「其猶龍邪」，老子是道家聖人，所代表的是道；當以龍比喻道家聖人時，似乎也在以龍來象徵道了。

　　《莊子》〈天運〉中說：「孔子見老聃歸，三日不談。弟子問曰：『夫子見老聃，亦將何所規哉？』孔子曰：『吾乃今於是乎見龍！龍，合而成體，散而成章，乘乎雲氣而養乎陰陽。予口張而不能嗋，予又何規老聃哉！』子貢曰：『然則人固有尸居而龍見，雷聲而淵默，發動如天地者乎？……』」此中見老子就是「見龍」。但龍分兩面說：「合」才成體，才有龍的形體，才是可見的；「散」則「成章」，「散」時是不可見的，沒有龍的形體。海德格說：「顯現（appearing），造成由隱蔽中出現。」[28]「可

27　司馬遷：《史記・老子韓非列傳》（臺北：鼎文書局），頁2139。

28　Martin Heidegger, *An Introduction to Metaphysics*, trans. by Ralph Manhein (Garden City: Yale Univ., 1959), p.86.

見」是顯現,「不可見」是不現。「乘乎風雲」時當然是龍已成形,是「合而乘體」;則「散而成章」時是「養乎陰陽」。段玉裁《說文解字注》云:「日之所照曰陽,然則水之南山之北為陰可知矣。」[29]這是以日光照得到與照不到來分陰陽。則陰是不可見,陽是可見。「陰陽合」既是龍的合而成體,自是可見,則較重陽;「養乎陰陽」既是龍的未能成體,自是不可見,則較重陰。「合」、「散」以陰陽定,「合」是陰陽合,「散」時只是「養」。「尸居而龍見,雷聲而淵默」固然形容道家聖人老子,但也是以龍的狀態來形容。故「散」時是養乎陰陽,是「尸居」,是「淵默」,而陰陽「合」時是乘乎風雲,是「龍見」,是「雷聲」。海德格在解釋存有與語言時,善用有聲與無聲來詮釋,此相通於隱蔽與解蔽的結構。海德格說:「有聲的話語返回無聲,回到它被認可之時,到靜止中的鈴聲。」[30]這「靜止中的鈴聲」即在無聲中的震動,存有之聲是合著有聲與無聲而言,正如「雷聲而淵默」是合有聲與無聲而言。故龍「發動如天地」,既不是天道更非地道,而是「如天地」──只是道,海德格在解釋藝術作品時,說:「大地是那升起由以返回,和庇護一切升起的……神廟作品,站在那裏,打開了一世界,同時把這世界重置在大地之上。」[31]世

---

29 同註 25 書,頁 738。

30 見 Martin Heidegger, *On the Way to Language*, trans. by Peter. O. Hertz (San Francisco: Harper & Row, 1971), p.107.

31 見 Martin Heidegger, *Poetry Language, Thought*, trans. by Albert Hofstadter (U.S.A.: Harper & Row, 1971), p.43.

界與大地合乎海德格解蔽－隱蔽結構。程頤亦說：「天地者，道也。」[32]道就是陰陽之合。《莊子》〈天下〉篇謂「易以道陰陽」，易「道」是「道陰陽」。

　　循著龍和馬的隱喻系統，或許可以澄清乾、坤兩卦的卦爻辭本義。

　　王夫之《周易外傳》〈卷一〉曾說：「夫道之生天地者，是即天地之體道者是已。故天體道以為行，則健而乾；地體道以為勢，則順而坤。」[33]故〈乾卦〉是天之體道，是天行；〈坤卦〉是地之體道，是地勢。他的說法是合乎《易傳》的，〈象傳〉即言「天行健」與「地勢坤」。由於《帛書周易》的出土，此兩句變成「天行鍵」與「地勢川」。而《帛書周易》的乾卦卦名為「鍵」，乾、鍵音近而通；坤與川通，《帛書周易》「坤」作「川」，〈象傳〉「地勢坤」即作「地勢川」，就是地勢順。順讀川，古為坤字。[34]這樣，乾坤〈象傳〉變成「天行（卦象），乾（卦名）」與「地勢（卦象），坤（卦）」。透過《周易帛書》，我們可以了解地與水是互釋的。

　　持傳解經是本《易傳》以說《易經》的成規。就王夫之的說法，天體道以為行，可以說「天行」；〈乾卦〉即釋天道。而地體道以為勢，可以說「地勢」；〈坤卦〉即釋「地道」。

32　程頤：《周易傳》（臺北：藝文印書館，1978），頁 31。

33　同註 21。

34　張立文：《周易帛書今注今譯》（臺北：臺灣學生書局，1991），頁 25-26。

二、乾卦

《易經》〈乾卦〉：天道。卦爻辭如下：

☰，乾，元亨，利貞。

初九，潛龍，勿用。

九二，見龍在田，利見大人。

九三，君子終日乾乾，夕惕若厲，无咎。

九四，或躍在淵，无咎。

九五，飛龍在天，利見大人。

上九，亢龍有悔。

用九，見群龍無首，吉。

〈乾卦〉既講天道，與道的本源是相通的，故「元」是「始」意，「亨」是「通」義。「利貞」的意思是「利於貞定」，「貞」是「正」義，即是貞定的意思。

既以龍為道，「潛」、「見」、「躍」、「飛」、「亢」是龍的五種狀態，也就是道的五種動態。

「潛」是動詞義。初九爻辭直譯，即是「潛藏著龍，不要去用」。這裏的問題是：是「什麼」潛藏著龍，不要去用「什麼」？答案其實很簡單，即「萬物」也。人對於萬物是採「利用」、「使用」的態度，海德格在詮譯工具的存有時，也說明工具的「可用性」，對自然的了解是依照此工具的可用模式的。「在被使用的

工具中，自然以那使用，是沿著它被發現。」[35]海德格企圖以此日常技術的操作工具，已解釋了在日常生活中對存有的了解。本文是以「潛龍勿用」來解釋不能依此可用、使用的模式來看待自然萬物。也正合晚期海德格解釋存有在存有物中隱蔽－解蔽的雙重運作，海德格說：「讓每一出現的存有物放棄隱蔽而向前走入解蔽中。」[36]故萬物潛藏著道。所以初九爻辭一開始就說：「萬物中潛藏著道，不要去濫用萬物！」龍在深潛的狀態，是潛在「淵」裏，即深淵。深淵即不現，地與水可以互釋，深淵即深水。是海德格所說「大地是那升起的和由以返回的」。再進一步說，深淵是深水，而坤與川通，坤卦既是講地道的，那麼龍潛於淵，晚期海德格曾以要離開西方形上學思考的追問存有物本身被安立的根據的方式來理解存有，「躍出到那裏？躍開根據？進入深淵？是的……。」[37]此深淵即相對於由呈現來思考存有，是以隱蔽來思考存有，亦即是說存有即深淵。即是道潛藏著還沒出現，在大地裏棲息。但此句就人對萬物言。

「見」即「現」，也是動詞義。「田」是地，而不僅是地，且是人生活的界域。許慎《說文解字》：「樹穀曰田」，田是種

---

35 Martin Heidegger, *Being & Time*, trans. by John Macquarrie & Edward Robinson (U.S.A.: Harper & Row, 1962), p.100.

36 Martin Heidegger, *Early Greek Thinking*, trans. by Dawid Farrel Krell & Franka Capuzzi (U.S.A.: Harper & Row, 1975), 以下簡稱 *E.G.T.*, p.30.

37 Martin Heidegger, *Identity & Difference*, trans. by John Stambaugh (U.S.A.: Harper & Row, 1957), p.34.

穀子的地方,在農業時代是依賴之以生活的。界域(horizon)是胡賽爾(Edmunt Husserl, 1859-1938)的重要概念,用以描述人類意識的活動界域,海德格則視「世界」為吾人生命實踐總界域。[38]那麼當道在人生活的界域中顯現、出現,也就利於出現能夠見道的人——大人。《易傳》釋九五「飛龍在天,利見大人」為「聖人作而萬物睹」,則「大人」與聖人同義。《易傳》釋九二為「龍德而中正者也」,則亦指聖人。聖人是見道、證道者。由於對道的見證,利於大人的出現,這也說明大人不僅見道,還要證道。大人的見道,是見到道在萬物當中顯見。

「君子」是志於道的人!採「士志於道」之意。由於大人的出現,惕厲自己至夕,也可見他「終日乾乾」,像天行一樣地健動。這樣就沒有災患了。

「或躍在淵」是龍的或(不定之意)躍在淵,又「淵,龍之所安也。或,疑辭,謂非必也。」[39]依上,如龍象徵道,則淵是道之所安。龍的暫時隱沒,也就是道的暫時隱沒。道暫時隱沒,為何沒有災患呢?因為既有大人見道、證道,復有君子之志於道,終日惕厲自己,這是道已為人所持守。雖然道已暫時隱沒,但是既以為人持守,君子可有大人作為持道、守道的依歸,也就沒有什麼災患。

---

38 關子尹:〈海德格論「別人的獨裁」與「存活的獨我」〉,收入《鵝湖學誌六》(臺北:東方人文學術研究基金會,1991),頁 115。

39 同註 32,頁 24。

當「飛龍在天」，即是龍乘風雲而上天，此時道是在完全顯現的狀態，顯現即解蔽的狀態。由於大人的見道、證道，由於君子的有志於道，夕惕若厲，道完全顯現在人生活的界域中，為所有的人可見到。嚴格來說，只有飛龍在天時，道才成為客觀的天道，客觀非對主觀而言，係就所有人能見到而言。而且客觀的天道才完全彰顯，每個人都可以見到，當然有利於大人的出現。

上九「亢龍有悔」，亢者高也，由「飛」至「高」，表示客觀的天道持續了一段時間，「那呈現的是那逗留了一段時間的，一段時間本質地作為在離開中過渡地抵達而發生：一段時間進而呈現在抵達與撤回間。在這兩種不現間，一切那逗留的呈顯發生了。」[40]這是說存有的呈現、顯現，是在前與後的兩個不現、隱蔽之間，逗留了一段時間。高而有「悔」，則是客觀的天道持續了一段時間以後就無力持續，所以有悔。客觀天道的持續，當然是依於大人見道、證道而有所持守，當飛龍在天而不是在田，客觀的天道完全顯現在人生活的界域中，為所有的人見到，意即所有的人均見道，只要能證道即可成為大人。既有悔，表示客觀天道無力持續，在經歷一段時間之後，道紀即將結束，「從存有的紀元（epoch），來的是它注定的紀元性質。」[41]紀元是說明存有的逗留一段時間，然後消逝的循環性。

一潛一現，猶如一陰一陽，是道的韻律；在一潛一現之間，

40　*E.G.T.*, p.41.

41　*E.G.T.*, p.27.

有時間的持續。一躍一飛，無非是一潛一現的回歸，即「存有的紀元」。不過「或躍在淵」的「或」乃不定之辭，因此由潛至飛，才是由不現到呈現的過程，而整個過程甚至包含持續了一段時間在內。故乾卦六爻敘述的是一個道紀。在成為客觀的天道後，道失去了神祕性，客觀的天道無法持續。〈象傳〉曰：「亢龍有悔，盈不可久也。」是頗忠實的傳述，「盈」是盈滿，「不可久」是時間無法長久，當天道滿盈時，又將成為平常庸俗，程頤《周易傳》註此條云：「盈則變，有悔也。」天道在無力持續後將產生變化，什麼變化？回歸到深潛的狀態，就像龍潛於淵，天龍原是來自大地。天與地的關係猶如呈現與隱蔽，海德格說：「存有即隱蔽。」[42]亦即存有即深淵之意。

用九「見群龍無首」的「見」字，是對道的見證，如作顯現講，則「潛」與「躍」時，道並不是在顯現的狀態；就無所謂顯現。「群龍」則表示道的五種狀態，進一步講，是六種。因為當九三「或躍在淵」時，道是在一種深潛的狀態，若無「君子終日乾乾，夕惕若厲」，就無九五的「飛龍在天」。在九四「君子終日乾乾，夕惕若厲」時，或許可借《莊子》〈天運〉的話說，此時道是「養乎陰陽」。雖然〈文言傳〉是從「聖人作而萬物睹」的立場講「時乘六龍以御天」，但也是講六龍。所以「群龍無首」表示六龍均不可為首，因為六龍表現道的六種動態，六個爻就表

---

42 Martin Heidegger, *Basic Concept*, trans. by Gary E. Aylesworth (Bloomington: Indiana Univ., 1993) (以下簡稱 *B.C.*), p.51.

示時位。人要「見到」道的六種動態，任一狀態均不可以為首，這才是吉利。初九，是講萬物中潛藏著道。九二，是大人見證到道在萬物中顯現。九三，是志於道的君子見大人證道，乾乾惕厲，進道不已。九四，是因有大人證道，君子進道不已，即使（或，不定之意）道又深潛不現，也無災患。九五是客觀的天道顯現，上九是客觀的天道無力持續。這六種狀態，均與人有觀，表示道需要人，道需要人的見證，道也需要人保守、保持，當道深潛不現時也需要人的記憶。人的進道不已，有大人的證道才使客觀的天道得以持續。

　　當大人在日常生活中見證到在萬物中潛藏著道，他的見道、證道，成為君子夕惕若厲的目標。當人與萬物保持著和諧（人亦是萬物之一），就萬物的差異性凝現客觀的天道。萬物的差異即存有物的多樣性。海德格說：「存有在其獨特性，而存有物在其多樣性。」[43]老子「道生之、德蓄之」，德就是萬物不可化約的差異。客觀的天道，也利於大人的出現。不過，客觀的天道逐漸離開了道的根源，離開了萬物的差異性，人所見唯客觀的天道，所以天道無力持續而衰退。在道與人相關的狀態，是六種道在時間中的狀態，甚至這六種狀態，本身就是時間的展開，一個道紀的展開及終結。

　　龍的特性在於其屈伸變化，最適於狀道在時間中的變易《易》道即是變易之道，道的變易無已，龍的屈伸變化也無已。《左傳》

43　*B.C.* p.44.

〈昭公二十九年〉「古者畜龍，故國有豢龍氏，有御龍氏。」似執龍為實物，但這是時代淹遠的神話，「豢龍」、「御龍」亦可以只是一種象徵了。至少，《易傳》是視龍為天道的。〈彖傳〉曰：「大哉乾元……大明終始，六位時成，時乘六龍以御天。乾道變化，各正性命。」是偉大的乾元「六位時成」，以成六龍，所以六龍是「乾道變化」，龍在〈彖傳〉中代表的是「天道」，程頤《周易傳》解「乾元統言天之道也」，從王夫之《周易外傳》〈卷一〉說：「天體道以為行」，那麼六龍也即是天行，即是天道。從《易傳》開展的儒家傳統，均以龍象徵天道，這是本義。就引申義來說，「時乘六龍以御天」，就是君子相應於天道的在時間中的變化，「時乘六龍」來駕御天道了，「君子之道」是引申義。「聖人作而萬物睹」，直是孔夫子證道之言。只有聖人能相應龍德（天道）的變幻莫測，而「時乘六龍以御天」更是夫子為道開千古未曾有的新貌，把人與天道的相應，人要相應天道的變化，講得淋漓盡致。「天不生仲尼，萬古如長夜」，信哉斯言！

但就以龍象徵天道而言，天道畢竟還有或「潛」、或「見」、或「躍」等狀態。《易傳》當然概以天道變化說明，也是說得通的。〈文言傳〉先以潛龍說君子「隱而未見，行而未成，是以君子弗用」，又以見龍說君子「學以聚之，問以辯之，寬以居之，仁以行之」以進大人之道，九三說君子「乾乾因其時而惕」，九四說君子「上不在天下不在田中不在人」，九五的飛龍不說，卻出現聖人境界的贊歎，約是夫子後學對夫子證道的贊歎了，「夫大人者，與天地合其德，與日月合其明，與四時合其序，與鬼神

合其吉凶，先天而天弗違，後天而奉天時，天且弗違，而況於人乎，況於鬼神乎！」那麼飛龍還是象徵大人了。上九亢龍又指君子不能「知進而不知退，知存而不知亡」。另一段與此相應，以九二說見龍是「龍德而中正」，以九五說飛龍是「聖人作而萬物睹」。重九二與九五，夫子是特重大道的顯現的，相應天道的顯現，有大人的出現也是一致的。夫子對天道的見證，有確乎不拔的萬世偉業在。

三、坤卦

《易經》〈坤卦〉：地道。卦爻辭如下：

> ䷁，坤，元亨，利牝馬之貞。君子有攸往，先迷後得，主利。西南得朋，東北喪朋，安貞吉。
>
> 初六，履霜，堅冰至。
>
> 六二，直方大，不習无不利。
>
> 六三，含章可貞，或從王事，无成有終。
>
> 六四，括囊，无咎无譽。
>
> 六五，黃裳，元吉。
>
> 上六，龍戰於野，其血玄黃。
>
> 用六，利永貞。

坤卦既講地道，與道的本源是相通的，所以「元」仍作「始」義，「亨」作「通」義。但為什麼利於「牝馬」的貞定呢？下面

接著說：君子有攸（所）往，君子所往的當然是道，那麼是以「牝馬」象徵「君子的所往」的過程了。馬在地上行走，就像人生活於大地上，但要有所往於道，得效法「牝」馬，牝馬是人道的象徵。人道採海德格的基本存有論立場，「牝馬」乃就人的順從於地道而言，是強調人在生活中的實踐工夫。

「先迷後得」此處斷句係從海德格區分真實（authentic）與不真實而言。真實與不真實，對海德格均屬人的存有結構。但如強調實踐工夫義，就可扭轉其中的不真實為真實。不真實是「迷」，真實是「得」。指在人道上的「先迷」，是定然的，先天的迷惑。為什麼是定然的、先天的迷惑呢？這指的是在人生中對萬物使用、利用的「用」的態度[44]，所以乾卦初九才會警示說萬物中潛藏著龍，「勿」用。在人道上的「先迷」，只因君子的有所往，才「後得」；否則這迷惑是定然的、先天的，而且與人生相始終。我們在日常生活中，就是以萬物為使用、利用的態度，而絲毫不加珍惜，就無以見到潛藏在萬物中的道，而以萬物為人類所占有、所享有的。只要有所往於道，就會「後得」於道，這是吉祥的。

「朋」有兩義，朋友或貨朋（貨財），今依貨財義。人對貨財的占用、享有，也是對萬物有不當的使用和利用的關係。既是有所往於道，也要能得就要「知喪」，所以「喪朋」是安於貞定自己，是吉祥的。

〈坤卦〉卦辭講的是君子柔順應道的態度。〈象傳〉也說「牝

44　同註35。

馬地類，行地無疆，柔順利貞，君子攸行。」但既然以牝馬象徵人道，牝馬所柔順應從的是地道。坤卦所講的是地道，為什麼又講人道呢？因為人生活在大地上，這是道的基礎，必得先設法澄清人道，而人道要服從、順應地道。但什麼是地道呢？暫時難以直接說。

初六「履霜」是說踐履的精神，由「霜」到「堅冰」，代表的是人在生活實踐中因小的不慎所帶來的災害，可以警醒到大的不慎將帶來大的禍災。引申有教人謹小慎微，踏在霜上就能掌握事情的初機，在事情的開始就要注意可能導致的方向。這種實踐的智慧是很幽微的，老子稱「微明」。只有幽微的智慧，才能掌握真實的未來。習慣還未形成時，比較容易改變；事情有朕兆時就得處理。

六二「直方大」是講人生的「道路」，直方而大；若能把握微明的智慧，所走的路就是直方的大道。「道路」是人生的真實方向；易道除了變易之道，人也要相應的尋求人生之道。順著直方的大道而行，那麼「不習無不利」，不學習也不會有所不利。

六三「含章可貞」是含有美可以貞定自己，這樣不致遭受君王的猜忌。因為在事情的開始就能掌握住朕兆，即使沒有顯著的成就，也能有始有終，克始克終。不但是肯定實踐的智慧，也肯定實踐的能力。

六四「括囊」是收緊囊口，把一切封束於其內，密而不出。這是根本的地道精神，「大地首先涉及於基本的隱匿，其屬於任

何一開顯。」[45]大地不僅承載萬物,也將萬物收藏於其內。大地承載著有限性的萬物,萬物都只有有限的時間,生前來自大地的無,死後歸向大地的無。「括囊」也是保有謙虛的態度,與人相處不露鋒芒、不與人爭,雖沒有顯赫的功績,但不會有災難,也不會有盛譽。因此,「括囊」是直承「履霜,堅冰至」的實踐的智慧。

六五「黃裳」的「黃」是指土地的顏色。人能貫徹自初六而來的地道的實踐智慧,就穿上了有大地顏色的衣裳。鋒芒不外顯,有美含於內。雖然無咎無譽,沒有顯赫的功績,但會為眾民所推舉為王,這是大吉。

上六「龍戰於野,其血玄黃」。「野」字指郊野,許慎《說文解字》注「野」是「郊外」,段玉裁曰:「郊外謂之野……《詩》〈召南邶風傳〉皆曰郊外曰野,〈鄭風傳〉曰:野,四郊之外也。」[46]與「田」不同,田是與農業耕作有關的人類生活界域,而野卻在這生活界域以外。但不論田或野均屬於大地。因此大地包括與我們生活界域有關的田,這是一種來自日常生活的熟悉性;也包含在我們生活界域以外的「野」,卻呈現一種神祕性與陌生性。這神祕性和陌生性更是根本的地道,是在生活的界域以外,對人是根本的他者。地道的神秘性與陌生性,係指存有而言。海德格

---

45 Michel Haar, *The Song of the Earth*, trans. by Reginald Lilly (Bloomington: Indiana Univ., 1993), p.50.

46 同註 25 書,頁 701。

堅持存有論差異，即存有與存有物的差異；雖然他亦說存有與人的相互隸屬，但存有對人是他者（other），不可化約為人的主體性。龍戰於野，不是龍與龍之間的戰爭，而是天龍與大地的戰爭；龍與大地的戰爭，永遠在衝突之中；海德格描寫世界與大地的衝突。「世界在依賴大地中，想要凌駕它。作為自我開放，它不能忍受任何封閉的。大地作為庇護和隱蔽傾向於把世界拉回世界自己，而使它保持在那裏。」[47]龍流出的血是大地的顏色——神祕的黃色。這表示天龍來自大地，龍潛於淵，淵是大地的深處，帛書本坤作川，地和水是有關的。龍來自大地的神祕。而龍既代表道，象徵道，這表示道來自大地，絕對的神祕。道與大地永遠在衝突之中。龍想要突出於大地，只有深潛，才能高高的突出；而大地想要收藏牠，封閉牠。道來自大地，大地是道的根源，而道要自絕對的神祕中彰顯，突現，就與絕對的神祕衝突。

「龍戰於野，其血玄黃」是易道中最為雄辯性的一段文字，也最富玄思，闡述地道淋漓盡致。但也最不容易澄清，因為「龍戰於野」銜接乾、坤兩卦經文。只有「龍戰於野」，才感受到在大地上的萬物有「潛龍」而勿用。大地上的萬物均有其有限性，也均來自大地。道自大地而突現，首先閃爍在與人生活有關的萬物之上；道與大地的衝突，首先突現為萬物之道。當這萬物之道

47　引自 Hubert Dregfus & John Haugeland, "Husserl and Heidegger." in *Heidegger & Modern Philosophy*, ed. by Michael Murray (New York: Yale Univ., 1978), p.237.

出現在與人類生活有關的界域中（見龍在田），人體認到道的超越性，人能超越萬物之上。海德格稱此存有（人）的基本構成特徵為超越性。「被凌越的只是存有物本身，就是能被或對此有變得解蔽的一切存有物，甚至和正是此有『本身』的存在是什麼的存有物。」[48]但人的超越性是來自道的超越性，海德格說：「這一站在存有的亮光中，我稱為人的站出來（ek-sistense）。」[49]是對道的超越性之見證。人能見道、證道，他的超越性始能完全展開，成為大人。君子的終日乾乾，正為保持對道的記憶，道需要人的保守、保持；那麼道即使暫時隱沒，道卻在人的記憶當中，而能夕惕若厲。這裏指的是對存有的記憶。海德格說：「記憶，謬思之母——回想到要被思考到的，是詩之來源和根據。這是為何詩乃流水，時時回流到根源，到作為一個回想，回憶的思考。」其中「要被思考到的」，即是存有。[50]所有的君子均是可能的大人；有一代人的努力，道完全地彰顯，但此彰顯是來自道的隱蔽（地道）；當道完全地彰顯，此彰顯畢竟是由人的有限性所呈現的，是由地道所突現的。道完全彰顯時，成為天道（飛龍在天），客觀的天道能為所有人認識到。但客觀的天道，畢竟來自在人的

48 Martin Heidegger, *The Essence of Reasons*, trans. by T. Malick (Evanston: Northwestern Univ., 1969), p.39.

49 Martin Heidegger, "The Letter on Humanism." include in *Basic Works*, ed. by David Farrell Krell (New York: Harper & Row, 1977), p.204.

50 Martin Heidegger, *What is Called Thinking?*, trans. by Glenn Grey (New York: Harper & Row, 1968), p.11.

有限性中所呈現的道，是由地道的不現所突出的呈現，在持續一段時間後必無力而衰退，回歸於大地的神祕。

坤卦前五個爻辭都是由地道而來的實踐。「履霜，堅冰至」就是來自地道的幽微智慧，總結了民族在生活實踐中的體驗，而成為人道在生活中的實踐之道。「直方大」更是地道，人是在大地上生活，只要有幽微的智慧，這是一條大路。「含章可貞」和「括囊」以至「黃裳元吉」的實踐境界，無不是地道的實踐精神。故「牝馬」的柔順應物，原是順從於地道。「龍戰於野」放在上六，表示有人能順從於地道，才可能有道的出現；道需要人的實踐。直接講地道的彷彿只有卦辭及上六，卦辭的「利牝馬貞」及上六的「龍戰於野，其血玄黃」；但其他卦辭及爻辭，雖是說人道的實踐智慧，也莫不是順從於地道。雖然六爻全陰，但是全卦大吉，每爻皆吉；故「利永貞」。

嚴格講來，乾卦用九的「見群龍無首，吉」中的「群龍」就得包含「龍戰於野」；而沒有前五爻順從於地道的人道實踐，也就沒有「龍戰於野」。換言之，就乾、坤兩卦的隱喻系統來看，應是首坤的，這是「歸藏易」的次序。

由於《易傳》重客觀的天道，且視乾卦六爻為「天行」，那麼坤卦六爻為「地勢」，只能順承天。所以〈象傳〉釋坤卦卦辭「先迷後得（主）」是「先迷失道，後順得常」，地道本身是不好的，只有順從天道才得其常。地道在《易傳》中沒有地位，地道只是「地勢」。釋初六「履霜，堅冰至」為「陰始凝也」，既然重陽剛的天道，陰爻是不好的，「陰始凝」至「堅冰」就壞到

極點。六二因在第二爻的位上，不能不好，因為「直方大，不習無不利」，就釋「動直以方」，這也是順從天道才好，是「地道光也」，六三「含章可貞」、六四「括囊」、六五「黃裳元吉」因為都是講人道實踐的謙順精神，雖然是順從天道，從人道上講也相應，至於上六，〈象傳〉曰：「龍戰於野，其道窮也。」這表示陰已凝至「堅冰」，是陰道盛極，故〈文言傳〉曰：「陰疑於陽必戰，為其嫌於無陽也。」這是小人道長，君子道消了。程頤《周易傳》註此條云：「雖盛極不離陰類也，而與陽爭，其傷可知，故稱血。」[51] 畢竟是小人之道不敵君子之道，人生光明永遠在望。對坤卦此爻多少含有貶義。

《易傳》對《易經》的簡化，是抓住君子之道，是君子之道對客觀天道的見證，相應於「天行」而能「時乘六龍以御天」；而在坤卦中能夠體認人道之順承客觀的天道，能夠保持謹慎的戒懼態度。這種道德實踐，對著客觀的天道能站出來，有其灼然的見證。天道森嚴，焉能不凜然戒懼，人道要剛強。

四、結語

朱夫子《周易本義》說伏羲畫卦，文王周公繫辭。文王繫卦辭，周公繫爻辭。當然這已屬於傳說。乾卦中，文王所繫之辭，僅說「元亨利貞」，但在坤卦中卻說「元亨，利牝馬之貞」。「牝馬」乃是母馬，表示坤卦屬陰，這是合乎一般傳說伏羲畫卦，仰

51　同註32，頁35。

觀俯察見陰陽有奇耦之數，見一陰一陽有各生一陰一陽之象，故自下而上，再倍而三，以成八卦的說法。文王多說的「牝馬」兩字，牝馬總是在地上行走的，人要學習牝馬的精神，這可以說是人道的開始，而這人道即地道。僅說「元亨利貞」，看不出人的進路。周文王有十子，武王為次子，周公為四子，周公輔佐武王之子成王，周公在「易教」上應受周文王的影響，由周公所繫的爻辭，可以看出周易雖然「首乾次坤」，但卻是如王夫之強調「乾坤並建」的，並且也重視坤是乾的基礎，這或即是《歸藏易》作為《周易》的根本來源。《周易》應該是繼承了《歸藏易》的精神，換言之，《周易》的卦辭、爻辭和《歸藏》的卦辭、爻辭無以異也。太卜掌《三易》之法，一曰《連山》，二曰《歸藏》，三曰《周易》。雖然卦辭、爻辭的來源是卜筮之辭，「卦辭爻辭非一人所作，乃出於占筮者之手。積累既多，乃由今日不能知道的史官加以選擇編纂，使其成為定式，這大概是西周時代所完成的。」[52]採輯編定之後，有其義理方向。在「首乾次坤」之後，以牝馬為中心就轉到以龍為中心，不過龍馬總是合一的，古史淹沒，只是姑妄言之。

　　孔門弟子完成《易傳》，自此後因經文太簡，缺傳則無以釋經，持傳解經成為成規。孔夫子天縱之聖；無《易傳》，《周易》亦將如古之殘碑。孔夫子雖注重乾卦中相應於天道變化的聖人之德，作為君子進德修業的目標。但在乾卦〈文言傳〉中：「龍德

52　徐復觀：《中國經學史的基礎》（臺北：臺灣學生書局，1990），頁20。

而隱者也……遯世而無悶，不見是無悶。」也表現了聖人之德與地道的歸隱有密切的聯繫，這自是孔門原始卓越的智慧。

《周易》中，即使就著隱喻系統以澄清乾、坤本義，但至少在《周易》中，仍是以志於道的君子作為人的起點，由「君子有攸往」，可至「黃裳」的聖王，由君子的「夕惕若厲」，可至「大人」，這當然是《易傳》釋經的根本基礎了。無論《周易》的詮釋系統若何，至少我們知道，君子是我們實踐的起點，在這點上又是儒家易了。

不過，如果〈坤卦〉有在基礎層次上的重要性，那麼陰爻不是不好的，而是要看整卦卦象的隱喻說明，那麼《易經》詮釋就要在〈坤卦〉的基礎上重新詮釋了。

乾坤的本義或則在歷史上已經失落了，只是不斷再詮釋及塗抹的過程，那麼本文只是提出一種可能的詮釋進路。

第二章　先秦哲學

先秦是諸子百家爭鳴的年代，杜威（John Deway, 1859-1952）說：最原始的哲學，也許是最好的哲學，先秦也開始燦爛多姿的早熟文化，諸子競標異彩。孔子及老子在春秋晚期，至於其他恐已步入戰國年代。

第一節　孔子：天地氣象

孔子（西元前 551-479）名丘，字仲尼，曾為魯國司空、司寇，復攝行相事，後去官，周遊列國，至六十八歲，回魯，刪《詩》、《書》，訂《禮》、《樂》，演《周易》，作《春秋》。不過，孔子說：「吾述而不作，信而好古，竊比於我老彭。」（〈述而〉）這些都只是傳述而不是創作，私自比擬於老彭。有說老、彭是殷賢大夫，有說是老聃、彭祖，更有說是老子者。

「天不生仲尼，萬古如長夜」，孔子在教育事業上必有啟發人生的光明面。

一、人不知而不慍

《論語》是孔子及其弟子相與問答之作，其實主要是弟子問，孔子答，而孔子答的，被視為真理。故而孔子說話，猶如真理在現場發聲，說話即真理。

> 子曰：學而時習之，不亦悅乎？有朋自遠方來，不亦樂乎？人不知而不慍，不亦君子乎？（〈學而〉）

太熟悉的事物容易被忽略，列為《論語》第一章的〈學而〉篇，也需要細讀。學了新知，而時常溫習，不是很喜悅嗎？這一段定在師生之間的關係。有朋友從遠方來，不是很快樂嗎？但這一段必須由師生關係定位，朋友是共學適道的朋友，這一段也定位朋友之間的關係。第三段，人家不知道我有道德學問也不生氣，這不是君子嗎？故而這一段在非師生和非朋友的人我關係中，定立君子之道。可以把〈學而〉篇視作學習與實踐的過程。

君子之道是「人不知而不慍」，那麼對比的是小人之道是「人不知而慍」了。如果設想所謂小人是在社會上爭名奪利，其目的就在要「人知」，故「人不知而慍」，我們就可以推想社會真正的動力在於「人知」——要人承認他的價值，也可以說「為了爭取別人的承認奮鬥到死」。法國哲學家柯耶夫（Alexandre Kojéve, 1902-1968）說：「人類實在只能是社會的，群眾每一份子的欲望必然指向（或潛能地指向）其他份子的欲望，去欲望我存在我表

現的價值是由他人所欲望的價值，我想要他去『承認』我的價值
為他的價值。」[1]如果「我存在和我表現的價值是由他人所欲望的
價值」，那麼定然地指向社會的最高價值標準，才能爭取別人的
承認。

　　雖然在進德修業的過程中，

　　　　子曰：不患人之不己知，患不知人也。（〈學而〉）

憂愁的是不知道別人的道德學問。

　　　　子曰：不患無位，患所以立。不患莫己知，求為可知也。
　　　　（〈里仁〉）

不憂愁別人不知道自己，但追求可讓別人知道的道德價值。或者
說：

　　　　子曰：不患人之不己知，患己無能也。（〈憲問〉）

也是一樣。這社會的最高道德價值要合於天道。

1　Alexandre Kojéve, *Introduction to the Reading of Hegel*, trans. by James H. Nichols (U.S.A.: Cornell Univ., 1980).

　　子曰：莫我知也夫！子貢曰：何為其莫知子也？子曰：不
　　怨天，不尤人，下學而上達，知我者，其天乎！（〈憲問〉）

　　不怨恨天，也不責怪人，在人間學習道德學問而上達天道，知道我的只有天道了。故道德是崇高的價值，最後是達到「天人合一」。

　　子謂顏淵曰：「用之則行，舍之則藏，惟我與爾有是夫！」
　　（〈述而〉）

　　得以見用，則推行仁道。不得見用，則隱退。但

　　子曰：君子疾沒世而名不稱焉。（〈衛靈公〉）

　　崇高的道德應有相配稱的美名；死是一生的完成，如果還沒有相配稱的美名，則一生落了空。

二、克己復禮

　　對於孔子而言，「仁」為其思想中心，具有千鈞萬鼎的重量，子曰：「久矣，吾不復夢見周公！」（〈述而〉）總結了民族歷史的智慧，在中國發展史上，便以儒家為重點，因此若不能在根本上了解「仁」，而後的發展必顯浮動。向來談論孔子必言仁學，仁是全德之名，子曰：愛人；鄭玄說是象人偶；牟宗三說是「覺

與健」，覺醒與健動，悱惻不安的感情。[2]

「仁」是一種情感的現象，孔子曰：

> 子曰：仁遠乎哉？我欲仁，斯仁至矣。（〈述而〉）

仁是什麼？「欲」是一種渴望，欲仁便是渴望仁，而仁又是什麼？是一個對象嗎？顯然地，仁並非是對象，那仁是一個內在主觀之物嗎？但若是主觀的又何須等它出來。從孔子此言，仁不像主觀，又不像客觀，只像是一個情感的現象。而就整句來看，我欲仁時，只要做到內在覺醒就足夠了嗎？

「仁至矣」又是至哪裡？孔子的仁相當於老子的道，所謂的主、客觀分開以前的心境，便是指個人渾然與天地萬物合為一體，無人我之分，不會突顯出自己。人若能調和到達這種未分的處境（心境），在那種情況下，便能和對象有所感通。人天生有一種pathos，這希臘字表現人天生的哀憫悲憐，動情哀感。

人有內在情感，主體是不重要的，只有此種調和的心境下，無關乎主體，人和物之間有真實的關係，人和物的真實才會展現出來。若能到此種處境，個人的主體我是無關緊要，融合於天地之中，讓人、物都顯現出真實的自己，而不再存有主體，因此，若能時常調和到這種心境，便保有了與物的真實關係（斯仁至矣）。

2　牟宗三：《中國哲學的特質》（臺北：臺灣學生書局，1974），頁43-44。

> 顏淵問仁。子曰:「克己復禮為仁。一日克己復禮,天下
> 歸仁焉。為仁由己,而由人乎哉?」顏淵曰:「請問其目?」
> 子曰:「非禮勿視,非禮勿聽,非禮勿言,非禮勿動。」
> (〈顏淵〉)

要克制自己的私欲,恢復禮節,天下就把仁德的名聲歸給你。
禮節,包含視、聽、言、動。

> 回也,其心三月不違仁,其餘則日月至焉而已矣。(〈雍
> 也〉)

可見仁心的綿延,持續仍須警惕。

> 曾子曰:「吾日三省吾身,為人謀而不忠乎,與朋友交而
> 不信乎,傳不習乎!」(〈學而〉)

透過反省,有一新價值的覺醒,就是學問與忠信。

> 子曰:君子去仁,惡乎成名?君子無終食之間違仁,造次
> 必於是,顛沛必於是。(〈里仁〉)

君子離開仁,如何保持君子的名聲?一頓飯的時間也不違背
仁道。倉皇急促時也保持之,顛沛流離時也保持之。

> 子曰：三人行必有我師焉，擇其善者而從之，不善者而改
> 之。（〈述而〉）

這是擇善固執。自己不見到自己的過錯，就是不反省。能夠
見到、自我譴責的人很少。「過則勿憚改」，顏淵就能做到「不
貳過」。（〈公冶長〉）這也不是說人不犯過錯。

> 人之過也，各於其黨。觀過，斯知仁矣。（〈里仁〉）

人犯的過錯有不同的類型，看他的過錯，就可以知道他的仁
德修養。

> 吾未見能見其過而內自訟者也。（〈公冶長〉）

顏回三月不違仁，心境的保持是重要的，如此的感通方能恆
久。仁者先難而後獲，我們先在現實中摸索何者是真實的事物而
且可以恆久，和先迷後得的情況相似，且往往離我們最近的仁因
自己的想當然爾，自以為了解，但其實仍是不了解的情況下，反
而離我們最遠，連顏回都只能不違仁三個月，足以見仁是不容易
把持的。

儒家在中國思想上產生極大的力量。孔子講道德實踐，能成
為生活的主流。落在客觀化層次的義道，追問若合理否、合宜否，
便給了我們反省的空間。亦可從對道德實踐中反省、改過遷善，

日新又新。孔子稱讚顏回不貳過，當下改正會讓我們產生不可思議的力量，能達聖人層次，是因為先前任何一個小缺點都不放過，力謀改正。

「一日克己復禮，天下歸仁焉。」義是客觀的，可以反省，禮又是天下都可見的、可遵循的，不過必須智及而又仁守，學說道理坦易明白，但要時時保持此種心境，卻又難以恆久執行，連顏淵都只能三月不違仁。

> 子貢曰：「如有博施於民，而能濟眾，何如？可謂仁乎？」
> 子曰：「何事於仁，必也聖乎！堯舜其猶病諸！夫仁者，己欲立而立人，己欲達而達人。能近取譬，可謂仁之方也已。」（〈雍也〉）

我們之所以欲立人、欲達人，是因為能看到自身以外的旁人，而想讓自己正視別人，只有離開了自我的主體，才可顯露出自身和外人外物的真實關係。

仁的根本來源又是什麼？只有在與主體無關的情況下，才能把心境調和到一種宇宙性、普遍性的情況，展現真實狀態。

我們往往太重視探究孔子表達的義蘊，而忽略了孔子之說的基礎——能夠謙卑若谷，能將主體意識泯滅，沒有摻雜主體的情感，才能看到外事外物，才能看到別人的長處與優點，而世間的人事物在自己眼中方能真正顯露了真實的自己，如此方可感通人，感通萬物，感通天地鬼神，達到「天德流行」的境界，天和

人都在一個相互感通的狀態。

　　但若太強化自我主體，便易和外物隔絕了，例如一個人鋒芒太露，容易只看到自己，無視旁人，這便不是仁的境界。《易傳》有言：「聖人作而萬物睹。」當一個聖人興起，便是因其有此種調和的心境，萬物之情狀才可以見到，也只有此種心境，方可使人感受到萬物的存在狀態。

　　但此種心境常是一種偶然的撞擊而產生的，例如在自己有困難，有朋友突然予以協助，付出真實的關懷，自己便會在瞬間拋去內心原先對這個朋友的成見或看法（不管是好或不好的），而看到了朋友（友情）的真實顯現。但我們常因忙碌、不在意……，故心境極少能到達此種主客觀分開以前的處境，但聖人因其心每一刻都是喜悅的，每一刻都有新的流動，故常可將其心境調和。

三、「義」與「禮」

　　孔子的「義」，是在行為實踐上，覺察合理、合宜與否。

　　　　君子喻於義，小人喻於利。（〈里仁〉）

　　義是客觀的道，是實踐上的客觀化，故義在生活上有其價值標竿，以求事情的合理合宜。如子「入大廟，每事問。或曰：『孰謂鄹人之子知禮乎？入大廟，每事問。』子聞之曰：『是禮也。』」（〈八佾〉）問祭祀何時何地方合宜，便是希望行為能如理合義。

　　孔子的「禮」。春秋是個禮樂崩壞的時代，大國諸侯常僭用

天子的禮制，孔子一心想要重振禮樂。

> 君子義以為質，禮以行之，孫以出之，信以成之，君子哉！
> （〈衛靈公〉）

以仁攝義，以義攝禮（攝禮歸義，攝義歸仁，仁是源頭），當仁客觀化而成為人行為形式時，在人與人，人與物之間，皆有一客觀的外在形式，便有了禮義，而成為人行為的綱架。

子曰：「君子之於天下也，無適也，無莫也，義之與比。」（〈里仁〉）孔子對天下的態度是如此，因天下定有值得我們追循的合理合宜，且因為是可見的，故可以成為評斷標準。靠著義的客觀準則，使我們能夠明辨是非，擇善固執，窮不失義，如子曰：「君子固窮，小人窮斯濫矣。」（〈衛靈公〉）窮不失義，達不離道，君子和小人的分別便在客觀的義道上顯現，此外，孔子常以實際作為來論禮。

「盡義知命」，在天下客觀的義道上，看到天道的流行，孔子自認為自己是天道的守護者。因人生的有限性，使我們一方面看到天道流行，一方面看到有限，我們不應拿一個極高的道德標準要求每一個人，但求在有限生命中盡一己之力，希望在有限裡看到天德流行的境界，在客觀義道上看到天命流行（客觀天命存在），也看到了其限制（人存在的有限性）。

四、天命與天道

> 夫子之文章，可得而聞也。夫子之言性與天道，不可得而
> 聞也。（〈公冶長〉）

> 子曰：二三子，以我為隱乎？吾無隱乎爾！吾無行而不與
> 二三子者，是丘也。（〈述而〉）

學生認為孔子之說瞻之在前，忽焉在後，摸不清頭緒。孔子
不正面說性與天道，而天命與性的關係又在哪裡？

> 天何言哉，四時行焉，百物生焉，天何言哉？（〈陽貨〉）

上天是沒有言語的，四時運行就是天道，萬物的創生就是天
道。運行和創生都是動態的表現，天道就是運行和創生。故而孔
子是清楚說出他所體認的天道，只是由仁德的踐履而不由哲學的
展示。天道也是時間的變化，也有創化的力量。

五、仁智雙彰

孔子雖說仁智雙彰，但仁與智的關係如何，猶是敞開的。

> 子曰：眾惡之，必察焉；眾好之，必察焉。（〈衛靈公〉）

要察，智當在外。

> 子曰：知及之，仁不能守之，雖得之，必失之。知及之，
> 仁能守之，不莊以蒞之，則民不敬。知及之，仁能守之，
> 莊以蒞之，動之不以禮，未善也。（〈衛靈公〉）

智及之，應是知及於可能會犯的過錯，但智及還不夠，還要
仁德來守護，智及仁守。否則雖智及還會失去。能照察自己的過
錯，能仁德守護，還要莊嚴的面對群眾，否則群眾不會敬愛。看
來還牽涉到禮的問題。

> 子曰：視其所以，觀其所由，察其所安，人焉廋哉？人焉
> 廋哉？（〈為政〉）

智足以燭人之過。看他的行為，如果犯了過錯，要觀察他行
為的動機，還要察明他心安不安。這雖是把智歸屬於仁，好像仍
需要經驗的累積，以得足夠的智慧。

> 子入大廟，每事問。或曰：「孰謂鄹人之子知禮乎？入大
> 廟，每事問。」子聞之曰：「是禮也！」（〈八佾〉）

禮要向外問，一般說仁、義、禮、智，智在最外層是向外擴
充嗎？

第二節　老子：從深淵裡來的人

　　據《史記·老子韓非列傳》說，老子（約西元前 570-475）曾為周室守藏史，即出自史官。「孔子適周，將問禮於老子。老子曰『子所言者，其人與骨均已朽矣，獨其言在耳。且君子得其時則駕，不得其時則蓬累而行。吾聞之，良賈深藏若虛，君子盛德，容貌若愚，去子之驕氣與多欲，態色與淫志，是皆無益於子之身。吾所以告子，若是而已。』孔子去，謂弟子曰：『鳥，吾知其能飛；魚，吾知其能游；獸，吾知其能走。走者可以為罔，游者可以為綸，飛者可以為矰。至於龍，吾不能知其乘風雲而上天。吾今日見老子，其猶龍邪！』」至少在司馬遷心目中，孔子認為老子莫測高深，是神龍見首不見尾的人物。老子的話很像《道德經》的格言型態，是深刻地感受豐富的生活經驗，再濃縮成哲學的概念。為什麼老子要孔子「去子之驕氣與多欲，態色與淫志」？孔子不是說「無欲則剛」，不像有「驕氣與多欲，態色與淫志」。其實儒家的道德在向量上為高度量，崇高、莊嚴都是要人見到、承認，所以孔子說：「文王既歿，文不在茲乎？」視自己為唯一繼承文化道統的人物。而道家在向量上為廣度量，見多識廣，廣德還若不足，故以有為沒有，若虛、若愚，太史公所記，其實可以看出儒、道兩家的深刻差異。

　　老子認為理性主義必然衰亡，就像「有」一定要歸回「無」。「無」和「有」有存有論的實質意義。

> 道可道，非常道。名可名，非常名。無名天地之始，有名
> 萬物之母，此兩者同，出而異名，同謂之玄，玄之又玄，
> 眾妙之門。（〈第一章〉）

道可道，非常道：道與言說有關，道本身可以言說，有積極
的意思。

名可名，非常名：不能稱之為名？或不是平常的名？名是命
名。

無可以命名天地之始，有可以命名萬物之母。母是根源。

此兩者同、出而異名，同，謂之玄。眾妙之門：是一切奧妙
的門戶。

「無」和「有」作用在天地之間，由無到有了天和地，再從
有到「有」了萬物，天地都是名，都在「有」的層次，所以無相
對於「有」是具有優先性的，「無」有超越的意思。

人對道有優先性，是因人有言語，但不是閒談的話，而是道
的言語。天地萬物透過無與有的作用。儒家是以「有」為出發點，
不斷累積而成大有，道家則在無到有的運作當中探索。

此兩者（無和有）同：無是道潛伏狀態，有是道出現的狀態，
無和有兩者構成了道的韻律，在有的狀態是帶著無的狀態來顯
現，不能任意割裂了無和有。體會到了無和有，才能知天地和萬
物，天地對萬物有一種優先性，無對有亦有優先性。無不是什麼
都沒有，而是一種「虛空」，含蘊在一種我們看不見的隱伏狀態，
道隱伏於天地萬物之中，只有見證才能明道的「大」。後人不見

老子原書,對老子的解釋愈來愈窄,且人心離原始愈來愈遠,離道也愈來愈遠。

「常無欲以觀其妙,常有欲以觀其傲。」(想要觀道的奧妙,想要觀道的歸向。)表現人與道的關係,人可常無(常常保持在無的心境),也可常有(常常保持在有的心境)。無名天地之始,有名萬物之母,天地萬物其實有無和有兩種狀態。

> 三十輻,共一轂,當其無,有車之用。埏埴以為器,當其無,有器之用。鑿戶牖以為室,當其無,有室之用。故有之以為利,無之以為用。(〈第十一章〉)

道與人發生關係叫人道,人道的基礎在這段經文中已發生,「車」、「器」、「戶」、「牖」、「室」等構成人間生活中的器具和裝備是「物」,但非自然物,而是工具物,發生在我們生活的脈絡裡,老子認為這些器具、裝備、工具物都有「無」和「有」之道的結構,如杯子有裝水是有亦是無?杯子「有」裝水故可喝,但是因杯子本是空(無)才會「可裝東西」。同理,「轂」旁必空方可容輻,室必須空才能裝東西⋯⋯故人利用某種東西前,必須得先讓它呈「無」的狀態方可「用」。

而我們做事情通常都有目的,故而我們使用這些工具亦有目的,為了工作,亦將生活當成一種工作,故把我們的世界變成一個大的工作室,工作有目的,工具也有目的。在人間裡,大家只注意到「用」的那一面,在「有」方面的用途,而常忘記或忽略

它「無」的一面。老子〈第二章〉言：「天下皆知美之為美，斯惡已；皆知善之為善，斯不善已。」所有的萬物失去了自然的面相，而以工具形貌出現，例如樹造成桌、椅，只為了人有目的的用途，因有目的，便易將物訂定價值標準（以人之眼光好惡來決定的）。當天下固定了一個審美判斷的價值標準，便是因發生在一個錯誤的看法——因把萬物看作是為人所用，以生活為一個工作室，把萬物當成有目的的用途，這種觀點本身便是個錯誤，故當從錯誤的觀點出發，這樣的倫理價值就不好了，故而老子說：「前識者，道之華，愚之始。」（〈第三十八章〉）前識者存有成見、偏見，對於道的理解只注重「有」的層面，而忽略「無」的層面，這種對事物的了解是道所開展的花朵，是愚笨的開始。「華」是道開展的花朵，「天下有母，以為天下始」，花朵的生命會凋謝，一個固定的價值標準會消逝，因某價值、意識一旦確立完成後，便會僵化死亡，故每一時期各有其道德標準。

一、無的心境

　　該如何回到「無」的心境？（看不到「有」的歸向是因回不到「無」的心境，但要如何方可回到「無」的心境呢？）——

　　　　致虛極，守靜篤。萬物並作，吾以觀復，夫物芸芸，各復歸其根。歸根曰靜，是謂復命。復命曰常，知常曰明。不知常，妄作凶，知常容，容乃公，公乃王，王乃天，天乃道，道乃久，沒身不殆。（〈第十六章〉）

　　老子的道從基礎到展開有其結構性。「人」和「物」皆具備了「無」和「有」的雙重性：人必須要先「致虛」、「守靜」才能達到無的心境，看到萬物並作的根源——無，人若無法回到根源便造成了「皆知美為美，斯惡已，皆知善之為善，斯不善已。」（〈第二章〉）故道家聖人要從有回歸到無的心境。

　　萬物亦有「有」和「無」的韻律，萬物有差異性，必須回到自己的根源，也唯有如此方叫「靜」。

　　「歸根曰靜，是謂復命」：只有回歸根源才是真正回歸到自己的命運。

　　「復命曰常，知常曰明」：了解自己的有限性，知道常道在無的心境，回歸到自己的根源、命運。「容」：包容，要在無的心態下方可包容。「公」：公平，蕩然公平。「王」：為天下所歸往。因心中能包含萬物，明白萬物的有限性，不會有過份的要求。「天乃久」：天下乃大公無私。是在包容了萬物的差異性所表現出的大公無私，而非抽象的價值標準。「沒身不殆」：死後也會因道的緣故而長久，影響不會絕滅。

　　在老子觀點中，要成為聖人必須要見到萬物都能回歸其根源，知道萬物具「無」和「有」的韻律，明白萬物亦有其限制，體會物道是重要的，如此方可容、可大、可久。

　　萬物回到自己的根源→物化，是動態的，同時人自己也回到根源，因為人唯有在自己回到根源時，才會看到萬物回到根源。

二、何謂「物道」？

> 道生之，德畜之，物形之，勢成之。是以萬物莫不尊道而
> 貴德。道之尊，德之貴，夫莫之命而常自然。故道生之，
> 德畜之，長之育之，亭之毒之，養之覆之。生而不有，為
> 而不恃，長而不宰，是謂玄德。（〈第五十一章〉）

　　道生發萬物，德蓄養道，有了形體成就其個體化的勢力。老
子認為萬物都有道的結構，「道生之……」其發生結構的發展，
圖示如下：

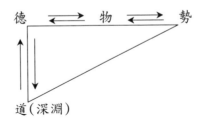

　　順勢發展，往而不返，離道越來越遠，「物壯則老，是謂不
道，不道早已（妄、凶險）。」（〈第三十章〉）
　　道在萬物上的結構──道、德、物、勢。
　　道是母，萬物是道之子，一層層回歸於道，如子本出於母。

　　道生一、一生二、二生三、三生萬物，萬物負陰而抱陽，

沖氣以為和。（〈第四十二章〉）

見上圖，一、二、三原都在德的層次，一、二、三所指為何呢？

道生「一」、一生「二」、二生「三」

1. 無　　無、有　　無有辯證。
2. 地　　地、天　　天地相合。
3. 陰　　陰、陽　　陰陽沖合。

解釋：第 1 說，無中生有，故二是無和有。

第 2 說中，天地之合是宇宙論的結構，「天地相合，以降甘露。」（〈第三十二章〉）

「萬物負陰抱陽」，看不到（無）是陰，看得到（有）是陽，故無等於陰，有等於陽當無異議，然天地該如何和有、無相配相對應呢？

「人法地，地法天，天法道，道法自然」可以「法」必是因為「有」，而自然可將有沖化為無。天地對道來說都是有，但單就天、地二者而言，天是有，地是無，地道是老子的根本精神，地道根本上是無的結構，如《易經》：「地中有山」，世有「地藏王菩薩」，地把一切都藏入，所以是「無」。

谷神不死，是謂玄牝。玄牝之門，是謂天地根。緜緜若存，用之不勤。（〈第六章〉）

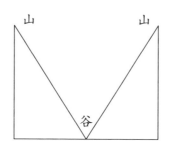

山是萬物，谷卻不是物（東西），玄牝是神秘的陰性。根是根源，由無中產生天地。故神秘的陰性，它根本上是無，是山（有）形成的，因是「無」，故不會死，乃神秘的陰性。

> 我有三寶，持而保之。一曰慈，二曰儉，三曰不敢為天下先。慈故能勇，儉故能廣，不敢為天下先，故能成器長。今舍慈且勇，舍儉且廣，舍後且先，死矣！夫慈，以戰則勝，以守則固。天將救之，以慈衛之。（〈第六十七章〉）

無產生天地，亦是天地之合，谷上連天是虛空，又下連山之地，亦屬天地之合。

道 → 聖人　　　　聖人 → 常人
（母）（嬰兒）　　（母）（嬰兒）

道對聖人有如神秘的母親（陰），道家聖人對萬物負有責任，亦如母親。道家的聖人有母親的心懷，定然慈祥、節儉，不儉則

把萬物當作財貨，拼命想占為己有，以襯托自己的財富地位。他與萬物在一起，萬物是他的責任。

> 知其雄，守其雌，為天下谿。為天下谿，常德不離，復歸於嬰兒。知其白，守其黑，為天下式。為天下式，常德不忒，復歸於無極。知其榮，守其辱，為天下谷。為天下谷，常德乃足，復歸於樸。樸散則為器，聖人用之，則為官長。故大制不割。（〈第二十八章〉）

順勢發展皆是「子」、「榮」、「雄」、「陽」，歸回本源則是「母」、「辱」、「雌」、「陰」。「知其榮，守其辱」，只為了天下萬物能夠成長，我則含辱，有母親的慈悲心懷。一個人修養須達到慈愛的母親，學習女性的智慧，根本在於無。老子的哲學是柔弱的哲學，山谷的哲學。

> 上善若水，水善利萬物而不爭，處眾人之所惡，故幾於道。居善地，心善淵，與善仁，言善信，正善治，事善能，動善時。夫唯不爭，故無尤。（〈第八章〉）

老子的道即深淵，是水之道、守柔之道、謙退之道。於是老子以「水」的元素思考，水之德喻上善。水善於有利於萬物，卻處在最低下之所在，即不爭的表現，是謙退的表現，所以近於道。「善於」是一種技藝的表現，於是自有其專門和巧妙之處。於是

人效法「水」所之能善於給予和治理，亦因不爭之心態處世，所以不會招至禍患，故曰「以其不爭，故天下莫能與之爭」，故曰「夫唯不爭，故無尤」。

> 五色令人目盲，五音令人耳聾，五味令人口爽。馳騁田獵，令人心發狂。難得之貨，令人行妨。是以聖人為腹不為目，故去彼取此。（〈第十二章〉）

五色、五音、五味都是社會進行之下所產生的標準和社會的意識，即「我」之境界。於是有所秩序，但那都只是社會意識（前識）的假象。所以有太多太多的欲求，無止盡的追求，令人心狂，於是老子提出「為腹不為目」，是實用主義，是守和柔的表現。老子的道是「道之出口，淡乎其味」，於是能回歸，於是能到「無我」的境界，所以沒有欲望，歸復於道，即自然。

> 寵辱若驚，貴大患若身。何謂寵辱若驚？寵為上，辱為下，得之若驚，失之若驚。是謂寵辱若驚，何謂貴大患若身？吾所以有大患者，為吾有身，及吾無身，吾有何患？故貴以身為天下，若可寄天下，愛以身為天下，若可託天下。（〈第十三章〉）

受寵亦或受辱都使人驚懼不安。所以是寵或是辱都不是一件好事，都是會擾亂我們心志。而我們之所以害怕憂懼，是因我們

時時在意我們的身體，於是若回歸，遮撥名利心、得失心、計較心於無我之境，那又有何患呢？於是相同的，若我們能把自己納入天下萬物中，彼此懷抱，又哪會有憂懼禍患呢？於是從貴身和無身的思考之中，能明白了「寵辱若驚」的意義，亦明瞭老子的道的意涵和價值。

第三節　墨子：烈火的神

《淮南要略》說：「墨子受儒者之業，受孔子之術，以為其禮煩擾而不悅，厚葬靡財而貧民，久服傷生而害事。」墨子（約西元前 480-390）開始受儒者之業，從了解儒家到反儒家，其出發點為何？

孟子是道德主義的天才，他很容易「由仁義行，非行仁義」，而墨子的標準和孟子有所不同，孟子崇尚仁，首先訴諸於內在（心），而墨子卻不從內在做起，以天為標準。雖是天，但人格神的意味很強。

一、天志

天的客觀性、普遍性在諸子中差不多都被同意了，從周初的傳統「對越在天」，人會感受到天的存在，天在萬物與人之上，無形中代表一個標準，墨子關懷天，把天看成一個客觀的義道，他對儒家的反省完全由「天」來。

> 子墨子曰：我有天志，譬若輪人之有規，匠人之有矩。輪
> 匠執其規矩以度天下之方圓；曰中者是也，不中者非也。
> 今天下之士，君子之書不可勝載，言語不可勝計，上說諸
> 侯，下說列士，其於仁義，則大相遠也。何以知之？曰：
> 我得天下明法度以度之。（〈天志〉）

我有天志，就好像造輪子的人有圓規的依據，如木匠有矩尺
能測量。他們以此度量天下方圓。在墨家，即對墨子而言「天志」
就是最高的層級，有「義」的意涵，是社會正義的表現，於是既
然是最高的規範，所以天的意志即天志，是只可順而不可反的。
而天志亦是用來衡量天下事物的法儀、法度。此外天志更是「兼
愛」理論的根據。墨子的天是唯一的法儀，是義之所從出，是全
能的、有意志的、有情感、有力、有義的人格天。

為何墨子要以「天」為標準呢？因在戰國時代天下大亂，不
論內在修為、外在行止，必須要有一個客觀標準，否則一人一義，
十人十義，標準便會因各人不同而混亂，故墨子以天為統一客觀
超越的標準，做為一切的準則。把天和人拉開，依天的標準，不
以人的標準來行事，而天是客觀的義道，是以愛利天下為能事。

天超越客觀的標準，客觀的義道，以愛利天下為能事，天有
意志。誰知道天的意志？墨子，墨家的領袖「鉅子」，這是絕對
的標準，不可置疑。天有意志，天的意志是賞善懲惡，天是善惡
分明的，善是放諸四海皆準的義道。

猶太教的耶和華是烈火的神，人民的行事有一最高客觀標

準，有違逆則受烈火（天火）的懲罰。訴諸宗教型態來說，墨子和猶太教一樣非常嚴厲，組織由上而下不斷分化，極為嚴密。由下而上的各級組織，標準不斷提升，次序嚴密，終以天為標準，是一種宗教型態（宗教是超越的，無法用哲學思想來評斷，因宗教的標準明確，故重視的是實踐）。

> 天欲人之相愛相利，而不欲人之相惡相賊也。（〈天志〉）

墨子認為以義說仁，若能行義，仁便已在其中。唐君毅說：「墨子之重兼愛，正是以義說仁之義教。」[3]以孔子的方式思考，墨子可說是一個聖人了。《論語・八佾》：「『如能博施於民，而能濟眾，可謂仁乎？』子曰：『何事於仁，必也聖乎，堯舜其猶病諸。』」墨子忘掉自己，以天下蒼生為己任，是一種宗教型態。不像孟子萬事首先訴之於內在，墨子的標準來自天，思想雖然簡單，但戒律極多，故實踐於生活困難便不少，他摩頂放踵，兼善天下，是宗教的，不能以哲學來批評他。

在戰國的紛亂時代，重視的是實際行動，而非消極的個人式內在修養，墨子能彰顯客觀義道（天下標準）是不容易的事，孟子不滿墨子，但若以孔子立場評墨子，墨子必可獲得孔子的認同，因他以天下為己任，可謂聖人也。

3　唐君毅：《中國哲學原論　原道篇貳》（九龍：新亞書院，1973），頁164。

> 既以非之，何以易之？子墨子言曰：以兼相愛、交相利之
> 法易之。視人之國若其國，誰攻？視人之家若其家，誰
> 亂？……故天下兼相愛則治，交相惡則亂。（〈兼愛〉）

墨子是宗教領袖，故有（較寬厚）愛人如己，即兼愛之思考。以「兼相愛、交相利」易「不相愛」（以兼代別），是墨子的「兼愛」論所以形成的理路，帶出了「非攻」的思考。墨子認為天下之亂起於不相愛，宗教情懷要「愛人如己」，是無差等的，是同等的愛。

二、愛必及利

而墨子的兼愛並非孤立的概念，是和「天志」相關聯的。而亦能從交相利之中明白墨子之兼愛，愛必及利是功利主義，但兼愛之表現亦是宗教精神之彰顯。

> 今天下之所譽義者……為其上中天之利，而中中鬼之利，
> 而下中人之利，故譽之歟？……雖使下愚之人必曰：將為
> 其上中天之利，而中中鬼之利，而下中人之利，故譽之……
> 今天下之諸侯將，猶多皆免攻伐並兼，則是有譽義之名，
> 而不察其實也。（〈非攻〉）

「墨家說：『義便是利』，義是名，利是實。……可見墨子所說的『利』不是自私自利的『利』，是『最大多數的最大幸福』。」

[4]故墨子是最澈底的功利主義，義一定要合乎天、鬼、人的利益，社會正義的實質在於合乎天、鬼、人的利益。

> 吏治官府之不絜廉，男女之為無別者，有鬼神見之。民之為淫暴寇亂盜賊，以兵刃毒藥水火退無罪人乎道路，奪人車馬衣裘以自利者，有鬼神見之。（〈明鬼〉）

故而鬼神實有，能賞善而罰暴，所謂「舉頭三尺有神明」。

> 執有命者之言，是覆天下之義。……上之所賞，命固且賞，非賢故賞也；上之所罰，命固且罰，非暴故罰也。（〈非命〉）

為了社會正義，不能有命運的觀念，會妨礙追求社會正義的決心，也會影響賞賢罰暴的正當性。

> 桐棺三寸，足以朽體。衣衾三領，足以覆惡。及其葬也，下毋及泉，上毋通臭，無槨無服，為三日之喪。（〈節葬〉）

節葬、非樂都是由節用所延伸出的核心概念，墨子出身平民，提出以節用、生產而富國。所以反對儒家久喪厚葬的做法，覺得

4　胡適：《中國古代哲學史》（臺北：臺灣商務印書館，1958），頁24-25。

是在浪費金錢和資源。而「其生也勤，其死也薄，其道當大觳。」（〈莊子・天下〉）是莊子雖不贊同其作法，但肯定其對天下人民的用心，孟子則曰：「摩頂放踵，以利天下。」墨子的經驗主義和功利主義的因素，於是較重視資源和現實效力（實效），墨子的精神誠可貴，但過於篤行「節用」，卻使自己成了一位苦行僧，是缺乏安頓人性之基礎的，這亦是墨家衰退的原因之一。

> 今王公大人有一裳不能制也，必藉良工；有一牛羊不能殺也，必藉良宰。……逮至其國家之亂，社稷之危，則不知使能以治之，親戚，則使之，無故富貴，面目佼好，則使之。（〈尚賢〉）

「良工」、「良宰」都是有手藝的人。人面對事物，有能力處理，這是經驗主義，故墨子又是最澈底的經驗主義，治國要靠能力，才能治理「國家之亂，社稷之危」，這亦是道家之所重者。故墨子的「尚賢」，是推崇有能力的人。

> 聞善而不善，皆以告其上，上之所是，必皆是之，上之所非，必皆非之。（〈尚同〉）

「尚同」是向上去效法，不但上同到墨家領袖，還要上同到「天志」。

墨家的天具有絕對的超越性。基督教從猶太教烈火的神轉化

到博愛世人的神，在人神間有基督、聖靈作媒介，可使人與神溝通。

　　而墨子絕對的超越性、客觀性和人的內在沒有絕對的關係，基督教認為人無法做到神，只有透過媒介才能來和神溝通，但中國認為人可自我修養，實踐道德，便能到達聖人的層次而為聖王，且不可和普通人等同齊觀，墨子亦有絕對的超越性，他仍是一個聖人，道家在內容上保持了這種超越性。

　　對外在形式的反對正是墨子反對儒家，在這方面道家也保持了。墨子等級嚴密，每一層都有其絕對的權威，都有一烈火的標準，黑暗是因未按一絕對的標準來行事。

第四節　孟子：不忍人之心

　　《史記・孟子荀卿列傳》：「孟軻，鄒人也。受業子思之門人。道既通，游事齊宣王，宣王不能用。適梁，梁惠王不果所言，則見以為迂遠而闊於事情。當是之時，秦用商君，富國強兵。楚魏用吳起，戰勝弱敵。齊威王宣王用孫子田忌之徒，而諸侯東面朝齊。天下方務於合從連橫，以攻伐為賢。而孟軻乃述唐虞三代之德，是以所如者不合，退而與萬章之徒，序詩書，述仲尼之意，作孟子七篇。」孟子（西元前 372-289）歷游梁、齊、宋、魯、滕諸國，曾在梁惠王則聘為卿，也曾仕齊為卿，也曾聘於滕。滕為小國，未能展其所長。看來在孟子時已是法家興起的年代，尤其是以「富國強兵」為要務。但梁惠王「以為迂遠而闊於事情」，

則值得注意。至於稱述堯、舜、湯、武，「信古而能斷，孔子以後，蓋一人而已。」[5]

一、義利之辨

> 孟子見梁惠王。王曰：「叟，不遠千里而來，亦將有以利吾國乎？」
>
> 孟子對曰：「王何必曰『利』？亦有『仁義』而已矣。」
>
> 「王曰：『何以利吾國』？大夫曰：『何以利吾家』？士庶人曰：『何以利吾身』？上下交征利，而國危矣。萬乘之國，弒其君者，必千乘之家；千乘之國，弒其君者，必百乘之家。萬取千焉，千取百焉，不為不多矣；苟為後義而先利，不奪不饜。」
>
> 「未有『仁』而遺其親者也；未有『義』而後其君者也。王亦曰：『仁義』而已矣，何必曰『利』？」（〈梁惠王〉）

孔子倡仁道，孟子則一下子推仁義之道。有「仁」不會「遺其親」，放在家庭單位，有「義」不會「後其君」，放在國家社會。仁是潤澤感通，義是社會正義。推行仁道是使一個國家都在道德秩序中，只能提出一些理想主義的原則。「孔子曰：『天下有道，則禮樂征伐自天子出。天下無道，則禮樂征伐自諸侯出。』」

5　鍾泰編：《中國哲學史》（臺北：臺灣商務印書館，1967），卷上，頁49。

（《論語·季氏》）在天下無道的時代，國與國互相征伐的時候，還有生存之道的問題——要富國強兵，這就不單只是「利」的問題，要有治理的能力，也就是要有實際的辦法。所以梁惠王「不果所言，則見以為迂遠而闊於事情」。

在道德的理想主義中，心性與政治是一回事。

二、四端之心

孟子曰：「人皆有不忍人之心。先王有不忍人之心，斯有不忍人之政矣。以不忍人之心，行不忍人之政，治天下可運之掌上。」

「所以謂人皆有不忍人之心者：今人乍見孺子將入於井，皆有怵惕惻隱之心，非所以內交於孺子之父母也，非所以要譽於鄉黨朋友也，非惡其聲而然也。」

「由是觀之，無惻隱之心，非人也；無羞惡之心，非人也；無辭讓之心，非人也；無是非之心，非人也。惻隱之心，仁之端也；羞惡之心，義之端也；辭讓之心，禮之端也；是非之心，智之端也。人之有是四端也，猶其有四體也；有是四端而自謂不能者，自賊者也；謂其君不能者，賊其君者也。」

「凡有四端於我者，知皆擴而充之矣，若火之始然，泉之始達。苟能充之，足以保四海；苟不充之，不足以事父母。」（〈公孫丑〉）

　　孔子發明「仁」說，孟子將其發揚，道性善。雖兩人同本於「仁」，但孔、孟之間究竟有無差別？孔子以「不安」指點仁，孟子以「不忍人之心」來指點仁，「不忍人之政」就是義了。

　　孔子的仁是儒學的開山祖，「踐仁知天」，天命天道在光亮中可以看見，孔子不為仁下定義，他隨事指點，因其認為既是自然心境，萬物敞開，便無法用言語來明確解釋。仁不是人化的，不見主觀性，是讓萬物自由出入、相通，是主客未分的心境，此時人與萬物不是在對立狀態，今日所謂仁者，便是看到道在萬物中隱沒無常（《易經》中道是在萬物中隱現），而把握到人性。因孔子認為天道存於光亮之中，對天道還有敬畏，他不把人的主體性擺出來。但推到禮上去，禮就是外在的普遍性形式。

　　孟子對孔子之說加以闡釋，認為惻隱之心、羞惡之心、辭讓之心、是非之心，都是人心。他把仁、義、禮、智的四端之心，全收入一心中，因為「天下無道」，社會的黑暗均要交給一心來承擔。惻隱之心──仁之端也，羞惡──義，辭讓──禮，是非──智，端是開端、端緒、傾向，使人與禽獸有了差別，亦即孟子的四端，保留下人和禽獸不同之處。他認為人的自然生命情感，例如不忍人的惻隱之心，可看到人心，和孔子開敞開來和萬物相感不同，孟子一切訴諸於人心。惻隱、羞惡、辭讓、是非的心之四端是人生命情感的傾向。

　　　孟子曰：「人與禽獸相去者幾希，庶民去之，君子存之。舜明於庶物，察於人倫，由仁義行，非行仁義也。」（〈離

妻〉）

　　這也是人禽之辨。亞里斯多德認為人和動物之別在於人有「理性」，孟子的「性」起於人與禽獸相差別的「幾希」，作為人之為人的本質。[6]孟子在儒學上是一位天才，滿腔被道德理想充滿，認為人之所以為人，是因人有惻隱、羞惡、辭讓、是非之心，是自然生命情感的流露。他抓住人心的一點點端倪，把端倪守住，便成就了道德。孟子的思想確立了道德的主體性，認為四端之心人皆有之，須實踐擴充，而達仁義禮智，「如火之始然，泉之始達。」確定了道德理想的方向，而高高超越了萬物。孟子的「心學」變成了儒家理想主義的代表。

　　　　舜之居深山之中，與木石居，與鹿豕遊，其所以異於深山
　　　　之野人者，幾希，及其聞一善言，見一善行，若決江河，
　　　　沛然莫之能禦也。（〈盡心〉）

　　孟子推擴其道德理想，「雖千萬人吾往矣」。人的心體最大，靈光一點，萬古不磨，人的四端猶如四體，奠定了粹然至上的心體，「反身而誠，萬物皆備於我，樂莫大焉。」（〈盡心〉）對孟子而言，宇宙最高的奧秘是什麼？雖和孔子一樣都是「仁」，但他實際上是指人格（是宇宙最終的實在），是道德理想主義。

6　勞思光：《中國哲學史・第一卷》（臺北：三民書局，1981），頁116。

> 從其大體為大人，從其小體為小人。……耳目之官不思，
> 而蔽於物，物交物，則引之而已矣。心之官則思，思則得
> 之，不思則不得也。（〈告子〉）

成其大體為大人，成其小體為小人（宛如禽獸）。孟子認為人格高高超出萬物，是宇宙最終的實在，沒有人格便沒有意義，人格是宇宙的精神和靈魂，道德理想是最終的價值。對孟子而言，心等於性，性等於天，從一個道德情感便可抓住心，便可知天，「盡心知性知天，存心養性事天」，同於孔子的「踐仁知天」，但他認為心、性、天是同一關係。

三、浩然之氣

> 「敢問何謂浩然之氣？」曰：「難言也。……其為氣也，
> 配義與道，無是，餒也。是集義所生者，非義襲而取之也。」
> （〈公孫丑〉）

文天祥就是儒家典型的代表之一，「孔曰成仁，孟曰取義，唯其義盡，所以仁至」，以大體來主宰小體，由於大體決定小體是否能繼續生存，決定生命的方向，以精神生命來決定自然生命，人之所以為人，是由道德理想的心體來決定。用道德理想（大體）心來壓制小體的欲望。要存養浩然之氣，使從平旦之氣存養，宇宙的本體就是人的心體，孟子言：「不動心」，能不動心是因確

定了一個道德理想的方向，如此便能不為所動了。義是人外在的形式化，由道德定出一個方向、一條路，「以直養而不害，則充塞於天地之間」。

孟子認為人間標準太混亂了，使之不得不辯（「予豈好辯哉，予不得已也」），「心之官則思，思則得之」人禽之辨、義利之辨、王霸之辨……一切都有道德標準，心皆向善，甚至善本在人心中，是理想心，是無限心，仁義存於內心，而可上達天命。

> 口之於味也，目之於色也，耳之於聲也，鼻之於臭也，四肢之於安佚也，性也，有命焉，君子不謂性也。仁之於父子也，義之於君臣也，禮之於賓主也，智之於賢者也，聖人之於天道也，命也，有性焉，君子不謂命也。（〈盡心〉）

食物感官均有欲望，這有本性的成分，能否享受也有偶然的命運成分，但君子不把它稱為本性。君子視為本性的，是仁、義、禮、智。故君子道性善。

> 口之於味也，有同耆焉，耳之於聲也，有同聽焉，目之於色也，有同美焉，至於心獨無所同然乎？心所同然者何也？謂理也，義也，聖人先得我心之所同然耳。故理義之悅我心猶芻豢之悅我口。（〈告子〉）

感官欲望都有對美好的追求，心也是一樣，聖人先得到我們

對心所共同期待的。故孟子的心只因理義而悅樂。

　　孟子以惻隱、羞惡、辭讓、是非四端之心的生命情感傾向來解釋仁道，類似於反省（思）。人會反省（反省之外，尚須予以擴充四端），人有道德心存於宇宙，物不會「推」，無道德之心。「不忍人之心，行不忍人之政」，仁心行仁政，以仁心行四海，天下可運於掌上，「乃若其情，則可以為善也。」人之情感便是如此。人是萬物的主宰，人的權力凌駕一切萬物，在孟子眼中，人道高高地發揚，在他心中只有道德的律則，道德充塞於內，雖萬人阻擋亦往矣，對道德有敬畏，我心即是天，孟子的人文和自然是絕對分裂的，自然就是野蠻，而人文代表人的曙光，道德理想的出現。孔子時尚無如此嚴厲抬高人文，矮化自然，如「文勝質則史，質勝文則野，文質彬彬，然後君子。」孔子認為質文參半，才是君子，而孟子認為質不代表什麼，文才具有價值。

四、養氣、知言

> 人之有德慧術知者，恆存乎疢疾。獨孤臣孽子，其操心也危，其慮患也深，故達。（〈盡心〉）

　　人有道德、智慧、技術、認知的，都存在於生命的病痛。這種病痛比之於被孤立的臣子和妾所生之子，在生存上潛伏著危險，操心總在不安的狀況裡，思慮災患就比較深刻，故能通達。生存在危險中，故對生命認識較深刻。

故天將降大任於斯人也，必先苦其心志，勞其筋骨，餓其
體膚，空乏其身，行拂亂其所為，所以動心忍性，增益其
所不能。人恆過，然後能改；困於心，衡於慮，而後作；
徵於色，發於聲，而後喻。入則無法家拂士，出則無敵國
外患者，國恆亡。然後知生於憂患，而死於安樂也。（〈告
子〉）

要能承擔重任，必先在心志上受到折磨困苦，勞動他的筋骨，
身體感受到饑餓，使他的生命感到匱乏，有很大的痛苦，在生命
中長久的忍耐，以增益他原來不會的能力，這是儒家的憂患意識。

孟子有存養擴充道德性的工夫，對生命的病痛也有深刻的體
認。道德與智慧其實回到孔子仁與智的老問題上，仁智雙彰的話
就是仁內智外，智如繫屬於仁，則道德即有相應的智慧，智就不
能獨立。另外，技術和認知需要不需要擴充和培養呢？難道只存
在於生命的病痛嗎？孟子對此無持續的關懷。

告子曰：「不得於言，勿求於心；不得於心，勿求於氣。」
不得於心，勿求於氣，可；不得於言，勿求於心，不可。
夫志，氣之帥也；氣，體之充也。夫志至焉，氣次焉。故
曰：「持其志，無暴其氣。」（〈公孫丑〉）

孟子提出的是自己的哲學觀念：以志率氣。心志集中在道德
的方向，所有身體的力量就朝向那個方向。告子是道家型思考，

兩人對氣的思考不一，孟子並沒有釐清，這算不算「知言」呢？

> 「何謂知言？」曰：「詖辭，知其所蔽；淫辭，知其所陷；
> 邪辭，知其所離；遁辭，知其所窮。……」（〈公孫丑〉）

偏頗的言辭，淫亂的言辭，邪曲的言辭和閃躲的言辭，有其障蔽、陷溺、偏離和辭窮。但知不知道幽默和玩笑呢？孟子根據道德的向量，僅知道特定的方向，也有道德的洞見。

第五節　莊子：蝴蝶之變

《史記》記莊子：「其學無所不闚，然其要本歸於老子之言。故其著書十餘萬言，大抵率寓言也。」莊子博覽群書，與老子的守藏史如出一轍。在精神的向量上，仍是廣度量，「體盡無窮，而游無朕。」（〈應帝王〉）無窮無盡的生活體驗，而逍遙地游戲於沒有朕兆與形跡的所在，別有天地非人間。

莊子（西元前 369-286）所生存的年代是「天下有道，聖人成焉；天下無道，聖人生焉。方今之時，僅免刑焉。」（〈人間世〉）這僅求免刑的年代早已超出「天下有道」與「天下無道」的二元辯證，怎一個「慘」字可言？戰爭兵禍固使他無所逃於天地之間，飢荒困苦也使他無可用於天地之間。也正因無用，才看出有用的荒謬；無用正是逍遙的契機。

一、小大之辯

> 北冥有魚，其名為鯤。鯤之大，不知其幾千里也。化而為
> 鳥，其名為鵬。鵬之背，不知其幾千里也。怒而飛，其翼
> 若垂天之雲。是鳥也，海運則將徙於南冥。南冥者，天池
> 也。（〈逍遙遊〉）

北冥，至北之極地也，可能是今日所指稱的北極海，但不論
為何，都是虛指。冥有「無」的意思，在道家的理路之中，「無」
能生極大的、有各種可能，而鯤指的是小魚卵，但莊子卻反小為
大，在莊子的理路之中，「大」有其特殊的意義。這樣至小可以
極大、至大能是極小的思考之中，模糊了大小的差異，亦是莊子
突破二元對立的表現。「化而為鳥」指的是大鯤化成大鵬的變形
過程。而鯤是水的象徵、鵬是風的表現。變形過程，是道的流轉。

> 齊諧者，志怪者也。諧之言曰：「鵬之徙於南冥也，水擊
> 三千里，摶扶搖而上者九萬里，去以六月息者也。」（〈逍
> 遙遊〉）

承襲水的柔弱之道而下的莊子，因對道之理解有了不同，有
創新概念——風的哲學。隨即以「摶扶搖而直上」說明、加強之。
即一鼓翼便形成了羊角風、龍捲風、上飛九萬里。全句無一風字，

卻能解釋風的哲學主要的概念，於是能明瞭莊子的特定主題。且和老子解析的方式比較而言，如「水擊三千里，搏扶搖而上者九萬里，去以六月息者也。」是富於形象和生命力的。

> 野馬也，塵埃也，生物之以息相吹也。天之蒼蒼，其正色邪？其遠而無所至極邪？其視下也，亦若是則已矣。（〈逍遙遊〉）

莊子將自己的影子和情感凝聚到風的之中，其中表現了與風、雲、氣息的相關意象，而以風為旋轉軸。風的意象所表示的是「氣化的混沌」，是野馬也，塵埃也，萬物的呼息彼此吹盪。氣化的混沌是在四海之外，人能達到氣化的混沌，才能逍遙的遊戲。「逍」就是消解、忘卻，「遙」就是遙遠，只有如此，才能用自由流動的眼光，朝向世界的遊戲態度。風的意象隱喻道，風就是氣化，只有氣化才能神凝。氣化，即虛化、無化，才能達到神人之境界。

二、喪我

> 「今者吾喪我，汝知之乎？汝聞人籟，而未聞地籟。汝聞地籟，而未聞天籟夫！」……「地籟則眾竅是已，人籟則比竹是已。敢問天籟。」子綦曰：「夫吹萬不同，而使其自己也，咸其自取，怒者其誰邪！」（〈齊物論〉）

　　莊子提出「吾喪我」即「忘我」是別於社會性存在的自然性存在的思考。企圖再以「三籟」的層次中來表現人應去除自我意識。所謂的「人籟」就是人間的音樂，即禮樂。「地籟」則是風使眾竅發出的音聲，「天籟」則是眾竅自取，是天然的音樂，而以上都是孔竅的形態。至人無己，必須通過喪我的工夫，就是空虛之後，成為中空的孔竅，即天籟的工夫，是氣化的關鍵之道，是萬物自我的呼吸、氣化。於是在喪我、忘我、風化、自化、獨化之中除去自我意識，即無我，就是自然之道。這說明了「無己」才能「齊物」。就是物各付物，讓萬物一一各歸於其氣化，復歸於混沌的噪音，就是「齊物」。

> 非彼無我，非我無所取。是亦近矣，而不知其所為使。若有真宰，而特不得其朕。可行已信，而不見其形，有情而無形。百骸、九竅、六臟，賅而存焉，吾誰與為親？汝皆說之乎？其有私焉？如是皆有為臣妾乎？其臣妾不足以相治乎？其遞相為君臣乎？其有真君存焉？如求得其情與不得，無益損乎其真。一受其成形，不亡以待盡。（〈齊物論〉）

　　莊子對「自我意識」，提出了「真宰」，即機心的理路。種種的機心爭鬥就是自我意識的表現、映照，所以莊子說「非彼無我，非我無所取」。而「若有真宰」就是沒有真宰，是得不到真宰的朕跡。在種種機心裡，只是做自己所相信的，卻沒有辦法見

到真宰的形態，種種機心對於真宰，只是情感而沒有形態。即在機心的驅動之下，每個人只相信自己所相信的，是隨眾人異情以為有真宰存在，於是才整日勾心鬥角，以為有個真宰存在，所以要除去自我意識。去除自我意識和忘形，就是一氣之化，與外部自由交流。

莊子對於形體，提出了「真君」的思考。從以上能明白自我與形體和形體與各部分的關係，如果自我意識對形體各部分是作主宰，那就是壓制，而身體各部分則就是「臣妾」了，而德勒茲（Gilles Deleuze, 1925-1995）則是以「沒有器官的身體」（a body without organs），打破人作為一有機物的人本主義思想，即沒有器官的身體不再困於身體的內部，因為身體的內部是「固有的制度和形而上學」的壓制作用。莊子則是忘記自我意識及形體，是一氣之化。二人同是反對有個真正的主宰存在，因為自我意識作為主宰對身體產生支配作用充滿成心，不忘形則無法避免。莊子以彼是立場的相非，自我意識與他者成二元對立。說明（帶出）只有去除自我意識和忘形，才能至「吾喪我」的境界，只是一氣之化，與外部自由交流，破解了自我，來到無我。

三、道和語言

夫道未始有封，言未始有常，為是而有畛也。請言其畛：有左，有右，有倫，有義，有分，有辯，有競，有爭，此之謂八德。六合之外，聖人存而不論；六合之內，聖人論

> 而不議。春秋經世先王之志，聖人議而不辯。故分也者，
> 有不分也；辯也者，有不辯也。曰：何也？聖人懷之，眾
> 人辯之以相示也。故曰辯也者，有不見也。……孰知不言
> 之辯，不道之道？若有能知，此之謂天府。注焉而不滿，
> 酌焉而不竭，而不知其所由來，此之謂葆光。（〈齊物論〉）

這是莊子開始展示道和語言的關係，道沒有封限，言語也沒有常態，只因自持己見，就有了區分。有左、有右、有次序、有正當性；有區分，就有爭辯；有心競就有爭勝。其中都隱含了社會層次的價值觀，在道的領域中，聖人保存意在於道而不談，在人間，聖人談道而不辯論，是歸於沉默之道。而沉默之道是天道的府庫，府庫瀚如江海，淵默如大海。在道、論、議、辯、爭層層的淪降中，歸於沉默之道，是「葆光」，收斂自己的光芒，涵養自己。

> 昔者莊周夢為胡蝶，栩栩然胡蝶也，自喻適志與！不知周
> 也。俄然覺，則蘧蘧然周也。不知周之夢為胡蝶與，胡蝶
> 之夢為周與？周與胡蝶，則必有分矣。此之謂物化。（〈齊
> 物論〉）

夢在莊子的表詮中有其特殊的重要性，夢是物化。莊子透過做夢走出社會自我的意識，用夢的方式（變化、狂醉），化成物（蝶），以無用為大用。雖莊子與蝶必有形體上必然的分野，但

物化正是意識的離其自己，參與萬物無窮的變化。換言之，夢（變化、狂醉）達至「吾喪我」的境界，遺忘社會決定的角色，自我遺忘才能走出自己，於是莊子提出了「夢」，其能解消社會建構之自我意識，脫離成心、機心的牽制，夢與狂醉提供了物化的條件，而唯有在這樣的過程之中的覺醒，才有使物化真正的可能，這才是天籟。

> 天地有大美而不言，四時有明法而不議，萬物有成理而不說。聖人者，原天地之美而達萬物之理，是以至人無為、大聖不作，觀於天地之謂也。（〈知北遊〉）

如何在人生中感受到和萬物有關呢？莊子言：「獨」。「獨」是一個孤獨的心境，人生在喧囂時往往更了解孤獨，如何了解孤獨呢？孤獨感來襲時，使人忽然覺得萬物和人不再以熟悉的態度出現，眼前的人、事、物失去了熟悉感。孤獨不是獨我，不是自閉，在獨中若真能回到獨的基本心境，人事物便已不再有平時熟悉的姿態，代之而起的是新奇，陌生的姿態出現在我面前，以一種陌生的狀態出現，反而有「新奇」的意識跑出來，萬物具有神秘性。平日和萬物是以「有」的狀態共存，而孤獨時，萬物是「無」的狀態，人更能「見獨」、「觀化」。

萬物回到「無」的狀態──物化。莊周夢蝶，分不清自己是莊周還是蝴蝶，這便是一種觀化的態度，在夢中，主體泯滅，萬物便以真實現象向我展現，人在無的層次，蝶以真實形態顯現，

故蝴蝶和莊周恍若合為一體。

「中國之君子,明乎禮義,而陋於知人心。」(〈田子方〉)
隨著歷史文化一代代累積,在成心當中對世界有一獨特看法——
世界觀。老子解釋「前識者,道之華,愚之始。」是非乃由成心
(前識)而來,成心有機心,賊心,對萬物保有利害關係,人與
人之間相互欺壓,永遠在不得安息的時候。故莊子是悲劇性存在
主義者,認為人心總是向外奔馳(「坐馳」)而不得安息。老子
層次在道而言,莊子則是對人世間的體認。人心的「坐馳」是錯
誤的,但錯誤在哪裏卻不知道。

道和物是有分別的,看到某特殊的道只是小成,因沒做到對
天下萬物有如母親般的照管責任,莊子言:「至人無己,神人無
功,聖人無名。」至人自我空無,神人照管萬物有功,卻不把功
歸於自己,聖人隱於無名。對老子而言,雖隱退卻仍會被推舉為
王(為天下所歸往),較符合中國社會普遍認為一個聖人終將為
王;但莊子認為聖人無名,因天下太亂了,聖人終是無名,而得
逍遙境界(亦即無的境界)。

道和語言的關係在哪?語言必須與道合而為一,方是真,方
有意義(如老子一生也僅五千言而已),語言和道該如何合而為
一呢?道進入語言,自己是消極被動的,道是主動的,使自己的
思考成為思考。例如山光水色自然有其意義(因為道存在於物化
過程中),而非我們賦予它們意義,是道進入語言,讓自己思考
成為思考,讓自己的成心、機心沉靜下來。

老子言:「道生一,一生二,二生三。」莊子對道不若老子

有興趣，莊子講道和語言的關係：「一與言為二」。（〈齊物論〉）

「天地與我並生，而萬物與我為一。」（〈齊物論〉）莊子超越了道，天道是最高的代表，莊子不像老子般注重道（老子認為地道便等同於道的本身，地道等於無），莊子認為「一」是最終的真實（無），故道就是無，就是一（他認為沒有必要構架一生二，二生三⋯⋯）。

「天地一指也，萬物一馬也。」（〈齊物論〉）而言語就是要符合一，所以最真實的道加上言語便成為二，著重道與人間的關係（因為語言只為人所有），不像老子著重道和萬物的關係。又「二與一為三」如此反復下去而為無窮，言語導致淪降而為風波：「道惡乎隱而有真偽，言惡乎隱而有是非。」（〈齊物論〉）「言隱於榮華」（「有」的狀態）便不真實，信言不美，美言不信，在「有」的層面上不斷造作，未能真實。

莊子對語言有特別判斷，語言有特別處境，你有你的方向叫「彼」，我有我的方向叫「是」，彼是之間有差異，若各自堅持便有爭端，但若能知萬物造之於天，從高的標準來看，其間便無差異了，風波便可停息。

老子以「致虛極，守靜篤」而達到聖人，莊子亦有相應描述。

> 無聽之以耳，而聽之以心，無聽之以心，而聽之以氣。聽止於耳，心止於符。氣也者，虛而待物者也。唯道集虛。虛者心齋也。（〈人間世〉）

虛而待物，把心虛靜下來等待物，把自己靜下來便和物有一個開放的空間，讓物也能進入，物方可向我顯現。物化是個時間過程，必須要等待。如庖丁解牛便解了十九年。

四、由技入道

> 庖丁為文惠君解牛，手之所觸，肩之所倚，足之所履，膝之所踦，砉然嚮然，奏刀騞然，莫不中音。合於〈桑林〉之舞，乃中〈經首〉之會。（〈養生主〉）

莊子以殺牛這一血淋淋的活動展現的是儒家道德經驗的否定，超越善惡，超越日常的二元觀，亦展現了「技術哲學」，即庖丁在廚藝的日常操作中藉以謀生，於是日常操作就成為一件事，技術所涉及的是處理事物的問題，概念上涉及了「人與物相遇」，並包含了一種關係的改變的哲學之基本問題。莊子首先即說明這是身體的活動，而不是心靈的活動，是充滿著力量的揮舞，合拍於解牛之種種情狀。於是血淋淋之宰牛的日常操作就被擬成祭祀中的舞蹈，這就是由日常技術到技藝之轉變。於是從人、牛、舞蹈之間的過程，明白了隱蔽到開顯的力量。

> 庖丁釋刀對曰：「臣之所好者道也，進乎技矣。始臣之解牛之時，所見無非牛者。三年之後，未嘗見全牛也。方今之時，臣以神遇，而不以目視，官知止而神欲行。」（〈養

生主〉）

　　庖丁放下刀說，其所喜好的道，超過了技術之層次。於是說明了道和技藝之分別。在時間上由「始」至「三年後」，在時間上是連續的，是做到專門技術上的熟練的過程，但三年之後到方今之時（入道後），在時間上有斷裂，由有形到無形之間也有一斷裂，莊子雖未回溯性地展現，但其過程是一種艱難。從「所見無非牛者」到「未嘗見全牛也」等改變，都是「由技入道」的表現。而技藝的境界才是道的境界，是能帶出自物之所隱蔽的、豐饒的狀態，庖丁解牛有「本性之富饒」。於是物再也不是日常中能處理和支配的，物中有道之活動，於是人和才能真實的相遇，即在隱蔽和開顯之中找到力量，此亦能和海德格以技巧或技藝是達到與「自然」成物的本質相通的層次一概念相應。

　　　　依乎天理，批大郤，導大窾，因其固然。技經肯綮之未嘗，而況大軱乎！良庖歲更刀，割也；族庖月更刀，折也。今臣之刀十九年矣，所解數千牛矣，而刀刃若新發於硎。彼節者有閒，而刀刃者無厚，以無厚入有閒，恢恢乎其於遊刃必有餘地矣。（〈養生主〉）

　　依照在物之中道的活動開始之處（奏刀進入筋骨之間的「空隙」），引刀進入骨筋之間的「中空之處」，而牛的中空處就是氣化之處，而這都是進入物（牛）之形體之虛處，刀刃本身沒有

厚度，以沒有厚度進入有空隙之處，是遊刃有餘的。於是從「局部肌理」到「節者有閒」即有形到空虛的過程中，達到了完全藝術之境界，而刀刃之無厚是相應於物之虛，是「神」之延長，才遊於物之虛。於是人的氣化，運用無厚的刀刃，遊於牛骨中空之間，也正是物之虛處、物之氣化之處，道即氣化，而人之氣化與物之相遇，這才是人與物真實的相遇，是由技入道。庖丁解牛，仍依賴工具，只是小成，惟文惠君「吾聞庖丁之言，得養生焉。」才是大成。

　　庖丁解牛解了十九年，初看牛時，牛是全形，如今看牛，已無全牛，以神遇不以目視（看不到牛的形狀，又看到牛的骨架）。解牛使用的刀，本身沒有厚度（無厚），以刀無厚入有閒（牛骨中空之處），恢恢乎其有餘地。解牛時，順著骨節中空之處走，有快有慢，該快則快，該慢則慢。

　　經由手的感覺對於我們要處理的事物有認知關係，使用工具能否非常熟練，人和工具達到熟練的狀態。碰到牛後，經由我的手藝，達到「無厚」的境界。還要看出對象的道，牛亦有「有」、「無」，無便是骨架中空之處，用工具的「無」達到對象的「無」。工具和對象達到真實的相遇，此種技藝方法能達到物的真實認知，因我到達「無」的境界（由技入道），若是一塊塊肉地割，便是在「有」的情況下，刀便會受到傷害。

　　「善建者，不拔；善抱者，不脫。」（《老子・第五十四章》）「善為士者，不武；善戰者，不怒。」（《老子・第六十八章》）「善」都包含了一種人間的技藝，人在某種行業裡便會達到某種

技藝的關係，便會有某種認知，此種認知不是客觀上、知識上，而是一種神韻上的相契與體會。「手」有認知，和眼睛所看到的認知是不一樣的。能入牛的無，對牛才有真實的了解和認知，當對象由「有」到「無」真實地顯露出來，便是由技入道。

第六節　名家：好辯之徒

惠施（西元前 350-260）、公孫龍（西元前 284-259），約與莊子同時，惠施更與莊子為至交。

在莊子〈逍遙遊〉中：「惠子謂莊子曰：『吾有大樹，人謂之樗，其大本擁腫而不中繩墨，其小枝卷曲而不中規矩。立之塗，匠者不顧。今子之言，大而不用，眾所同去也。』莊子曰：『子獨不見狸狌乎？卑身而伏，以候敖者；東西跳梁，不避高下；中於機辟，死於罔罟。今夫斄牛，其大若垂天之雲。此能為大矣，不能執鼠。今子有大樹，患其無用，何不樹之於無何有之鄉，廣莫之野，彷徨乎無為其側，逍遙乎寢臥其下。不夭斤斧，物無害者，無所可用，安所困苦哉！」惠施批評莊子之言如樗樹般大而無用，道家之道本就是廣大之道，莊子說你看狸狌有用，牠也困於所用，「中於機辟，死於罔罟」；斄牛之大，你就不能以小的功能來要求牠補鼠。樗樹大而無用，正好「不夭斤斧，物無害者」，莊子提出無用即無為，無為即逍遙。惠施無法進至存有的領域。

莊子〈齊物論〉：「以指喻指之非指，不若以非指喻指之非指也；以馬喻馬之非馬，不若以非馬喻馬之非馬也。」是以「非

指」、「非馬」來擴寬「指」和「馬」的邏輯域，以至於存有的
領域、道的領域。「非指」的領域較「指」大，「非馬」的領域
較「馬」大。

一、惠施：辯證的領域

一般說惠施為「合同異」。

惠施的名理乃在於辯證的領域，辯證的領域是就一般日常中
對立的觀念加以反轉，致使平常認為對立、相反的事物或觀念均
能成立，這就突破了邏輯的領域，如矛盾律 A 與非 A 不能同時成
立。在概念的辯證上，現在 A 與非 A 同時成立，也就打破認識的
局限，而引至精神的領域。

依莊子〈天下〉篇，記惠施歷物之意。

　　至大無外，謂之大一；至小無內，謂之小一。

「至大」在原則上不能有外，否則就不合「至大」的語意，
故「至大」在邏輯上以「無外」來規定，形式上可規定為「大一」，
「至小」在原則上不能有內，否則在就不合「至小」的語意。故
「至小」在邏輯上以「無內」來規定，在形式上可規定為「小一」。
在形式上俱都有一，在大與小的對比中得到了形式上的同一。

　　無厚，不可積也，其大千里。

沒有厚度，基本上不可累積；有厚度，即有體積。但無厚度可有面積，也可以「其大千里」。你覺得無厚是小，也可以極大；端視角度的不同。

> 天與地卑，山與澤平。

天與地本身無所謂上下相，山與澤本身無所謂高低相。上、下、高、低，均因人為的比較而有，人為的比較均因約定俗成而有。若人沒有上、下和高、低的觀念，也就不產生差別相。這種約定俗成有主觀上的任意成分，倒過來說天卑地高或山平澤突亦無不可。

> 日方中方睨，物方生方死。

日頭才正中即已偏斜，萬物才正生長時即已朝向死亡。故「方」是時間觀念，陽光與萬物都在時間中變化。以至「中」與「睨」的對比，「生」與「死」的對立，都不存在，而同時存在。

> 大同而與小同異，此之謂小同異；萬物畢同畢異，此之謂
> 大同異。

大大的相同與小小的相同是有差別的，不論相同與差別的成分有多少，這是人為的比較，這只能算小小的相同與差異。萬物

卻可以說完全相同，例如都很渺小，都會衰亡。但萬物間也可說完全有差異，沒有兩樣事物是一樣的，這是大大的相同與差異。

　　南方無窮而有窮，今日適越而昔來，連環可解也。

　　「南方」為在空間中的指示觀念，自然是無窮的，但若置一球形空間的觀念，指示的南方繼續走，也可走回北方，再繼續走，也走回南方，故其長度成圓周線，是有窮的。「今日」為在時間中的指示觀念，如果指涉的是極短暫的「今」，在時間至變的觀點看，則忽已成昔；惠施顯然想破斥時間的對立觀念，使對立的可以互相過渡。

　　人有時會有一錯覺，眼前陌生、新鮮的空間一熟悉感，認為過去已來過，但其實為一錯覺。但這錯覺如從存有論的眼光看，人的過、現、未三世也可以互相過渡，海德格四重時間觀正有存有論的意涵：「時間三維度的統一，包含在（過去、現在、未來）任一者朝向任一者的相互作用，這相互作用證明是真正地伸展，在時間之心裡遊戲，第四個維度。」[7]德勒茲也說：「消逝的瞬間不會消逝，如果它不是已經過去和正要到來──同時作為現在，……我們不能等待，瞬間必同時是現在與過去，現在和尚未到來，為了瞬間要流逝（也為了其他的瞬間要流逝）。現在必然

7　Martin Heidegger, *On Time & Being*, trans. by Joan Stambaugh (New York: Harper & Row, 1969), p.15.

共存自己於過去和未來。」[8]顯然這可以說是時間上的連環可解也。不過此條也多了指示空間——適越，除非仍把「今日」視為現在的瞬間，就不可解。本來尼采與海德格的思路應更適於莊子，不過莊子也視此條為不可能。莊子〈齊物論〉：「未成乎心而有是非，是今日適越而昔至也，是以無有為有。」

即使惠施有此想法，也必須論證。否則很難想是否順著空間的圓周（純圓）而說今已成昔。

> 我知天下之中央，燕之北，越之南也。

這大約已有地球是圓形的觀念，燕國本來在越國之北，天下之中央應在兩國之中間地帶，則從燕之北、越之南各朝對方牽一圓周線，當各越過對方時，會在中央交會。

> 氾愛萬物，天地一體也。

破除對立的概念，必達到精神的領域，無論黑格爾的精神辯證法或馬克思的唯物辯證法皆然。

惠施這種天地一體的情懷，仍是自精神主體的方向看。要達到莊子的存有域，就必須正視萬物的差異，而非只是「一體」。

8　Gilles Deleuze, *Nietzsche & Philosophy*, trans. by Hugh Tomlinson (New York: Columbia Univ., 1983), p.48.

萬物只有差異，無所謂「畢同畢異」。

二、公孫龍：邏輯的領域

一般說公孫龍為「離堅白」。

㈠名實論

> 故彼彼止於彼，此此止於此，可。……彼此而彼且此，此
> 彼而此且彼，不可。

　　彼、此在邏輯上一定要有所區分，否則就亂了彼此的名謂，「故正名實者，即正實以正名，而求名實間指謂關係之當也。」[9]名實關係必有其恰當性。自然莊子又否定了彼、此在名實上的對立性。〈齊物論〉：「物無非彼，物無非是，自彼則不見，自知則知之。故曰：彼出於是，是亦因彼。……彼是莫得其偶，謂之道樞。」德希達（Jacques Derrida, 1930-2004）說：「意旨功能的要素並不由它們核心的緊密力量，而是由區分這些要素的對立網絡所產生，而使這些對立彼此關聯。」[10]一個符號並非是自足的，並沒有核心的緊密力量，而是關聯一對立要素。莊子更由立場來說，套入洞見與不見的關係而彼此支持。

9　牟宗三：《名家與荀子》（臺北：臺灣學生書局，1982），頁88。

10　Jacques Derrida, *Margins of Philosophy*, trans. by Alan Bass (Chicago: The University of Chicago Press, 1982), p.88.

㈡通變論

> 曰：謂變非不變，可乎？
>
> 曰：可。

變與不變自是兩個對立的概念，不可混淆。莊子則由萬物至變的觀點，即由時間上來說無時不移，萬物也無時不變，此又不須辯。

㈢指物論

> 物莫非指，而指非指。

此句該改為「物莫非指，而物非指。」[11]

我們平常透過概念來認識事物，但所指的事物並不等於概念，即概念不等於事物。

㈣白馬論

> 白馬非馬，可乎？曰可。曰：何哉？曰：馬者，所以命形也；白者，所以命色也。命色者，非命形也，故曰白馬非馬。
>
> 求馬，黃、黑馬皆可致。求白馬，黃、黑馬不可致。

---

11 同註9，頁2-4，引鄺錦倫講法。

> 馬固有色，故曰白馬。使馬無色，有馬如己耳，安取白馬？
> 故白者，非馬也。白馬者，馬與白也。

　　馬之名是用其形命之，白之名是有其色來命名，於是色之白不同於形之馬，故曰白馬和馬是不同的。但白馬亦有馬之性質，公孫龍是不能也無法隨意抹去的。所以「非」一字並非否定，而是兩個概念不相等之意。這一個論辯，是從邏輯之中去分析、區別。由此能知公孫龍是邏輯域將概念分離。從此我們亦能發現，白馬論是將「性質」抽出、獨立存在，兩個概念的相加，不等於一個概念。

(五)堅白論

> 堅、白、石，三，可乎？曰：不可。曰：二，可乎？曰：
> 可。曰：何哉？曰：無堅得白，其舉也二。無白得堅，其
> 舉也二。
> 視不得其所堅，而得其所白，無堅也。拊不得其所白，而
> 得其所堅者，無白也。
> 得其白，得其堅，見與不見離。一一不相盈，故離。離也
> 者，藏也。

　　公孫龍的「離堅白」是由「堅白石」為論辯中心而開展的，我們由視覺僅能得白（色），由知覺僅能知堅（質），所以堅和白並非必然地能一同呈現於某一知覺。即因其性質之不同，所以

堅白不能同時呈現。於是公孫龍是從感官之不能同時見知來論，是換了一個角度來看。

從「堅白」這普遍的自性來說「堅、白、離」的性質概念辯證，繫於「藏」掉一個性質。一般而言堅、白、石三者合體，於是而能同時知三者，但公孫龍說只能知二，亦能知公孫龍的力度，這便是「物之自性」即「性質」之獨立存在的理論重要基礎。

第七節　荀子：邪惡的人性

楚春申君當國，使荀卿為蘭陵令，故荀子（西元前 298-238）為大儒。孟子倡「性善」，荀子倡「性惡」，為何同謂儒家？因為荀子仍倡「禮義之道」。

一、化性起偽

> 今人之性，生而有好利焉。順是，故爭奪生而辭讓亡焉。生而有疾惡焉，順是，故殘賊生而忠信亡焉。生而有耳目之欲，有好聲色焉。順是，故淫亂生而禮義文理亡焉。然則從人之性，順人之情，必出於爭奪，合於犯分亂理，而歸於暴。是故必將有師法之化，禮義之道，然而出於辭讓。合於文理，而歸於治。用此觀之，則人之性惡，明矣。其善者偽也。（〈性惡〉）

　　人性是惡，若順著人性自由地發展，在人間便會到處為亂，造成「爭奪生，殘賊生，淫亂生」。荀子因無內在根據，便以外在形式為善的理想，所說「先王禮義」代表人間善的次序，主張「化性起偽」，把先王禮義視為外在理想，所以先王禮義是偽造的，因人性實際上並非如此，順著人性並不會產生禮義。而先王禮義出於聖人之偽，是聖人所造，是人間的秩序，故「先王禮義」是偽造的（但不具貶抑意味），「人之性惡，其善者偽也」。

　　荀子注重外在客觀形式（走向外在客觀系統）：「隆禮儀，殺詩書」（因為詩書對外在客觀次序沒什麼用，必無積極的哲學思想，書對人心沒什麼用，徒然蠱惑人心而已）。「繫於師法，成於積習」，正因禮義在人心中無根據，是出於一代代習性的累積。

> 　　不可學，不可事，而在人者，謂之性。可學而能，可事而成，之在人者，謂之偽。（〈性惡〉）

　　荀子認為人性是不可學、不可事，是自然而然，至於可學可事的是「偽」，人能做的是出於偽造，把人心著眼在人間外在客觀次序，如此一步步地轉向法家是必然的事。韓非便認為人間是冷酷無情（法家），把荀子的外在化再外在化，把先王禮義變禮法。

> 　　生之所以然者，謂之性。性之合所生，精合感應，不事而

自然，謂之性。性之好惡、喜怒哀樂，謂之情。然而心為
之擇，謂之慮。心慮而能為之動，謂之偽。慮積焉，能習
焉，而後成謂之偽。（〈正名〉）

荀子為了要吸納道家系統，便逐漸偏離了孔孟（正統儒家），
孟子認為人心的靈明是最可貴，也是最大的動力，荀子卻不以為
道義是存在於人心。性是本性，生命所以成為那個樣子，是因為
本性。本性就是自然如此，不能從事加工，否則就不是本性了。
本性就有好惡，有喜怒愛樂，這是情感。心的工夫是為之選擇，
工夫在心上作，這是思慮。但選擇其實只有壹項：壹於道，就是
先王之道，故心的工夫其實沒有選擇，也只有按照先王的禮義之
道。工夫在心上做，為本性思慮，選擇，決定行動，成為累積下
來的習慣。這就是以心治性，化性起偽。

陸象山：「孔子以仁發明斯道……」——孔孟為儒家正統，
荀子是別出。孟子以自然的人性來談人性，人有四端，用道德理
想來規範人性，如此看來，荀子壓根不是儒家，反接近告子、道
家，而荀子裡儒家的成分又在哪？荀子和孔孟、道家的區別又在
哪？

二、虛、壹、靜

人何以知「道」？曰：心。心何以知？曰虛壹而靜。心未
嘗不臧也，然而有所謂虛，心未嘗不兩也，然而有所謂壹。

心未嘗不動也，然而有所謂靜。人生而有知，知而有志；志也者，臧也。然而有所謂虛，不以所已臧害所將受謂之虛。心生而有知，知而有異。異也者，同時兼知之，同時兼知之，兩也，然而有所謂壹。不以夫一害此一，謂之壹。心臥則夢，偷則自行，使之則謀。故心未嘗不動也，然而有所謂靜。不以夢劇亂知謂之靜。未得道而求道者，謂之虛壹而靜。作之則將須道者之虛則入，將事道者之壹則盡，將思道者靜則察。……虛壹而靜，謂之大清明。萬物莫形而不見，莫見而不論，莫論而失位。心也者形之君也，而神明之主也，出令而無所受令。自禁也，自使也，自奪也，自取也，自行也，自止也。其擇也，無禁，必自見；其物也雜博，其情之至也，不貳。（〈解蔽〉）

　　心含有很多內容，兩是三心兩意，當把心虛靜下來，便可感受萬物，萬物才可進入我們的心靈。壹是壹於道，外王的理想。形是顯現，萬物沒有不見其形態，沒有見著了卻無法評論它的。君是主宰、君主，心是形體的主宰，心也是神明的主宰。心發出命令，這些禁、使、奪……都可以自己決定。不特別選擇萬物的某些東西，使萬物自己呈現。這裡也可說是「以智識心」，心要成為「智」，成為使萬物「莫形而不見，莫見而不論，莫論而失位」，稍缺具體的程序，心如何走到物，不是只「看到」、「論到」那麼簡單。便可完全了解萬事萬物，關懷萬物是老子的出發點，孔子理論不像老子把萬物擺在極主要的地位。

孔子言：「士志於道，而恥惡衣惡食，未足以議也。」孟子的心是仁、義、禮、智，孔子的心是仁心，荀子則把心「虛壹而靜」（在「心」上所做的實踐工夫），如此方可了解道。

荀子皆沒有孟子對道德的修為，在孔孟傳統上，心是有道德積極內容，人性在道德理想、創造性中被肯定，在道德上，孟子認為只要把心擴充即可，在實踐時，人心向外成萬事萬物，然而荀子卻是要把心空虛下來，故荀子反不像儒家。

孟子亦主張反省，自己為自己內心定一道德標準，荀子不淘汰抉擇萬物，讓萬事萬物皆進入我虛靜的心，事物雖多，雖其情之至，在我們心中仍是相同，同壹於道。

荀子以一種自然的態度看待人性，理想道德在人身上沒有內在的根據，是落在外在化，是心壹於道，心可趨向於外在的理想，不像孟子從內在訂定理想而超越（孟、荀主要不同處），荀子是向外訂定理想，因人內在無道德根據，無論心和性都沒有積極的道德內容。

荀子主「虛壹而靜」，老子言「致虛極，守靜篤」，荀子在心上的實踐工夫明白受到老子的影響，故荀子反而似道家不似儒家，唯老子的虛靜是一層工夫，荀子虛壹而靜是兩套工夫，但所差不遠。兩套工夫顯示他調和儒道兩家的企圖，說穿了，他是一套社會的哲學，是社會學家，也可說只重外王之道，治與亂的工夫。

心可決定自我方向，決定到道的方向，心可說是意志。孟子認為心即是道，但荀子認為道是外在，必須去壹於道，去往道的

方向，心的壹於道便是趨向於禮義。老子的心虛靜便可見道心，沒有出令，荀子壹可以出命令（向外把道德理想外在化），荀、道差別在於「壹」字，可自我訂立自己的方向，比老子還有積極意義。

> 精於道者，則物物，故君子壹於道，而以贊稽物。壹於道
> 則正，以贊稽物則察，以正志行察論，則萬物官矣。（〈解
> 蔽〉）

此是老子面對萬物的方式，荀子將之納入，但作用在人間社會。精於道者，以物為物或能使萬物為萬物。但是要壹於道，使萬物各在其位，但主要在治理的工夫，故人道必合於君道，以贊化的方式來稽考察明萬物。荀子的道是外在，正統的儒家、道家的道都是內在，老子回歸根源，孟子自我訂立道德內容（道德理想主義），擴充四端。荀子自我訂定命令，自我實行，主要是把道家內容納入之後，但還認為心可以自己命令，唯往外在自定者非道德命令，僅是命令，可以稽察萬物，使萬物為萬物，道的理想外在化。

三、君子之道

> 故君子敬其在己者，而不慕其在天者。小人錯其在己者，
> 而慕其在天者。君子敬其在己者，而不慕其在天者，是以

> 日進也。小人錯其在己者，而慕其在天者，是以日退也。
> （〈天論〉）

這即是人本主義，成就的是一套人文主義。天是自然，是外在的力量，命運也是外在的力量。他也以君子、小人對比，君子是自力，小人是他力。君子對自己能有的力量要有敬意，每天都能提升自己。小人錯過了自己能有的力量，而羨慕外在的力量。「在己者」為何要「敬」？因為它有成就人格的潛能，而合於禮義之道。故荀子不論說仁道，只論禮義之道。

> 道者，非天之道，非地之道，人之所以道也，君子之所道也。（〈儒效〉）

他的道，不像道家在天地之道，而在人道。人道是「人之所以道也」，就是人要合乎道，也就是君子之道。

> 天行有常，不為堯存，不為桀亡。應之以治則吉，應之以亂則凶。……天有其時，地有其財，人有其治，夫是之謂能參。舍其所以參，而願其所參，則惑矣。（〈天論〉）

天的運行是永遠的，不為了堯（聖君）而存在，也不為了桀（暴君）而消亡。與天相應的，只有治亂，而顯出吉凶來，重要的是治的工夫。「能參」是有治的工夫，這是關鍵，才能保住自

然的時間和大地的財富,這是「所以參」。「願其所參」,不歸
於人治,就錯過了在其自己的力量。

> 道者,何?曰君道也。君者何也?曰能羣也。(〈君道〉)

故人道要以君子之道為標準,也就是合乎禮義之道,最後要
歸之於君道,君道能治理天下,是「能羣也」,這才真正是天下
的大清明。

第八節　韓非子:權力的秘密

韓非與李斯俱學於荀子,見韓國削弱,數以書諫韓王,韓王
不能用。秦因及攻韓,韓王及急,乃遣非使秦,李斯讒之曰:「非
終為韓不為秦。今王不用,久留而歸之,此自遺患也。」王信之,
下吏治非,李斯使人遺非藥,非遂自殺。[12]韓非可說是自己學說
之犧牲品。

荀子是社會學家,要治理社會,進一步客觀化為法家。韓非
將當時法家之理論系統化。「申不害言術,商鞅言法,慎到言勢,
乃始各以政治上之一基本觀念為中心以言政,乃可謂法家之始。
韓非子合法、術、勢為言,更標賞罰為人君之二柄,乃有系統化

12　鍾泰:《中國哲學史》(臺北:臺灣商務印書館,1965),頁78。

之理論。」[13]問題是法、術、勢三個概念，在他系統化的理論中如何安排？

一、解老

韓非子所形塑的概念架構可參考老子的概念架構，唯有所變化。

> 人希見生象也，而得死象之骨，案其圖以想其生也，故諸
> 人之所以意想者皆謂之象也。今道雖不可得聞見，聖人執
> 其功以處見其形（韓非〈解老第二十〉）

人們不見象，以象以骸骨，想像其生之樣態。韓非子以此比喻道雖不可得而聞，但只要執其道之功用，道成了真實可識的，便能明白道的意義。但這都是主觀意識之中的推測想像，如象之骨和生象之間有太大的差異存在。韓非的聖人即君主，什麼是功呢？是天下得治之功。所以人道（之虛靜）是只在君王的層級，道由術至勢最後到法再到天下萬物，於是能知權力的不能分享。韓非子集法、術之大成，為深化統御臣民之權術，又取了老子的虛靜之道，成君心莫測的無為之術，但韓非是政治家，對於老子之道，自是扭曲了意義。

13　唐君毅：《中國哲學原論　原道篇貳》（臺北：臺灣學生書局，1993），
　　頁504。

道者，萬物之所然也，萬物之所稽也。理者成物之文也……
物有理，不可以相薄，故理之為物之制。凡理者，方圓、
短長、麤靡、堅脆（脆）之分也，故定理而後可得道也。
（〈解老第二十〉）

「道」使萬物成為這個樣子，萬物憑藉皆在於道，「理」形
成了物的文理。萬物各有各的文理，不可相迫。故治理之來制定
事物，物的性質不外乎方圓、短長、粗靡的分別，把萬物制定理
則後方可得道。

老子說：「道生之，德蓄之，物形之，勢成之。」（〈五十
一章〉）如果把老子的「道、德、物」三個概念對應於韓非子「道、
理、物」三個概念，也就知道韓非的解老不倫不類，「德」的得
之於道的動力，成為道的「治理」物，哲學家的智慧，淪為法家
的務實。「物」無主動的動力，只有被動的治理。

二、君王術

老子原為萬物分享的道，就成了君王術──如何治理天下之
道，成為君王獨有之道，此道淪為權術，隱而不顯。故「法莫若
顯，術不欲見」（〈難言〉）「術」的概念接近道（陰）的那面，
隱而不顯，「法」的概念在「理」的概念層次上。同樣，「其行
制也天，其用人也鬼」。（〈八經〉）推行法制，天然公平，「用
人」則神秘莫測。至於老子「勢」的概念原是萬物在其個別性下，
在特殊的時空有其勢力；現在也收攝於君王的威勢，使其大權獨

享，以方便治理。「術」是為了集中「勢」──權術要集中威勢，以推行「法」來治理人民。

> 故君見惡，則群臣匿端，君見好，則群臣誣能。人主欲見，則群臣之情態得其資矣。（〈二柄篇〉）

在法術家的理路之中，君王的權力是秘密，且不容分享，是絕對的力量。於是當君王顯露了厭惡之物，臣子便會隱藏其所憎之事，相反的君王表現了其所喜歡之事物，群臣便會竭盡所能，誇張其才能。於是我們知道權力有威勢和權力的可怕。君王的意欲一顯露，群臣便有所憑藉，於是或隱或誇大表現；於是在權術之中，看不見君王的臉孔，亦不見其真情。

> 故明主之國，無書簡之文，以法為教，無先王之語，以吏為師。……是故無事則國富，有事則強兵，此之謂王資。（〈五蠹篇〉）

法術家，實由儒家而導出，但其思想脫離了儒家的德教禮俗。而旨在「用法」，於是法家只有治天下之術，而無安天下之道。於是說明智之君王之國是不用書籍簡冊所載之文獻、經典，以明法為教。不用先王之語，而以吏為師。由以上能知韓非放棄、反對許多古道和歷史價值，即「不期循古，不法常可」。於是社會人文價值是被抹去的，故其以文學、言說、遊仕、遊俠、工商之

民為五蠹。這樣的作法，無非就是要在嚴法、尚勢、任術的治理之道下，能實現成就君王之利之價值標準，於是「富國強兵」才是唯一的目標。故獎勵耕戰，視文學、工商等為蠹蟲，就是期能耕以富國，戰以強兵，故謂曰：「無事則國富，有事則兵強。」

韓非認為人間次序由人來衡量，又如何安排道的層次？道在韓非系統中淪為權勢。韓非的理太注重人的次序，法完全落實人間，沒有虛靜心，沒有道心，心沒有基本理想的內涵，只有權謀。他看人間只有利害關係，人間是顛倒混亂、沒有情感的，故訂法律便會嚴苛。

韓非：「法不及國君」，沒有做到法的普遍化。

荀子的大清明面對萬物，韓非的虛靜心卻是面對文武百官，只有國君才有此種能力，但又是法的例外（因韓非的法並無普遍化），故易形成權力的秘窟。國君隱在隱暗不可見之處，靜察文武百官是否失職，形成韓非「法莫若顯，術不欲見」的學說，把老子的道全落在國君身上，使國君得以在背地裏監察，控制文武百官。國君成為「藏鏡人」，藏在鏡子的背後，鏡前的百官無所遁形。

但沒有客觀的法，國君權力上的秘窟便成其秘密的武器，不使自己的喜怒哀樂、好惡為百官所見，如此百官才會毫無心理準備，只有永遠戰戰兢兢，文武百官永遠抓不住國君的秘密，故道只為國君一人所獨有，掌控著權謀、權術，文武百官只是國君一人權力的工具，人與人之間只有利害關係。

第三章　秦漢哲學

　　儒家孔子、孟子俱為下學而上達，《易傳》、《中庸》是回應道家老子、莊子暢談道論的刺激和挑戰，可能是孔子弟子沉澱好幾代而有的作品。

　　漢代哲學較為質實地推測宇宙的物質構成。

第一節　《易傳》：神明之德

　　《易傳》是解釋《易經》的書，屬儒家系統。「中文的『形上學』或者『形而上學』是譯自洋文的 Metaphysics。『形上學』係根據《易經》上的『形而上者謂之道，形而下者謂之器』（〈繫辭上・第十二〉）。洋文 Metaphysics 的原字根是希臘文，從 meta-physics 二詞相合而成，意謂：『自然物性（physics）以後（meta）』或『超物質』，『超經驗』。」[1]易傳雖是形上學，但卻是道德的形上學。「言易而不本諸孔子之仁教，則漫蕩而無所歸。見有宇宙論之辭語則誣之以為宇宙論中心者則妄也。見有存

1　曾仰如：《形上學》（臺北：臺灣商務印書館，1971），頁 2。

有論之辭語，則誣之以為對於道德價值作存有論之解釋者則又妄中之妄也。此並非對於道德價值作存有論之解釋，乃正相反，此乃對於存在作價值之解釋。」[2]以道德為其基礎來解釋一切存在。

《易傳》包含〈彖傳〉、〈繫辭傳〉、〈文言傳〉、〈序卦傳〉、〈說卦傳〉、〈雜卦傳〉，〈彖傳〉、〈象傳〉、〈繫辭傳〉、各分上下兩個部分。司馬遷《史記‧孔子世家》：「孔子晚而喜易，序彖、繫、象、說卦、文言。」或許寄託孔子，但總是孔門傳下之義理。

「《帛書》周易、乾卦的卦名為『鍵』。『鍵』即『乾』之假借。象傳『天行，健』之『健』為『乾』之同音假借。『鍵』『健』同聲系，古相通。則『天行，健。君子以自強不息為卦象——卦名——卦義的統一格式。至於『天行』，是可成一獨立概念的。……『天行』即『天道』也；言天體在不息地運行。……今帛書周易『坤』作『川』，象傳『地勢坤』即作『地勢川』，就是『地勢順』。」[3]其實不若以「天行，乾——地勢，坤」為準。乾是天道，天道的運行；坤是地勢，大地的形勢。大地與河川同義，恐是古義。

2　牟宗三：〈序〉，見范良光：《易傳道德的形上學》（臺北：臺灣商務印書館，1982），頁1。

3　張立文：《周易帛書今注今譯》（臺北：臺灣學生書局，1991），頁25-26。

一、易象

是故易者，象也，象也者，像也。象者，材也。爻也者，效
天下之動者也，是故吉凶生而悔吝著也。（〈繫辭·下傳〉）

「象」，即是象徵，象徵就是像什麼，精神的象徵，分〈大
象〉、〈小象〉，「取其法象卦爻之德」[4]。「象者，斷一卦之才
也」（同上，頁八），判斷一卦的才質或體性。爻是仿效天下的
活動，因此生出吉凶而悔吝也變得顯著了。「易傳裡所竭力注重
的法象觀念，顯然淵源於老子，但有一極大不同點。老子只指出
現象之常對立、常反復。（即對流，即循環），僅就現象來描述
現象。易傳則就此現象而指出其一種無休無歇不息不已之性格，
此非就象言象，而是即象言性，即象明德。」[5]象作為精神的象徵，
是物象或形象「像什麼」，所以是即象來說人的本性或德性。至
於老子其實是從「不像什麼」來作文章，自然不能是人的精神象
徵才合於萬物之道。

古者包犧氏之王天下也，仰則觀象於天，俯則觀法於地，
觀鳥獸之文理與地之宜，近取諸身，遠取諸物，於是始作
八卦，以通神明之德，以類萬物之情。作結繩而為網罟，

4　李鼎祚：《周易集解》（上海：上海古籍出版社，1989），頁9。
5　錢穆：《中國思想史》（臺北：臺灣學生書局，1980），頁91。

以佃以漁。（〈繫辭·下傳〉）

《釋文》：「包本作庖，孟京作伏，犧字又作羲，孟京作戲。」《史記·三皇紀》：「大皞：庖犧氏，養犧牲以充庖廚，故曰庖犧。」「伏羲」亦作伏戲、虙戲、宓戲、包犧、庖犧。風姓。有聖德，使畫八卦，造書契，教民佃漁畜牧。都陳，在位一百五十年，傳十五世，凡一千二百六十年。」[6]伏犧氏畫八卦，還教田獵、漁畜、養牧，既「養犧牲，以充庖廚」，卻還是莊子「庖丁解牛」的原型。仰頭觀察天的現象、俯臉觀察地的法則，觀察鳥獸的紋理與因地制宜，近則取象於身體，遠則取象於事物，才開始創作八卦。才能通達神明的德性，類比萬物的情狀。故應不致如前引文「造書契」，「佃」字應作田獵解，結網補獸，結網捕魚。

乾知大始，坤作成物。乾以易知，坤以簡能。易則易知，簡則易從。易知則有親，易從則有功。（〈繫辭·上傳〉）

由乾象來知道偉大的開始，由坤象作成萬物的形質。創始的活力以生發變動而知，萬物的形質以「容納或承受」萬物的能力。[7]容易則容易了解，簡易則容易跟隨。容易了解則有親切感，容易跟隨則有功勞。

6　見《辭海》（臺北：臺灣中華書局，1980），頁 692、1643、317。
7　勞思光：《中國哲學史·第二卷》（臺北：三民書局，1981），頁 88。

二、乾、坤

大哉乾元，萬物資始，乃統天。雲行雨施，品物流行。大
明終始，六位時成，時乘六龍以御天。乾道變化，各正性
命，保合大和，乃利貞。首出庶物，萬國咸寧。（〈乾卦·
象傳〉）

至哉坤元，萬物資生，乃順承天。坤厚載物，德合無疆。
含宏光大，品物咸亨。牝馬地類，行地無疆。柔順利貞，
君子攸行。先迷失道，後順得常。西南得朋，乃與類行。
東北喪朋，乃終有慶。安貞之吉，應地無疆。（〈坤卦·
象傳〉）

　　偉大的乾元是萬物創始的根源，乃統御著天道。故天道流行，
也是乾元的創始，雲的運行、雨的施佈，使萬物的品類流動運行。
大大地彰明一切事物的開始與結束，六個爻位依時間而成就，也
依時間，來乘駕六龍以統御天道。乾道變化，就是天道流行，使
萬物各自貞定其性命，保存凝聚著偉大的和諧，乃利於貞定。乾
元首出於萬物之上，使萬邦得到安寧。

　　坤元達到了極至，萬物賴以生發，是順承著天道。坤道博厚，
德性達到無限。包含宏發萬物，使萬物的品類都達到亨通。牝馬
屬於大地一類，在大地上行走沒有疆域的限制，柔順地利於貞定

自己。先是迷途而失去正道，後來順從天道而得到常道。大地如此寬廣，先迷後得，是人生實踐的智慧，人的智慧是晚出的智慧，只有順從才能得到常道。得到志同道合的朋友就一起前行，失去了朋友，在寂天寞地，終也能創造驚天動地的事業，平安貞定的吉祥是應合無疆域的大地。

> 一陰一陽之謂道，繼之者善也，成之者性也。仁者見之謂之仁，知者見之謂之知，百姓日用而不知；故君子之道鮮矣。顯諸仁，藏諸用，鼓萬物而不與聖人同憂，盛德大業至矣哉。富有之謂大業，日新之謂盛德。（〈繫辭・上傳〉）

一陰一陽是氣化流行，萬物在陰陽的氣化流行中繼續這陰陽的開合（凝聚伸展）便是善，而能成就這伸展凝聚的便是生生不息的性體。在陰陽的氣化流行中，顯出天道流行、創生萬物。「陰陽是氣，不是道；道，須在一陰一陽的的妙合變化中見，藉著陽之申與陰之聚，乃顯出道創生萬物的終始過程。」[8]不過，這氣化流行不見得不是道，陽之伸展與陰之凝聚也可以放在現象學的綱架中說開顯與遮蔽（conceal），這就是「顯」與「藏」。「所謂天地者，即指吾人所見一切形象之所託或總體。故曰在天成象，在地成形。所謂陰陽者，初當指一切形象之往來相繼之狀態，而非必為一陰陽之氣。陰字原從侌從雲，初為雲蔽日之意，故凡有

8　蔡仁厚：《中國哲學史大綱》（臺北：臺灣學生書局，1988），頁61。

形象之事物，其顯以歸於隱，自今而歸於以往，皆為陰。陽字原從陽從日，涵日出之意。故凡有形象之事物，其由隱而顯方來者至今，皆為陽，一陰一陽即是人所見之一切形象之事物，不斷隱顯往來不窮之別名。」[9]開顯於仁心中，收藏在生化之大用中，就不必把氣化流行歸於物質的含義。在天道流行即陰陽的氣化流行下，仁者見之謂之仁，智者見之謂之智。直接從天道流行處講，鼓動萬物是不需聖人的憂患意識的。

三、神與幾

> 是故君子將有為也，將有行也，問焉而以言，其受命也如響，無有遠近幽深，遂知來物。非天下之至精，其孰能與於此？（〈繫辭・上傳〉）

> 易，無思也，無為也，寂然不動，感而遂通天下之故，非天下之至神，其孰能與於此。夫易，聖人所以極深而研幾也。惟深也，故能通天下之志。惟幾也，故能成天下之務。惟神也，故不疾而速，不行而至。（〈繫辭・上傳〉）

《易》是變易之道，然此變易之道以天道流行而定。無論將有什麼行動作為，以言辭來卜問蓍占都如斯響應，可以推知後來

9　唐君毅：《中國哲學原論　原性篇》（九龍：新亞學院，1968），頁74。

的吉凶。要不是天下最精奧的，怎能參與至此！「無思」是無心，「無為」也不刻意有所作為。「然一說寂感，即明此實體乃一虛靈虛明之活物。此虛靈虛明之體即由神以實之或曰由心以實之，心即天心也。唯神與心始可說寂感。說『天命流行之體』，乃至說『創生之實體』是形式地說，客觀地說，說心說神說寂感是實際地說，內容地說，亦是主觀地說，……總之，可說是寂感真幾。」[10]寂然不動是感通之體，感通是寂體之用，也可說即寂即感，寂感一如。

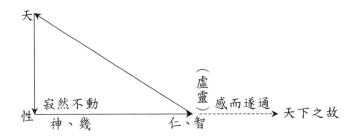

第二節　《中庸》：天神孤獨時

《中庸》：「中庸之為德也，其至矣乎。民鮮久矣。」（〈第三章〉）此章也見於《論語‧雍也》，僅從文獻之關連上說，《中

10　牟宗三：《心體與性體》（臺北：正中書局，1968），頁72。

庸》一書之出於《論語》。[11]子程子曰：「不偏之謂中，不易之謂庸。中者，天下之正道；庸者，天下之定理。」「《論語》中的「中庸」常被翻譯成『Mean』，但此處的『中』，指的卻是中心之中，『庸』也意指平常的，誠要在庸言庸行中見出。」[12]

一、天命

　　《中庸》與《易傳》所要面對的問題是老、莊的刺激與挑戰。孔孟所言較重於下學上達，孔子所開「盡仁知天」的弘規雖然說「知我者，其天乎！」與天道保持一親密和相喻解的關係，但「夫子之言性與天道，不可得而聞也！」對於天道較無積極的說解。道家則對於道與萬物的結構，清楚地說明。「易傳中庸，一面認為人道本身即是天道，此義當溯源於孔孟，但另一方面也常先從認識天道入手來規範人道，此法則襲諸老莊。但老莊言天道只就現象言，不主從現象後面來覓取一主宰。易傳中庸則不肯就象言象，而要在現象本身中來籀繹出此現象所特具而顯著的德性。」[13]所謂「從認識天道入手」，無非就是自天道流行來為人道奠基。

　　　天命之謂性，率性之謂道，修道之謂教。道也者不可須臾離也，可離非道也。是故君子戒慎乎其所不睹，恐懼乎其

11　徐復觀：《中國思想史論集》（臺北：臺灣學生書局，1959），頁73。

12　陳榮捷：《中國哲學文獻選編》（臺北：巨流圖書公司，1993），頁180。

13　錢穆：《中國思想史》（臺北：臺灣學生書局，1980），頁90。

> 所不聞。莫現乎隱，莫顯乎微，故君子慎其獨也。喜怒哀
> 樂之未發，謂之中；發而皆中節，謂之和。中也者，天下
> 之大本也；和也者，天下之達道也。致中和，天地位焉，
> 萬物育焉。（〈第一章〉）

　　天道流行所命令或命定給吾人的，就是我們的真實本性。這
真實本性亦可說是創造性、理想性，或根本地說是道德性。直其
本性而行，也就是道了。修道是屬於教化，或人文教養的事。

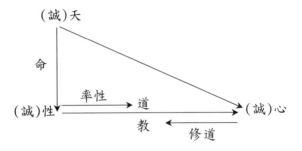

　　「教」之一字，即是「修道」。「修道」是屬於「心」之事。
故「天、性、道」之弘規，仍與孔子、孟子的「天、性、心」的
概念架構無什麼差別。從天道講天道流行，從性德講天德流行，
「修道」就是要回歸於此天德流行的境界。既然道即指順此天德
流行而實踐，故而不可須臾離開本性的流行發用，可離開就不是
道了。道是在孔、孟本心的位置，就孔、孟來說，性體流行即心
體流行。就中庸說：心能修道。心如能與道合一，性體流行未嘗
不可說心體流行，則亦可說「道心」。

二、慎獨

　　只不過「修道」之心要從日常意識中超拔，抽離於日常生活的見聞，故「戒慎乎其所不睹，恐懼乎其所不聞」。要戒慎恐懼的，正是這不可睹、不可聞的道心。看起來，正是這不可睹、不可聞的道心。看起來雖然像是對日常意識是隱微的，但在從日常意識抽離的孤獨時，卻是最可見、最明顯的。「慎獨」，在孤獨時戒慎恐懼，這是中庸所提出的道德實踐工夫。

　　在日常生活中有喜、怒、哀、樂，要從日常意識到道德意識需要有一精神的跳躍，故說「喜、怒、哀、樂之未發，謂之中。」問題是，「中」能指謂道心嗎？大體上，從上面說下來時，也說「率性之謂道」，從下面說上去時，《中庸》是不直接肯定孔、孟的仁心，而是「心能修道」，即是心要通過修養實踐工夫才能達到道心。修養實踐工夫正是「慎獨」工夫，「獨」——「實際上有如《大學》上所謂誠意的『意』，即是『動機』，動機未現於外，此乃人所不知，而只有自己才知道的，所以便稱為『獨』。」[14]動機要符合道德意識，而不是利害關係，這是「心能修道」的實際意義。故而「獨」和「中」都可指性體，修道就是要恢復性體流行。

　　「中」體發用，即是性體流行，即可以合乎規矩節度，這叫做「和」。不受欲望驅使，人與人之間可達到和諧。把「中」視

14　徐復觀：《中國人性論史·先秦篇》（臺北：臺灣商務印書館，1990），頁124。

為人間世界最大的本原或根基,「和」視為人間世界都能通達於
道。能夠達到中和,就把自然的天地都放入秩序之中,萬物都獲
得生養。

> 君子之道費而隱。夫婦之愚,可以與知焉,及其至也,雖
> 聖人亦有所不知焉,夫婦之不肖,可以能行焉,及其至也,
> 雖聖人亦有所不能焉。……《詩》云:「鳶飛戾天,魚躍
> 于淵。」言其上下察也。君子之道,造端乎夫婦;及其至
> 也,察乎天地。(〈第十二章〉)

　　君子之道的作用廣大而隱微,夫婦間的愚蠢,也可以了解,
夫婦間不像樣的,也可以實踐一些,就像《詩經》說:「鳥飛揚
於天,魚躍於深淵。」這是能上下照察的。君子之道由夫婦之道
開始,達到極至就是天地之道。但聖人亦有所不知、不能,聖人
於天地之道亦有所不知不能嗎?

三、自誠明

> 自誠明謂之性,自明誠謂之教。誠則明矣,明則誠矣。(〈二
> 十一章〉)

> 唯天下至誠為能盡其性,能盡其性則能盡人之性。能盡人
> 之性則能盡物之性。能盡物之性則可以贊天地之化育。可

以贊天地之化育，則可以與天地參矣。（〈二十二章〉）

「誠者，物之終始；不誠無物。」（〈二十五章〉）「自誠明」就是「率性之謂道」，故可說性體流行。既然性體流行是自己的誠的彰明朗現，也可說是誠體流行。「自明誠」就是「修道之謂教」，自己去顯明誠體，誠體流行，自然彰明朗現；自己去顯明，也可以恢復誠體流行。只有天下最真誠的能盡到自己的創造性，能盡到自己的創造性的，就能夠盡到人類的創造性，能盡到人類的創造性的就能盡到萬物的創造性，能盡到萬物的創造性的，就能贊助天地之化育萬物。可以贊助天地之化育萬物的，就可以與天地一起參與贊助天地之創造了。看來「誠」之一字，性、道、教一時俱了，是澈上澈下語。而「性」字一字含三義：個人存有的創造性，人類存有（man's Being）的創造性和萬物存有（thing's Being）的創造性。三義也一時俱了，當然，能朗現顯明性體流行，個人存有的創造性即能融入人類存有的創造性，但人類存有的創造性如何跨越到萬物存有的創造性，甚或只是萬物存有的特殊性看來《中庸》是直接跨越，不面對萬物存有的特殊性，而甚至以誠體流行來規定萬物的超越性了。

> 天地之道，可一言而盡也。其為物不貳，則其生物不測。
> 天地之道，博也，厚也，高也，明也，悠也，久也。……
> 詩曰，惟天之命，於穆不已。蓋曰天之所以為天也。於乎
> 不顯，文王之德之純，蓋曰文王之所以為文也，純亦不已。

（〈二十六章〉）

但從天道流行處說，也一句話就說盡了，這樣東西也是專一不貳，專一不貳就是誠，天道流行也是誠體流行，故有創生萬物莫測的偉力。天地之道博大，厚實，崇高，光明，悠遠，持久。所以《詩經》上說，只有上天的命令深遠不已，這是天道所以為天道。文王之德的「純亦不已」，是「至誠無息」。

> 故大德必得其位，必得其祿，必得其名，必得其壽。（〈第十七章〉）

有偉大道德的人必定得到他的官位、俸祿、名聲、長壽。「必得其位」是堯、舜禪讓政治而來的老傳統，賢能者應在位。德性崇高應有崇高的位子，德性是最高的價值，也應享有最高的美名。世俗所說的美滿：福、祿、壽，單單漏掉了福——幸福，並沒有討論幸福的基本條件，單由德性，無法分析地得到幸福，這是「德福一致」的問題。牟宗三說：「無限智心雖可開德福一致圓滿之機，然而光說無限智心之確立，尚不能使吾人明徹德福一致之真實可能。如是吾人必須進至由無限智心而講圓教始能徹底明之，蓋德福一致之真實可能只有在圓教下始可說也。」[15]

15　牟宗三：《圓善論》（臺北：臺灣學生書局，1985），頁 265。

其次致曲，曲能有誠，誠則形，形則著，著則明，明則動，
動則變，變則化，唯天下之至誠為能化。（〈第二十三章〉）

誠的工夫要達到曲折，誠的工夫就能成為可見的形象，成為
可見的形象就彰顯，彰顯就光明，光明則有動力，有動力則能改
變，改變則能化育，只有天下最真誠的能化育。

誠者物之終始，不誠無物。是故君子誠之為貴。（〈第二
十五章〉）

誠是萬物始終的歷程，不誠就沒有事物存在（no thing
remains），這就是說一切事物都會毀滅，是故君子真誠地實踐之
是最可貴的。

故君子尊德性而道問學，致廣大而盡精微，極高明而道中
庸。（〈第二十七章〉）

君子以德性為尊而道需要問學。宋明理學以陸象山、王陽明
為尊德性，程伊川、朱子為道問學相持不下。其實無論尊德性或
道問學，在《中庸》均以誠為中心。

故君子之道：本諸身，徵諸庶民，考諸三王而不繆，建諸
天地而不悖質，諸鬼神而無疑，百世以俟聖人而不惑。（〈第

二十九章〉）

君子之道，以身體的實踐為根本，而在平民間得到徵驗。無論三王、天地、鬼神，百代以後的聖人都認為是這樣的。

第三節　陰陽災異：推測誰的命運？

漢代（公元前 206-公元 220）人的思想骨幹，是陰陽五行。無論在宗教上，在政治上，在學術上，沒有不用這套方式的。推究這種思想的原始，由於古人對宇宙間的事物發生了分類的要求。他們看見林林總總的東西，很想把繁複的現象化作簡單，而得到它們的主要原理與其主要成分，於是要分類。但他們的分類法與今日不同，今日是用歸納法，把逐件個別的事物即異求同，他們用的演繹法，先定了一種公式而支配一切個別的事物。其結果，有陰陽之說以統轄天地、晝夜、男女等自然現象，以及尊卑、動靜、剛柔等抽象觀念；有五行之說，以木、火、土、金、水五種物質與其作用，統轄時令、方向、神靈、音律、服色、食物、臭味、道德等等，以至於帝王的系統和國家的制度。[16]

這大致說了漢代思想的梗概，不過只說「演繹法」是不足的。其中有大量的經驗觀察和實務的運作，在歷史中慢慢形成，當然還是有歸納法，把複雜的現象歸納整理，再用演繹法去推求宇宙、

16　顧頡剛：《漢代學術史略》（臺北：啟業書局，1975），頁 1。

人生等一切現象，以建構一個大帝國的次序，故其影響深遠。這是想對宇宙及人生現象作一探求，想要把之納入有規則的系統中。

一、鄒衍：五德終始説

齊有三騶子，其前騶忌，以鼓琴干威王，因及國政，封為成侯而受相印，先孟子。其次騶衍，後孟子。騶衍睹有國者益淫侈，不能尚德，若大雅整之於身，施及黎庶矣。乃觀陰陽消息而作怪迂之變，始終、大聖之篇十餘萬言，其語閎大不經，必先驗小物，推而大之，至於無垠。先序今以上至黃帝，學者所共術，大並世盛衰，因載其禨祥度制，推而遠之，至天地未生，窈冥不可考而原也。先列中國名山大川，通谷禽獸，水土所殖，物類所珍，因而推之，及海外人之所不能睹，稱引天地剖判以來，五德轉移，治各有宜，而符應若茲。以為儒者所謂中國者，於天下乃八十一分居其一分耳。中國名曰赤縣神州，赤縣神州自有九州，禹之序九州是也，不得為州數。中國外如赤縣神州者九，乃所謂九州也。於是有裨海環之，人民禽獸莫能相通者，如一區中者乃為一州。如此者九，乃有大瀛海環其外，天地之際焉。其術皆此類也。然要其歸，必止乎仁義節儉，君臣上下六親之施，始也濫耳。王公大人初見其術，懼然顧化，其後不能行之。（《史記·孟荀列傳》）

由陰陽消息，載機祥度制，再「推而遠之」。歷史盛衰及朝代更替俱依五德轉移，而有符應。

> 自齊威、宣之時，騶子之徒論著終始五德之運。及秦帝而齊人奏之，故始皇採用之。……騶衍以陰陽主運顯於諸侯，而燕齊海上之方士傳其術，不能通。然則怪迂阿諛苟合之徒自此興，不可勝數也。（《史記·封禪書》）

齊人奏之，秦始皇採用五德終始說，陰陽主宰著諸侯的運會。

> 秦始皇既并天下而帝，或曰：「黃帝得土德，黃龍地螾見。夏得木德，青龍止於郊，草木暢茂。殷得金德，銀自山溢。周得火德，有赤鳥之符。今秦變周，水德之時。昔秦文公出獵，獲黑龍，此其水德之瑞。」於是秦更命河曰「德水」，以冬十月為年首，色上黑，度以六為名，音上大呂，事統上法。（《史記·封禪書》）

夏禹之取代黃帝，乃「木剋土」所致，而商湯之取代夏桀，則在於「金剋木」。周興而商亡，乃在於「火剋金」，最後秦始皇又起而代周，乃在於水剋火。[17]

17　鄺芷人：《陰陽五行及其體系》（臺北：文津出版社，1992），頁 36。

始皇推終始五德之傳，以為周得火德，秦代周德，從所不
勝。方今水德之始，改年始，朝賀皆自十月朔；衣服旄旌
節旗皆上黑，數以六為紀；符、法冠皆六寸，而輿六尺，
六尺為步，乘六馬。更名河曰德水，以為水德之始。剛毅
戾深，事皆決於法，刻削毋仁恩和義，然後合五德之數。
（《史記·秦始皇本紀》）

黑色屬水，故秦始皇就規定大家都要穿黑色的衣服，旗幟自
然是黑色。數字「六」也屬水，於是六寸、六尺、六馬等單位也
就與日常生活不可分（可能包括度量衡，都盡量以六為準則），
甚至把黃河也改名德水。（同前書，頁37）

其後戰國並爭，在於強國禽敵，救急解紛而已，豈遑念斯
哉，是時獨有鄒衍，明於五德之律，而散消息之分，以顯
諸侯。（《史記·曆書第四》）

鄒衍明把五行配合天文曆法以說吉凶。

二、災異

「五行……當初祇以徵人事得失，後乃為推測禍福，預為趨
避計了。讖緯，即讖錄、圖緯，均為占驗術數之書。讖驗也，河
圖所出書曰讖。預言王者之興亡者。緯，西漢末假託經義言符籙
瑞應之書，有七緯，即《易》緯、《書》緯、《詩》緯、《禮》

緯、《樂》緯、《春秋》緯、《孝經》緯。《四庫提要》謂：『讖者，詭為隱語，預卜吉凶；緯者，經之支流，衍及旁義，非一類也。』」[18]

> 漢興推陰陽言災異者，孝武時有董仲舒、夏侯始昌，昭、宣則眭孟、夏侯勝，元、成則京房、翼奉、劉向、谷永，哀、平則李尋、田終術。此其納說時君著名者也。察其所言，彷彿一端。假經設誼，依託象類，或不免乎「億則屢中」。仲舒下吏，夏侯囚執，眭孟誅戮，李尋流放，此學者之大戒也。京房區區，不量淺深，危言刺譏，構怨彊臣，罪辜不旋踵，亦不密以失身，悲夫！（《漢書卷七十五・眭、兩夏侯、京、翼、李傳贊》）

自董仲舒「始推陰陽為儒者宗」，把陰陽五行、陰陽家的思想，變成了儒教正統思想後，儒生都變成了方士，儒家的經典都變成了「圖錄讖緯」，儒學變成了災異學了。董仲舒本治《春秋・公羊》，拿《春秋》來釋災異，成了《春秋》的災異學。夏侯始昌拿《尚書》的〈洪範〉來釋災異，成了《尚書》的災異學。到了京房用《易》來釋災異，成了《易》的災異學，後翼奉用《詩》來釋災異，成了《詩》的災異學，所以自董仲舒至西漢末，整個

---

18 韓逋先：《中國中古哲學史要》（臺北：正中書局，1971），頁40。

儒學都變成了災異學。[19]

> ……房因免冠頓首，曰：「《春秋》紀二百四十二年災異，
> 以視萬世之君。今陛下即位以來，日月失明，星辰逆行，……
> 《春秋》所記災異盡備。陛下視今為治邪？亂邪？」上曰：
> 「亦極亂耳，尚何道？」房曰：「今所任用者誰與？」……
> 房曰：「上最所信任與圖事帷幄之中進退天下之士者是矣。」
> 房指謂石顯，上亦知之，謂房曰：「已諭。」（《漢書卷
> 七十五·眭、兩夏侯、京、翼、李傳贊》）

京房說：「古帝王以功舉賢，則萬化成，瑞應著。末世以毀
譽取人，故功業廢而致災異。」藉災異來警戒帝王，任用有功之
賢人，這是災異學的目的和用途。

京房《易》：「長于災變，分六十卦，更直日用事，以風雨
寒暑為候。」（《漢書·京房傳》）此承於孟氏易學之卦氣，「以
坎離震兌為四正卦，餘六十卦，分主一年三百六十日之六日七分，
又以辟卦十二，謂消息卦。乾盈為息，坤虛為消，實乾坤十二畫
也。又于四卦主四時，其二十四爻，主二十四氣。十二卦主十二
辰，爻主七十二候……」（惠棟《易漢學·卷一》）京氏更言六
十甲子各有五行，所謂納甲之說，又有「飛、伏、世、應」之說，
以成八宮卦次，所謂「世」者，言一卦可依其爻之次第變，以變

19　郭湛波：《中國中古思想史》（香港：龍門書店，1967），頁 117。

為他卦；而其變歷五世，又必將返回，以成其游魂、歸魂之變。[20]

第四節　董仲舒：天人相應

　　漢興，承秦滅學之後，景武之世，董仲舒（西元前 179-104）
治《公羊春秋》始推陰陽為儒者，董仲舒的學說是以儒家去結合
陰陽家，不過這樣做，也許有他不得已的理由。「董仲舒由春秋
學，變為春秋災異學，即是由儒家而變成儒教。漢朝儒教固然是
迷信、幼稚、淺陋，但其背後有深長的政治意義作用。因漢高祖
起自民間，智識不高，專恃淫威，如夷三族，具五刑，不但行於
高祖、呂后之時，並見於寬仁的文帝時代，可見漢代刑法之苛。
儒家沒有辦法，只好拿出天來壓制皇帝，謂君與天十分密切。」[21]
政治教化的意義，在教化其君，《春秋》成為教化的系統。「《春
秋》一經，以前儒者雖亦重視，然自經仲舒之附會引申，而後儒
所視為《春秋》之微言大義，乃始有系統之表現，蓋董仲舒之書
之於春秋，猶《易傳》之於周易也。」[22]因此，一種合理的評述，
即是：「天人之際的思想是以兩種形式出現：除了天人合一的內
在超越形式，尚有『天人相應』的一種形式，必須強調的是：這
種天人相應的觀念不但在戰國晚期的儒家思想出現，而且在原始

20　唐君毅：《中國哲學原論　原道篇貳》（臺北：臺灣學生書局，1986），
　　頁 297。
21　同註 19，頁 104。
22　馮友蘭：《中國哲學史》（臺北：翻印本），頁 503。

儒家的主流思想裡也潛存著。」[23]

　　今古文之爭，是中國學術史上很大的爭論。「古文學派——由於它聲稱擁有『秦火』焚書之前密藏的經書，都是用古文字體書寫的。相對立的一派，有董仲舒等人，稱為今文學派，其得名是由於所用的經書是用漢朝通行的字體書寫的。……今文學派可能是先秦儒學理想派的繼續，古文學派可能是先秦儒家現實派的繼續。換句話說，今文派出於孟子學派，古文派出於荀子學派。」[24]這樣的解說可說是清楚明瞭。

> 聖者法天，賢者法聖，春秋善復古，譏易常，欲其法先天也。然而介以一言曰王者必改制。僻者得此以為辭，曰古苟可循，先王之道何莫相因？此聞其名不知其實也，所謂新王必改制者，受命於天，易性更王，非繼前王而王也。受命之君，天之所大顯也。今天大顯已物，襲所代而率與同，則不顯不明，非天志。故必徙居處，更稱號，改正朔，易服色，若其大綱人倫道理政治教化習俗文義盡如故，亦何改哉？故王者有改制之名，無易道之實。

　　這是董仲舒託古改制、復古更化，以建立政治與教化合一，所謂「政教合一」。

23　張灝：《幽暗意識與民主傳統》（臺北：聯經出版公司，1989），頁 38。

24　馮友蘭：《中國哲學簡史》（北京：北京大學出版社，1996），頁 178。

> 今世闇於性，言之者不同，胡不試反性之名？性之名，非
> 生與？如其生之自然之質謂之性。性者，質也，詰性之質，
> 於善之名能中之與？既不能中矣，而尚謂之質善，何哉？
> （〈深察名號篇〉）

「性之名，非生與？」似是「生之謂性」之老傳統。告子曰
「生之謂性」，荀子曰：「生之所以然者謂之性。」（〈正名〉）
莊子曰：「性者，生之質也。」（〈庚桑楚〉）均是以自然主義
的方式談論人性，就是人性乃是自然的質料，也是一般所了解的
人性的意義。董仲舒採取「隨其名以入其理」的方式，欲澄清對
人性的平實之觀點，以人性的物質材料而論，「善之名」是無法
命中的。

> 栜眾惡於內，弗使發於外者心也。故心之為名栜也。人之
> 受氣，苟無善惡，心何栜哉！吾以心之名得人之誠，人之
> 誠有貪有仁，仁貪之氣兩在於身。身之名取諸天，天兩有
> 陰陽之施，身亦兩有仁貪之氣；天有陰陽禁，身有情欲栜，
> 與天道一也。（〈深察名號篇〉）

栜是禁制的意思，心能禁制眾惡，不使貪氣發於外，故上文
之「性」即身之仁貪之氣，此為以氣論性一路。仁氣亦屬氣，保
於中，貪氣不發於外，有貪有仁是「人之誠」，故「人之誠」只
是人之實也。天道扶陽抑陰，人道要禁制貪氣即禁制情欲。

故性比於禾，善比於米，米出禾中而禾未可為全米也，善
出性中而性未可為全善也。善與米，人之所繼天而成於外，
非在天所為之內也。天之所為有所至而止，止於內謂之天
性，止於外謂之人事，事在性外，而性不得不成德。（〈深
察名號篇〉）

米出於禾中，善出於性中，禾不是全為米，性也不是全為善。
性善是天性的傾向，心才會禁制貪氣。但不能只止於內，止於外
才能成德，必見於事。

性有似目，目臥幽而待瞑，待覺而後見，當其未覺，可謂
有見質而不可謂見。今萬民之性，有其質而未能覺，譬如
瞑者待覺，教之然後善，當其未覺，可謂有善質而不可謂
善，與目之瞑而覺，一概之比也。……性情相與為一瞑。
情亦性也，謂性已善，奈其情何？故聖人莫謂性善，累其
名也。（〈深察名號篇〉）

目在睡眠（瞑）時可見而不見，性雖有善質，也須待教化，
未教化時不時，不可謂善。性情相合在昏暗中，不能說「性已善」，
是待教化而成為性善，否則情欲也是性善了。

今按聖人之言中，本無性善名。而有善人吾不得見之矣。
使萬民之性皆已能善，善人者何為不見也？觀孔子言此之

意，以為善難當甚。而孟子以為萬民之性皆能當之過矣！聖人之性，不可以名性。斗筲之性，又不可以名性。名性者，中民之性。中民之性如繭如卵。卵待覆二十日，而後能為雛。繭待繅以涫湯，而後能為絲。性待漸於教訓，而後能為善。善，教訓之所然也，非質樸之所能至也。（〈實性篇〉）

把善歸之於「教訓」，也就是把善歸之於政治上的教化，故不以聖人之性名性，而是將性善要歸之於「人事」，即聖王的教化。性只是一般之性，中民之性。[25]

第五節　揚雄：善惡混雜

揚雄（西元前 53-西元 18 年）「少而好學，不為章句，訓詁通而已。博覽無所不見，為人簡易佚蕩，口吃不能劇談，默而好深湛之思，清靜亡為，少耆欲，不汲汲於富貴，不戚戚於貧賤，不修廉隅以徼名當世。……實好古而樂道，其意欲求文章成名於後世。以為經莫大於《易》，故作《太玄》；傳莫大於《論語》，作《法言》；史篇莫善於《倉頡》，作《訓纂》；箴莫善於《虞箴》，作《州箴》；賦莫深於《離騷》，反而廣之；辭莫麗於相如，作四賦；皆斟酌其本，相與放依而馳騁云。」（《漢書卷八

25　唐君毅：《中國哲學原論　原性篇》（九龍：新亞書院，1968），頁 106。

十七·揚雄傳》）看來像勇於自我挑戰的作家。但「漢代思想，董仲舒以前，為道家與陰陽家合流之思想，所謂『黃老之學』。董仲舒以後為儒家與陰陽家合流的思想，所謂『天人之際』之學——災異學。到劉歆倡『古文經學』，使儒家與陰陽家思想分流；但劉歆的『古文經學』，只是消極的破壞，而作積極建設新方向者，就是揚雄。」[26]雖自命儒家，但折衷儒道之間，文氣勝過玄理，又較多道家自然主義的色彩，遂使氣象清新。

一、玄之又玄

> 觀《大易》之損益兮，覽老氏之倚伏。省憂喜之共門兮，察吉凶之同域。皦皦著乎日月兮，何俗聖之暗燭？豈惕寵以冒災乎，將噬臍之不及。若飄風之不終朝兮，驟雨不終日。雷隆隆而輒息兮，火猶熾而速滅。自夫物有盛衰兮，況人事之所極。（《太玄經卷四·太玄賦》）

《大易》之損卦、益卦，老子：「禍兮福之所倚，福兮禍之所伏。」（《老子·五十八章》）從損益及禍福的觀察，憂喜、吉凶都是共棲的，都已在光明的日月消長的自然現象中了。俗聖私自以小燭火察照去說陰陽、災異之道，邀寵而易釀災禍。老子：「飄風不終朝，驟雨不終日」（〈二十三章〉）自然的力量都有

26　同註 19，頁 157。

時窮盡，物有盛衰，人事亦然。

> 玄者，幽攤萬類而不見形者也。資陶虛無而生乎規，攔神
> 明而定摹，通同古今以開類，攤措陰陽而發氣。一判一合，
> 天地備矣。天日迴行，剛柔接矣。還復其所，終始定矣。
> 一生一死，性命瑩矣。仰以觀乎象，俯以視乎情。察性知
> 命，原始見終。……仰而視之在乎上，俯而窺之在乎下，
> 企而望之在乎前，棄而忘之在乎後。欲違則不能，默而得
> 其所者，玄也。故玄也者，用之至也。見而知之者，智也；
> 視而愛之者，仁也；斷而決之者，勇也；兼制而博用者，
> 公也；能以偶物者，通也；無所繫輆者，聖也；時與不時
> 者，命也；虛形萬物所道之謂道也，因循無革天下之理得
> 之謂德也（《太玄卷七·攤》）

「玄」之由來，不外老子：「玄之又玄，眾妙之門。」（〈一
章〉）隱祕地開展萬物卻是無形的，憑藉涵養於虛無而生長嗎？
以圓關聯於神明來確定其摹畫，天圓地方，故太玄指天道。貫通
古今來展開萬類萬物，舒張措置陰陽而發動氣化，陰陽開合，天
地就完備了。太陽回轉運行，剛柔也就接通了。周而復始，就確
定了始終，生死的循環，就明白了解了生命。仰觀天象，俯看人
情世故，觀察人性而知道命運，推溯起源也見到終端。下一段說
太玄之在上、下、前、後，想要違背太玄也不能，只是靜默地得
到自己所在的位置。故太玄有其大用。見到太玄而了解它，是智，

見到太玄而愛它是仁，能果斷而下決定是勇。同時制定各種制度而繁興博用，是公。能偶合萬物，是通達。無所拘滯，是聖人。至於能否施行，得不得時，有其命限。虛虛地形成萬物所歸往的，叫做道。只是因循而不改變天下之理的，叫做德。[27]

鄭玄文氣甚旺，想以太玄包納道、德，其實太玄也不過仿老子之道。故其本是道家思想揉合《易傳》：「一陰一陽之謂道，繼之者善也，成之者性也。仁者見之謂之仁，知者見之謂之知。百姓日用而不知，故君子之道鮮矣。」（《周易・繫辭上》）創發性少，文義稍有博雜，但在漢代是新氣象。

二、君子之道

鄭玄提出人性是善、惡混的理論。

> 人之性也，善惡混，修其善則為善人，修其惡則為惡人；氣也者，所以適善惡之馬也與！……君子彊學而力行。珍其貨而後市，修其身而後交，善其謀而後動，成道也。（《法言・修身》）

「據王充，善惡混的理論在揚雄之前早已有人提出了。但王充之作晚於揚雄甚多。揚雄的理論是首創者，乃是毫無疑問的。

總之,揚雄被視為這種理論的首創者,遂為儒者嚴厲地批評。」[28]
善惡混在一身,故善惡原只是氣,陰陽之氣,這是質實的思考方
式。氣乘上善惡之馬,這是文人的措辭構思,重要在修善修惡,
是後天的修養,先天的只是善惡之氣。修善,還是儒家的君子之
道。君子用功學習而實踐,就像商人珍貴其貨品才到市場販賣。
修養身心而後交遊,善於謀畫而後行動,也成就其道了。文氣有
餘,義理不足。

> 或問天。曰:吾於天歟,見無為之為矣。或問:「雕刻眾
> 形者匪天歟?」曰:「以其不雕刻也,如物刻而雕之,焉
> 得大而給諸。」(《法言卷四·問道》)

「雕刻眾形」出自莊子:「覆載天地刻雕眾形而不為巧。」
(〈大宗師〉)天雕刻眾形以其不雕刻,出於自然無為,這是道
家的道理。

> 老子之言道德,吾有所取焉耳。及搥提仁義,絕滅禮學,
> 吾無取焉耳。(《法言卷四·問道》)

他對老子道德的理解,不脫漢代氣化或物質化的理解,很難
真相應。儒家的仁、義、禮學才是需要修養的,故天道上(太玄)

---

28 同註12,頁386。

取老、莊，在人生中取孔、孟。

> 或問：「仁、義、禮、智、信之用？」曰：「仁，宅也；
> 義，路也；禮，服也；智，燭也；信，符也。處宅，由路，
> 正服，明燭，執符。君子不動，動斯得矣。」（《法言·
> 修身》）

仁是人心以為其家宅，義是人從家宅走出去的路。禮像端正
服裝一樣，這應算是比喻了。智是燭光，有所照察，信是符徵。
仁與太玄相通，「見而知之者，知也；視而愛之者，仁也。」（《太
玄·攤》）智現在不是「見（太玄）而知之」，只是燭照，已是
現象學的平列，其理論也有前後不一貫的。也可以看出他對人生
採取儒家的態度。

第六節　王充：命運的吉凶

王充（西元 27-100）以道家的自然主義作為立論的根據，主
要為《論衡》一書。

> 天動不欲以生物，而物自生，此則自然也；施氣不欲為物，
> 而物自為，此則無為也。謂天自然無為者何？氣也，恬淡
> 無欲，無為無事者也。……至德純渥之人，稟天氣多，故
> 能則天，自然無為……賢之純者，黃、老是也。黃者，黃

帝也；老者，老子也。黃、老之操，身中恬淡，其治無為，
正身共己，而陰陽自和。無心於為，而物自化，無意於生，
而物自成。（〈自然篇〉）

首句以老子「道生之」之句來考量，天地應亦可以「生物」，
王充說得太過，但說「天自然無為」，也還是道家的自然主義的
態度；說氣「恬澹無欲，無為無事者也」，多是擬人化的臆想，
但也合乎道家的無為。王充即以此為基礎，論定各種議論的是非。

《詩》三百，一言以蔽之，曰：「思無邪。」《論衡》篇
以十數，亦一言也，曰：「疾虛妄。」（〈佚文篇〉）

他以天自然無為的觀念來評論災異之論的虛妄。

人在天地之間，猶蚤虱在衣裳之內，螻蟻之在穴隙之中。
蚤虱螻蟻為逆順橫從，能令衣裳穴隙之間氣變動乎？蚤虱
螻蟻不能，而獨謂人能，不達物氣之理也。……寒溫之氣繫
於天地，而統於陰陽，人事國政，安能動之？（〈變動篇〉）

把「自然無為」與「人事國政」分開，「自然無為」是「物
氣之理」，「人事國政」又「安能動之」！

孟子作性善之篇，以為人性皆善，及其不善，物亂之也，

謂人生於天地皆稟善性。長大與物交接，放縱悖亂，不善
日以生矣。若孟子之言，以幼小之時，無有不善也。（〈本
性篇〉）

這是否定孟子的性善論。不過孟子性善論是自惻隱、羞惡、
辭讓、是非之心來論，並不限於幼小之時。

告子與孟子同時，其論性無善惡之分。譬之湍水，決之東
則東，決之西則西。夫水無分於東西，猶人無分於善惡。
夫告子言，謂人性與水同也。使性若水，可以水喻性；猶
金之為金，木之為木也。人善因善，人惡因惡。初稟天然
之資，受純一之質，故生而兆見，善惡可察。無分於善惡，
可推移者，謂中人也。不善不惡，須教成者也。故孔子曰：
中人以上可以語上也。中人以下，不可以語上也。告子之
以決水喻者，徒謂中人，不指極善極惡也。孔子曰：惟上
智與下愚不移。性有善有惡。聖化賢教，不復能移易也。
孔子道德之祖，諸子之中最卓者也，而曰上智下愚不移。
故知告子之言，未得實也。（〈本性篇〉）

告子所謂「生之謂性」，不徒謂「中人」，而只是「用性為
性」一路。告子是就此最初之質素，一般地或抽象地言之，故言
「無分於善惡」。此無關於上、中、下。故王充遽斷其說為「謂
中人」，亦非是。然此自然之質之氣性本非一「同質之純一」之

質，如心靈或理性之為「純一」然，而乃本質上就是一「異質之駁雜」之質。故進於具體，必有種種之差異、傾向與分化。就此差異、傾向與分化言，謂有善傾惡傾可也。[29]因此「純一之質」只是純粹之質料，「一」謂只是質料，賦有之質料無所謂同一，只有差異，這是氣稟之差異，故謂「異質之駁雜」。

孔子仁智雙彰，惟智是內在於仁或外在於事或經驗，猶是敞開的。既仁且智，在一方面可以說：「視其所以，觀其所由，察其所安，人焉廋哉，人焉廋哉！」一方面「子入太廟，每事問。」雖說是禮的事情，但在文化領域中也說明智在仁之外。說之「中人以上」或「中人以下」，或可說既是道德領域也是智慧領域，但唯上智與下愚不移卻明顯講智慧領域，智慧領域不見得是由道德領域所包涵或重疊。告子由這兩語推出有所謂的中人之性，自是與孔子以仁為人之本的立場不合，且是範疇的誤置。

「生而兆見，善惡可察。」則是生下來就有徵兆，可以看出善傾向或惡傾向。極端的善與惡如同上智與下愚不可改移，但一般人即所謂中人是不善不惡或善惡相混，須待教育。所以王充是拉孔子以為己證，其實王充自王充，孔子自孔子。

> 孫卿有反孟子，作性惡之篇。以為人性惡，其善者偽也。
> 性惡者，以為人性惡，其善者偽也。性惡者，以為人生皆
> 得惡性也。偽者，長大之後，勉使為善也。若孫卿之言，

29　牟宗三：《才性與玄理》（臺北：臺灣學生書局，1975），頁27。

人幼小無有善也。后稷為兒，以種樹為戲。孔子能行，以俎豆為弄。石生而堅，蘭生而香。稟善氣，長大成就。故種樹之戲，為唐司馬。俎豆之弄，為周聖師。稟蘭石之性，故有堅香之驗。夫孫卿之言，未為得實。（〈本性篇〉）

如按荀子〈性惡篇〉所說：「今人之性，生而有好利焉，順是，故爭奪生而辭讓亡焉，生而有疾惡焉；順是，故殘賊生而忠信亡焉。生而有耳目之欲，有好聲色焉；順是，故淫亂生而禮義文理亡焉。然則，從人之性，順人之情，必出於爭奪，合於犯分亂理，而歸於暴。故必將有師法之化，禮義之道，然後出於辭讓，合於文理，而歸於治。用此觀之，然則人之性惡明矣，其善者偽也。」荀子是說隨著我們的生命而有「好利」、「疾惡」、「耳目之欲——好聲色」，才會產生「爭奪」、「殘賊」、「淫亂」。大體上是生物本能（食欲）、生理欲望（如色欲），或心理欲望（如權力欲）等，故而社會現象是「爭奪」、「殘賊」、「好聲色」。荀子要的是社會秩序（治），故提倡「師法之化、禮義之道」。人在社會求生存，易激盪起如是的人性與欲望，才是「長大」之後的事，不與「幼小」相關。批判荀子亦不對路。

夫性與命異，或性善而命凶，或性惡而命吉。操行善惡者，性也，禍福吉凶者，命也。或行善而得禍，是性善而命凶；或行惡而得福，是性惡而命吉也。性自有善惡，命自有吉凶。使命吉之人，雖不行善，未必無福；凶命之人，雖勉

操行，未必無禍。（〈命義篇〉）

「性成」，性有善惡的傾向；「命定」，「命自有吉凶」。
性與命可同可不同，這純粹是經驗的觀察，而「性」與「命」可
能各自歧路。

> 夫論不留精澄意，苟以外效立事是非，信聞見於外，不詮
> 訂於內，是用耳目論，不以心意議也。夫以耳目論，則以
> 虛象為言，虛象效，則以實事為非。是故是非者，不徒耳
> 目，必開心意。苟信聞見，則雖效驗章明，猶為失實。（〈薄
> 葬篇〉）

耳目的聞見與心意的評議對比，從虛象入於實事，才能知是
非。

第四章　魏晉玄學

　　「魏晉三百年是生命大解放的年代。今魏晉南朝三百年學術思想，亦可以一言以蔽之，曰：『個人自我之覺醒』是已。此其端，肇自王充，倡內心批評之說，傳統之尊嚴既弛，而個人之地位漸以襮著。又值世亂，生命塗炭，道義掃地，志士灰心，見時事無可為，遂轉而為自我之尋究。」[1]個體生命之自覺，成為風格競標之生命型態。

第一節　《人物志》：活出風格來

一、《人物志》

　　《世說新語》曾記鍾會撰《四本論》，劉孝標注云：「四本者，言才性同，才性異，才性合，才性離。」

　　劉劭《人物志》，論才性甚精審，劉劭官至散騎常侍，與鍾會同時，學說必有與之彷彿者。《三國志》：「劭所撰述法論、

1　錢穆：《國學概論》（臺北：臺灣商務印書館，1977），頁 150。

人物志之類，百餘篇。」《法論》已佚，《人物志》也才十二篇而已。屬人物品藻的美學。

> 蓋人物之本，出乎情性。情性之理，甚微而玄。非聖人之察，其孰能究之哉？凡有血氣者，莫不含元一以為質，稟陰陽以立性，體五行而著形。苟有形質，猶可即而求之。凡人之質量，中和最貴矣。中和之質，必平淡無味。故能調成五材，變化應節。是故觀人察質，必先察其平淡，而後求其聰明。聰明者，陰陽之精。陰陽清和，則中叡外明。聖人淳耀，能兼二美，知微知章。自非聖人，莫能兩遂。故明白之士，達動之機，而暗於玄慮。玄慮之人，識靜之原，而困於速捷。猶火日外照，不能內見。金水內暎，不能外光。二者之義，蓋陰陽之別也。（《人物志·九徵第一》）

人物的本源，都是由情性所發生。何謂情性？劉昞注云：「性質稟之自然，情變由於習染。」一般說性情，把它分開，性是自然的材質，情是習慣影響變化，故情多少受到社會風氣的影響。這是現象學地說，也可以合在經驗主義上的推求。元一是質實，陰陽是氣變，五行賦予我們形態。一、二、五是隨數目而對一切現象作元素上的分類，故「苟有形質，猶可即而求之。」劉昞注云：「性資於陰陽，故剛柔之意別矣。」因為有陰陽氣變，故有陽剛、陰柔的區別。

　　金、木、水、火、土五行賦予人物型態，也構成五種材質。中和之質不顯任一種材質的特殊性，而能調和五種材質，故最平淡，也最貴。故承襲漢儒，以現象所提煉的元素推求宇宙現象，現則以推求人物的材質，「觀人察質」。既可調和五材，也可陰陽雙美。陰柔識靜之原，陽剛達動之機。這就像金火向內映，不能向外透光；火日往外照，就照不見內。偏陰者，困於速捷；偏陽的，不了解深思熟慮。

　　精神分析學家卡爾·容格（Carl Jung, 1875-1961）有內向及外向的說法，巴什拉（Gaston Bachelard, 1884-1963）更以水、火、土、空氣四種物質本原為基礎，來探討人的精神分析，奠定法國新認識論。

　　　若量其材質，稽微五物；五物之徵，亦各著於厥體矣。其在體也，木骨、金筋、火氣、土肌、水血，五物之象也。五物之實，各有所濟。是故骨植而柔者，謂之弘毅。弘毅也者，仁之質也。氣清而朗者，謂之文理。文理也者，禮之本也。體端而實者，謂之貞固。貞固也者，信之基也。筋勁而精者，謂之勇敢。勇敢也者，義之決也。色平而暢者，謂之通微。通微也者，智之原也。五質恆性，故謂之五常矣。五常之別，列為五德。是故溫直而擾毅，木之德也。剛塞而弘毅，金之德也。愿恭而理敬，水之德也。寬栗而柔立，土之德也。簡暢而明砭，火之德也。（《人物志·九徵第一》）

依現象學在材質上的歸納分類原則，比配人身體的材質構造，將金、木、水、火、土比配筋、骨、血、氣、肌。再依材質分析其性質，比配上仁、義、禮、智、信五德，強探力索，由前引二氣分陰柔、陽剛，分析性情的內、外向（當然不僅如此），現由五種元素配人體的材質，再配上五德，這些都不是象徵的詞語，是由分類而推測，即使有穿鑿也相當機巧。如果植而不柔，是木德之偏；勁而不精，是金德之偏；氣而不清，火德之偏；固而不端，土德之偏；暢而不平，水德之偏。

> 故偏至之材，以材自名。兼材之人，以德為目。兼德之人，更為美號。是兼德而至，謂之中庸。中庸也者，聖人之目也。具體而微，謂之德行。德行也者，大雅之稱也。一至謂之偏材，偏材，小雅之稱也。（《人物志·九徵第一》）

以五種元素將現所知的材質均加以歸納、分類，有比附，有機巧，有時也靈動，例如偏材，兼材與兼德的區分。甚至聖人稱「大雅」，偏材稱「小雅」，也令人會心一笑。

> 張良英而不雄，韓信雄而不英。體分不同，以多為目。故英雄異名，皆偏至之材，人臣之任也。故英可以為相，雄可以為將，若一人之身兼有英雄，則能長世，高祖項羽是也。然英之分多於雄，而英不可以少也，英分少，則智者去之。故項羽氣力蓋世，明能合變，而不能聽采奇異，有

一范增不用，是以陳平之徒，皆亡歸高祖。英分多，故群雄服之，英材歸之，兩得其用，故能吞秦破楚，宅有天下。然則英雄多少，能自勝之數也。徒英而不雄，則雄材不服也。徒雄而不英，則智者不歸也。故雄能得雄，不能得英；英能得英，不能得雄。故一人之身兼有英雄，乃能役英雄，能役英與雄，故能成大業也。（《人物志・英雄》）

英而不雄，雄而不英，英雄合二者而言。「聰明秀出謂之英，膽力過人謂之雄。」智屬英，力屬雄。單是智還不行，人都有小聰明，故要「秀出」；單有力也不行，要有膽有力，還要過人。楚、漢相爭，雖高祖、項羽皆為英雄，但英分少就不能採用奇人異士，故失敗。

二、《世說新語》

風流某種程度相當於浪漫精神。[2]「不論浪漫主義所表現的是詩人自己或其他人，他們不再是一個結構嚴謹社會的一分子，而是典型化的孤立人物。這些人物從事漫長的，有時甚至是難以達到的探求。他們通常是不循規蹈矩的人，或是被社會遺棄的人。」[3]這與魏晉的社會背景有些相似，風流是如風之飄，如水之流。

2　馮友蘭：《中國哲學簡史》（北京：北京大學出版社，2002），頁198。
3　M. H. 艾布拉姆斯著，朱金鵬等譯：《歐美文學術語詞典》（北京：北京大學出版社，1990），頁208。

> 石崇每邀客宴集，常令美人行酒，客飲不盡者，使黃門交
> 斬美人。王丞相（導）與大將軍王敦，嘗共詣崇，丞相素
> 不能飲，輒自勉強，致於沈醉。每至大將軍，固不飲以觀
> 其變。已斬三美人，顏色如故，尚不肯。丞相讓之。大將
> 軍曰：「自殺伊家人，何預卿事？」（《世說新語‧汰侈》）

晉人的豪邁，不僅超然於世俗禮法之外，有時且超然於善惡
之外，有如深山大壑中的龍蛇，只是一種壯偉的、夭矯的生活力
底表現，他們有禽獸般的天真與殘酷。粗豪的王敦我們可拿這眼
光來衡量他。[4]

> 戴淵少時遊俠，不治行檢，嘗在江淮間攻掠商旅。陸機赴
> 假還洛，輜重甚盛。淵使少年掠劫。淵在岸，據胡床，指
> 麾左右，皆得其宜。淵既神姿豐穎。雖處鄙事，神氣猶異，
> 機於船屋上遙謂之曰：「卿才如此，亦復作劫耶？」淵便
> 泣涕投劍歸機，辭厲非常。機彌重之。定交，作箋薦焉。
> 過江仕至征西將軍。

枕戈待旦的劉琨，橫江擊楫的祖逖，雄武的桓溫，勇於自新
的周處和戴淵，都是千載下懍懍有生氣的人物。桓溫過王敦墓，
歎曰「可兒！可兒！」心焉嚮往那豪邁雄強的個性，不拘拘於世

4　宗白華：《美學散步》（臺北：洪範書店，1981），頁82。

俗觀念，而讚賞「力」，力就是美。（同前書，頁71）魏晉之間，多少風流人物。既有人物品藻的美學，如何塑造自己生命的風格也就成為生命實踐中念茲在茲者，可以無視禮法，也可以一往深情。劉勰《文心雕龍》：「目既往還，心亦吐納。情往似贈，興來如答。」

> 嵇康臨刑東市，神氣不變。索琴彈之，奏「廣陵散」，曲終曰：「袁孝尼嘗請學此散，吾靳固不與，『廣陵散』於今絕矣！」（《世說新語·雅量》）

個人生命的解放，要表現出獨特的生命力，真情至性要建構出一種典範的絕響。他們把生命當成美學或藝術品來創造。

風格是生命的重複，在生命可能性中的選擇與創造，固然涉及生命的材質與身體的秘密，即材質而有高致、而超越，方始為名士。

第二節　言意之辨：可說不可說

孔子說：「言之不文，行之不遠，故脩辭立其誠。」脩辭也屬文飾，卻能表達真實，是在情感上表達真實呢？還是在意思上表達真實呢？孔子說：「書不盡言，言不盡意。」（《易·繫辭傳》）言語很難表達得盡意思。老子一開始就說：「道可道，非常道。名可名，非常名。」（《道德經·第一章》）道如是聖人

之意，言語就很難有相稱表達。道家對言語與道的關係非常注重。莊子則說：「六合之外，聖人存有不論；六合之內，聖人論而不議。春秋經世先王之志，聖人議而不辯。故分也者，有不分也；辯也者，有不辯也，曰：何也？聖人懷之，眾人辯之以相示也。」（《南華真經·齊物論》）聖人之意在於道，但是「不論」即無言、不言，就建立了「道、意、言」三層次。在言上又分「論、議、辯」三層次。層次不可謂不豐富，故「言不盡意」似為兩大家所共定，成為傳統。

一、盡意不盡意？

歐陽建偏提出「言盡意」論。

> 有雷同君子問於違眾先生曰：世之論者，以為言不盡意，由來尚矣。至乎通才達識，咸以為然。若夫蔣公（濟）之論眸子，鍾（會）、傅（嘏）之言才性，莫不引此為談證。而先生以為不然，何哉？先生曰：夫天不言而四時行焉，聖人不言而鑒識形焉。形不待名，而方圓已著；色不俟稱，而黑白以彰。然則名之於物，無施者也；言之於理，無為者也。而古今務於正名，聖賢不能去言，其故何也？誠以理得於心，非言不暢，物定於彼，非名不辨。言不暢意，則無以相接；名不辨物，則鑒識不顯。鑒識顯而名品殊，言稱接而情志暢。原其所以，本其所由，非物有自然之名，理有必定之稱也。欲辨其實，則殊其名。欲宣其志，則立

其稱。名逐物而遷，言因理而變。此猶聲發響應，形存影
附，不得相與為二。苟其不二，則無不盡。吾故以為盡矣。
（《藝文類聚·卷十九》）

　　第一句是孔子之言，天道無言而四時運行；聖人不言而自有
其鑒識，形的方圓，和色的黑白是客觀地在那裡，所以名稱於物，
無可施用。言語於理也無可作為。孔子有「正名」觀，「必也正
名乎，……名不正，則言不順；言不順，則事不成；事不成，則
禮樂不興；禮樂不興，則刑罰不中，刑罰不中，則民無所措其手
足。故君子名之必可言也，言之必可行也。君子於其言，無所苟
而矣！」（《論語·子路》）孔子正名，是認為一個合理的社會，
事事物物有一定的分際與道理，否則一切都亂了套。故言要暢意，
名要辨物，這樣鑒別認識要命名差異的品級，言語和名稱相接才
能暢通情志。不是物有自然的名字，理有必定的稱呼；但是要辨
別其實際，名字就有差異，要宣達其意向，就要樹立稱呼。名字
跟隨事物而改變，言語因事理而變化。像發出聲音就有響動應合，
形體存在就有影子附隨，這不是二件事物。否則各說各話，哪有
定準。因為不是兩件東西，言語當然可以暢盡事物的意思。

　　此說法是跟隨孔子正名觀而來，在社會的範圍內，有一「自
然發生的名理觀」[5]，雖非本有，但總要有談論和商權，這就好像
莊子所說：「六合之內，聖人論而不議；春秋經世先王之志，聖

5　葉維廉：《歷史、傳釋與美學》（臺北：東大圖書公司，1988），頁132。

人議而不辨。」（《南華真經・齊物論》）在論與議的層次。言語雖然無法表達不言之道、聖人之意，但在社會的範圍，有一定的作用。

> 粲諸兄並以儒術論議，而粲獨好言道。常以為子貢稱夫子之言性與天道不可得聞。然則六籍雖存，固聖人糠粃。粲兄俁難曰：易亦云，聖人立象以盡意，繫辭焉以盡言，則微言胡為不可得而聞見哉？粲答曰：蓋理之微者，非物象之所舉也。今稱立象以盡意，此非通於意外者也。繫辭焉以盡言，此非言乎繫表者也。斯則象外之意，繫表之言，固蘊而不出矣。（《三國志・魏志卷十・荀彧傳注》引何劭〈荀粲傳〉）

荀粲此為「言不盡意」之論，是所指的範圍不同。

《六經》雖存，但「性與天道」不可得而聞，故與歐陽建論述的內容不相同。聖人之意在於道，但「立象以盡意」，卻無法通於「意外」之道，「繫辭焉以盡言」，但「繫表」何指？按前面一段論證先確定道、意、象三個詮釋概念，故「立象以盡意」的確無法通於「意」外之道，如果加上言，則成立道、意、象、言，這樣「繫表之言」應指無法通於象外之意，故無法將聖人之意繫於表象。故荀粲言語有含混模稜。

二、狩獵的工具

　　王弼在概念上較荀粲為明確，也表達對語言的一些基本觀念。

> 夫象者，出意者也。言者，明象者也。盡意莫若象，盡象
> 莫若言。言生於象，故可尋言以觀象。象生於意，故可尋
> 象以觀意。意以象盡，象以言著。故言者所以明象，得象
> 而忘言。象者，所以存意，得意而忘象。猶蹄者，所以在
> 兔，得兔而忘蹄。筌者所以在魚，得魚而忘筌也。然則言
> 者，象之蹄也。象者，意之筌也，是故存言者，非得象者
> 也。存象者，非得意者也。象生於意而存象焉，則所存者，
> 乃非其象也。言生於象而存言焉，則所存者，乃非其言也。
> （《周易略例·明象》）

　　王弼就意、象、言三個概念結構反復申說，就沒有荀粲「繫
表」說的含混。如果比較之前所說莊子的道、意、言之結構，此
處則可說是道、意、象、言之結構。雖然沒說到道，總是意在於
《易傳》的天道。多出的「象」字則是在解釋《易傳》中的大象、
小象。象者，象徵也。象也者，像也，有不像者也。自然界的某
些現象，就像我們人類的某些精神現象，就成為我們人類的精神
象徵。「天行健，君子以自強不息。」用推證是推證不來的，天
行健與我們自強不息何干，故只在一個「像」字，成為精神的象
徵。得意要忘象，象只是了解意的工具，得象忘言，言只是存象

的工具，正如蹄是捕兔的工具，筌是捕魚的工具。這就成立語言的工具觀，語言甚至象徵，是了解聖人之意的手段。不惟如此，王弼的比喻涉及狩獵的技術，因此工具與技術息息相關。這種語言觀只是相信日常語言作為傳情達意的工具，達到目的就無用了。

在言能盡意的角度下，言不可能有更積極的涵意，或許透過老子的格言體，莊子的卮言，卮言是沈醉的語言——詩，「詩與思考是言說的模式，把詩與思考一起帶入鄰近界域的鄰近性，吾人稱為言說。這裏我們假定『去說』是語言的本性，關聯到古代斯堪地維亞的冒險故事（sago），意謂去顯示。去使出現，使自由，去提供並伸展我們稱為世界的，照亮它或隱藏它。提出了世界的亮光或隱藏，是言說的基本存在。」[6]可以說，聖人之言就是一種冒險，可能照亮或隱藏世界，但冒險地去顯示道，使道出現，聖人言說的模式就是詩和思考。此時言也不是盡意或不盡意，言就是意。積極的語言觀，是詩或思考，帶入道的鄰近性。

> 故立象以盡意，而象可忘也。重畫以盡情，而畫可忘也。是故觸類可為其象，合義可為其徵。義苟在健，何必馬乎？類苟在順，何必牛乎？爻苟合順，何必坤乃為牛？義苟應健，何必乾乃為馬？而或者定馬於乾，案文責卦，有馬無乾。則偽說滋漫，難可紀矣。互體不足，遂及卦變。變又

6　Martin Heidegger, *On the Way to Language.* trans. by Peter D. Hertz (New York: Harper & Row, 1982), p.93.

不足，推致五行。一失其原，巧愈彌甚。縱復或值，而義無所取。蓋存象忘意之由也。忘象以求其意，義斯見矣。（《周易略例・明象》）

回到王弼，一掃漢易之迷信：「互體不足，遂及卦變」，這些都是「失其原」。馬和牛是象徵，得義就要忘象。馬、牛是不可執著為定象，《乾》卦只要表現健的含義，不必非馬不可。《坤》卦只要表現順的涵義，不必非牛不可。畫卦也可以忘，那是情感的各種表現。王弼似較荀粲更為積極，象可盡意，正如《易傳》中的〈象傳〉，但得意要忘象，言可明象，得象要忘言。象與言仍為工具，但他指向的是《易傳》的天道，而非歐陽建的日常社會。

第三節　王弼：無的智慧

王弼（226-249）二十四歲逝世，為一青年哲學家，他靈光一點，抓住無的玄思，完成《注易》及《注老》。《晉書・王衍傳》：「王弼、何晏立論均以無為本。」

漢易以陰陽災異為底子，以爻象互體注經文。互體，始自京房，就一卦之二至五爻，互結其上下二體以成卦象，例如中孚☲，三至五互體見艮，謂之互艮。又如兌☱，內外互體見離巽，謂二至四互離，三至五互巽。

增多卦象以推演經義，有章句。漢易推求計算吉凶有定，王

弼則將之完全撤開，仍依「持傳解經」的成規，即視《易傳》為《易經》。其實《易傳》已是儒家經典，他把儒家的《易傳》又道家化了。

一、注易

> 夫象者何也？統論一卦之體，明其所由之主者也。夫眾不能治眾，治眾者，至寡者也。夫動不能制動，制天下之動者，貞夫一者也。故眾之所以得咸存者，主必致一也。動之所以得咸運者，原必無二也。物無妄然，必由其理。統之有宗，會之有元……故自統而觀之，則知可以執一御也。

所謂的體就是指「材質」、「本性」。王弼由〈明象〉而引出了「一多，體用」之概念。

一非數目之一，這裡的一是「本」，即所謂的「體」，而「多」是現象。而卦就是一種情境，依不同的情境而有不同之解答。於是王弼是由一而成就多，即由體而成用。而「一」為體為本，是和道家的「無」與「自然」之概念相合的。故能知王弼是以老子的理路談易，而非從孔子的進路去理解。但是王弼以「一」為本即無的思考去解易，顯然在「概念」上很難相應於乾健之德。

王弼對「無」的思考，相合於道家義理，達到老子無的智慧，但是否能完全合於道的義理規模？

王弼用人生的處境解釋卦，重義理，與漢易重象數的情況不

同。

王弼：「一多體用」。一非數目之一，乃「統之有宗，會之有元」之一。故此一即是本，即是體，而「多」則指現象。由一而成就多，即是由體而成用。唯此「一」之為體為本，乃以道家之「無、自然」為背景，故王弼實乃以老子之玄理談易，並非以孔門之天道性理談易，他對易道生生之義，並未有相應的闡發。例如：

一卦代表一個時間、歷程，是人生的一個處境。

「一多體用」以至少至寡統領多，故「一陽五陰」便以陽爻（因為只有一個）作為整個卦最主要的爻，而此爻則為整個卦的體。

乾象曰：「大哉乾元，萬物資始，乃統天。雲行雨施，品物流行。大明終始，六位時成，時乘六龍以御天。乾道變化，各正性命。保合太和，以利貞。首出庶物，萬國咸寧。」

> 天也者，形之名也，健也者，用形者也。夫形也者，物之累也。有天之形，而能永保無虧，為物之首，統之者豈非至健哉？大明乎終始之道，故六位不失其時而成。升降無常，隨時而用。處則乘潛龍，出則乘飛龍，故曰時乘六龍也。乘變化而御大器，靜專動直，不失太和，豈非正性命之情者耶？

這是王弼對乾象的注解，能掌握住健乾之德，卻失去乾道（天

道）生化萬物、成就萬物之密義，「形」是在道、德、物、勢中「物」的位置，不是在天（在德的位置），道家的理路是有天地然後有萬物，這是王弼概念上的錯置。健即健動，健動使用了形體，而形體拖累了萬物。而健動是以寧靜為主，即以陰為主，是扭轉了易傳系統，而道家化。然而形和物在一起，是以「回歸之精神解之」就沒有「累」的問題，而健動依《易傳》解「靜專動直」？對老子：「無是有中無，有是無中有，則靜也是動中靜，動是靜中動」，這二者是難以合拍的，所以雖是道家的理路，卻沒能將老子的概念真正定住。

〈復卦·彖〉曰：「復見其天地之心。」

> 復者，反本之謂也。天地以本為心者也。凡動息則靜，靜非對動者也。語息則默，默非對語者也。然則天地雖大，富有萬物，雷動風行，運化萬變，寂然至無，是其本矣。故動息地中，乃天地之心見也。若其以有為心，則異類未獲具存矣。

動、靜，語、默不是相對，而以靜、默為絕對。「復者」即歸回到無，無才是「天地之心」。這是王弼以無為本的思想。「實則既寂然至無，則亦無本，只是一無本之本。」[7]

---

7 唐君毅：《中國哲學原論　原道篇貳》（臺北：臺灣學生書局，1986），頁351。

天地之心：孔子——仁。王弼——寂然至無，是其本也。

> 聖人體無，無又不可以為訓，故不說也。老子是有者也，
> 故恆言其所不足。

王弼藉以企圖會通孔老的一段話，孔子的根本在無，「無」又難以解釋。表面上陽尊儒聖（因為孔子能體無，而老子尚未能，故孔子的境界似乎較老子高），但實際上是陰崇老氏，壓抑儒聖（因為王弼評斷孔、老的境界高低都是在道家的標準裡〔有、無〕）。

> 夫象者，出意者也。言者，明象者也。盡意莫若象，盡象
> 莫若言。言生於象，故可尋言以觀象，象生於意，故可尋
> 象以觀意。意以象盡，象以言著。故言者所以明象，得象
> 而忘言，象者所以存意，得意而忘象。（《周易略例》）

象即精神象徵。能從這一段中提出三個重要的概念：意、象、言，亦即中國詮釋學的概念。意的層次最高，其次是象、言。意最少、象和言多。而無論是言、象，都是為表明聖人之意，即體，是以用明體，而從最後的「得象而忘言」、「得意而忘象」中能明白王弼的思想系統中的「語言工具論」。「象」和「言」只是了解聖人之「意」的工具，聖人之意則在於道。然而語言是否只是工具？莊子有卮言，老子有格言，創造性之思想的意若沒有和

語言一同開發，是沒力量的。王弼既以無為本，而有是無中有，又怎能廢語言的有呢？於是逼出道和語言之間的緊張關係，亦能知王弼的「語言工具論」是錯誤的概念。

二、注老

道可道，非常道，名可名，非常名。（《道德經·第一章》）

> 可道之道，可名之名，指事造形，非其常也。故不可道，不可名也。

無名天地之始，有名萬物之母。此兩者同，出而異名。（《道德經·第一章》）

> 凡有皆始於無，故未形無名之時，則為萬物之始。及其有形有名之時，則長之育之，亭之毒之，為其母也。言道以無形無名始成萬物。

牟宗三解前兩句為：「言無形無名之道既於萬物『未形無名之時』始萬物，又於萬物有形有名時，終萬物。自其『終萬物』言，則謂之母。自其『首萬物』言，則謂之始。故下文注云：『在首，則謂之始。在終，則謂之母。』」[8]解釋如此夾纏，是因為王

8　牟宗三：《才性與玄理》（臺北：臺灣學生書局，1975），頁131。

弼的夾纏。河上公注則簡明：「有名，謂天地。天地有形位，有陰陽，有柔剛，是其有名也。萬物母者，天地含氣生萬物，長大成熟，如母之養子。」[9]理解絲毫不差，「母」不是「終萬物」，是生萬物。

王弼以「無」為根據，但「無」可以為根據嗎？就老子言，「無」不可為根據，因為「無」本來就是無根據的狀態，老子的地道是無，上達於天道，無論淵、海……都相應於地道的無，皆是無根據的。

無、有本是隱顯關係，是道的陰陽。道通過萬物對我們顯現，在顯現時亦隱蔽。

生而不有，為而不恃，長而不宰。（《老子·第十章》）

> 不塞其源，則物自生，何功之有？不禁其性，則物自濟，何為之恃？物自長足，不吾宰成，有德無主，非玄如何？凡言玄德，皆有德而不知其主，出乎幽冥。

不要堵塞物的源頭，物自然生長，道對萬物沒有功勞。不要禁絕萬物的本性，物自己就能成就，道也不恃恃對萬物的作為。萬物本身就已足夠，道也不主宰它們。這是玄德。「此沖虛玄德之為宗主實非『存有型』，而乃『境界型』者。蓋必本於主觀修

9　引見王弼等：《老子四種》（臺北：大安出版社，2006），頁1。

證（致虛守靜之修證）所證之沖虛之境界……」[10]所謂「存有型」實只是實體型或主體性形上學，就像無不可以為本，「玄德」的讓開一空間就難以使理性去找一依據，就只好說是主觀修證的沖虛之境界，道就靠聖人保證，道之三性靠聖人保證，這是忽視了海德格存有學以來的發展，道即是無本（Abgrund）之本。

有物混成，先天地生（先在性），寂兮寥兮，獨立而不改（自主性），周行而不殆（常存性），可以為天下母。（《道德經・第二十五章》）

老子原文中有道的三性。

致虛極，守靜篤，萬物並作，吾以觀復，夫物芸芸，各復歸其根，歸根曰靜，是謂復命。（《道德經・第十六章》）

> 言致虛，物之極篤；守靜，物之真正也。動作生長。以虛靜觀其反復。凡有起於虛，動起於靜，故萬物雖並動作，卒復歸於虛靜，是物之極篤也。

「致虛極，守靜篤」應該是聖人的實踐工夫，由聖人致虛守靜方可「吾以觀復」，見證到萬物「動作生長」。

聖人體無是以無的思考滲入道家智慧，雖「無」在道家思想是極重要，但王弼解前兩句稍彆扭，而沒有經過人致虛守靜的過程。我們能知覺物化，便因道透過萬物展現，人只是有限的，與

10　同註8，頁141。

萬物一起共同棲息於天地之間，能不以用途看之，萬物方可有其多樣性（「夫物芸芸」），且回歸（「復命」）於本身，回歸自己的根源。

天地相對於萬物來講，有天地然後有萬物，將天地、萬物這兩個層級混淆在一起，如「天地是萬物的總稱，萬物是天地的散說」[11]，此兩者無差別。但若天地與萬物混同，天地的有和萬物的形便也混淆。「道可道，非常道，名可名，非常名。」王弼認為可道可名，非其常也，所以不可道，不可名，但老子曾勉強名之為「大、逝、遠、反」。（《道德經・第二十五章》）

第四節　郭象：萬物的變化

《晉書・郭象傳》：「先是，注《莊子》者，數十家，莫能究其旨統。向秀於舊注外，而為解義。妙演奇致，大暢玄風。惟〈秋水〉、〈至樂〉二篇未竟，而秀卒。秀子幼，其義零落。然頗有別本遷流。象為人行薄。以秀義不傳於世，遂竊以為己注。乃自注〈秋水〉、〈至樂〉二篇，又易〈馬蹄〉一篇。其餘眾篇，或點定文句而已。其後秀義別本出。故今有向郭二莊，其義一也。」

故今郭象（252-312）之注，大抵只是向秀（約 221-300）之義而已。

11　同註8。

一、逍遙與齊物

〈逍遙遊〉：「北冥有魚，其名為鯤。」至「南冥者，天池也。」

> 夫小大雖殊，而放於自得之場，則物任其性，事稱其能，各當其分，逍遙一也。豈容勝負於其間哉？

> 夫大鵬之上九萬，尺鷃之起榆枋，小大雖差，各任其性，苟當其分，逍遙一也。然物之芸芸，同資有待，得其所待，然後逍遙耳。唯聖人與物冥而循大變，為能無待而常通，豈獨自通而已。

> 非冥海不足以運其身，非九萬里不足以負其翼。此豈好奇哉？直以大物必自生於大處，大處亦必自生此大物，理固自然，不患其失，又何厝心於其間哉。

但是郭象的系統是有問題，大鵬是逍遙遊之啟示錄，不是「同資有待」，而是所待者大，即是無待，郭象自己說：「大物必生於大處」，從「小大雖殊」中能明白郭象的思想中泯沒「小大之差別」，但這一點卻是和莊子的概念相牴觸的。雖然方以智曰：鯤本小魚之名，莊子用為大魚之名，其說是也。《爾雅釋魚》：鯤，魚子，凡魚之子名鯤。便是要混淆小大之辨，即在莊子的理

路中，沒有「小大」的分別，但莊子批判學鳩「之二蟲又何知」，但郭像在解莊子時，卻以「之二蟲」為「鵬蜩」，似欲混去大小之辨。未能了解「廣大」對道家係道的別稱，老子說：「勉強名之曰大。」郭象以聖人破除「量」為進路，即破除條件的依待關係，聖人不依賴外在之自得條件，自得而化，於是達成無待之逍遙，無己、無功、無名，脫離形式，超越限制的網，而回歸於變化（所遇）之自身，以此明「各當其分，逍遙一也」，自足而幸福。未能了解聖人乃「所待者大」，以至於無待。惟「與物冥而循大變」，即與物冥合而循大的變化，物化即逍遙。

〈齊物論〉：「夫吹萬不同，而使其自己也，咸其自取，怒者其誰邪？」

> 此天籟也。夫天籟者豈復別有一物哉？即眾竅比竹之屬，接乎有生之類，會而共成一天耳。無既無矣，則不能生有，有之未生，又不能為生。然則生生者誰哉？塊然而自生耳。自生耳，非我生也。我既不能生物，物亦不能生我，則我自然矣。自己而然，則謂之天然。天然耳，非為也，故以天言之。所以明其自然也，豈蒼蒼之謂哉！而或者謂天籟役物使從己也。夫天且不能自有，況能有物哉！故天也者，萬物之總名也，莫適為天，誰主役物乎？故物各自生而無所出焉，此天道也。

眾竅是指萬物，比竹是人比竹而吹成人籟，郭象是將這兩樣

實指，再加上人與生物「會而共成一天耳」，可見他對人籟與地籟無甚了解，故他視「天者，萬物之總名也。」其實天無此義，莊子只說：「夫吹萬不同而使其自己也，咸其自取，怒者其誰邪！」郭象倒對這點把握得恰當，「無不能生有」，故有已是有物，有沒有生出來——「有之未生」，也不能生物，「生生者」是物「塊然而自生」。自生，就是自然，其實就是「物化」，海德格說「thinging」，就是天然。不是指在上的「蒼蒼」者天，可以發布命令，「役物從己」，天道也是自然，「且不能自有」，故萬物自己「物化」。

〈知北遊〉：「先天地生者物邪？」

> 誰得先物者乎哉？吾以陰陽為先物，而陰陽者即所謂物耳。誰又先陰陽者乎？吾以自然為先之，而自然即物之自爾。吾以至道為先之，而至道者乃至無也。既以無矣，又悉為先？然則先物者誰乎哉？明物之自然，非有使然也。

自然即道，陰即無，陽即有，於是郭象的論述是：「陰陽在物之上」即在有之上談物化。依照老子「道、德、物、勢」之概念而言，陰陽變化即繫於德上，郭象繫於物上，以成其自生，於是郭象的理論是「橫通」的萬物之道。物化，萬物變化是自成一世界的。至於自然，如果是實指的，和天地、陰陽一樣在德的層次，郭象一樣繫於物上，物之自爾。自然是「不造作」的。但莊子的道是「春天的活力」，是巨大的動力，充滿撞擊暴烈的戲劇

張力。

二、跡冥與天刑

〈逍遙遊〉：「堯讓天下於許由」至「許由曰：子治天下，天下既已治矣。」

> 夫能令天下治，不治天下者也。故堯以不治治之，非治之而治者也。今許由方明既治，則無所代之。而治實由堯，故有子治之言。宜忘言以尋其所況。而或者遂云：治之而治者，堯也。不治而堯得以治者，許由也。斯失之遠矣。夫治之由乎不治，為之出乎無為也。取於堯而足，豈借之許由哉？若謂拱默乎山林之中，而後得稱無為者，此莊老之談所以見棄於當塗，自必於有為之域，而不反者，斯之由也。

〈逍遙遊〉：「藐姑射之山，有神人居焉。肌膚若冰雪，綽約若處子。」

> 此皆寄言耳。夫神人，即今所謂聖人也。夫聖人雖在廟堂之上，然其心無異於山林之中。世豈識之哉？徒見其戴黃屋，佩玉璽，便謂足以纓紱其心矣。見其歷山川，同民事，便謂足以憔悴其神矣，豈知至至者之不虧哉！今明王德之人，而寄之此山，將明世所無由識，故乃託之於絕垠之外，

而推之於視聽之表耳。

　　許由為隱者，明明莊子引為同道，堯已治天下是「實」，故許由不想為「名」，而推辭不治天下，「聖人無名」，是老、莊共許之義。莊子明在此處理名實問題，郭象故作別解，「宜忘言以尋其所況」，天下有這樣注書的嗎？「忘言」就是不忠實。故知魏晉雖大暢玄風，仍對儒聖相當尊重，也就難以明老、莊之全體大用。是否「莊老之談，所以見棄於當塗」，故而郭象特意曲解以免「見棄於當塗」？難免為「曲學阿世」之輩。同樣，在「四海之外」的神人，也只是「五德之人，而寄之此山」，其意在「雖在廟堂之上，心無異於山林之中」，就是要神人也來治理天下，神人「不治之治」轉換成儒聖之「以不治治之」，這是偷天換日的手段。

　　在道家的系統中「無為而無所不為」是其核心概念。郭象用「跡冥」的進路解之。跡是呈現或有，冥是「隱」，於是「無為」是冥、「有為」是跡。郭象能抉跡發本，終歸跡本之圓融。[12]但郭象的思想中，只重「有」而不知「無」的。於是郭象的理論仍有所「偏溺」，他不知「有是無中有，無是有中無」的概念。此外跡與冥，亦是名與實的映照，於是「堯舜有天下而不與⋯⋯」等句，便是在處理「名實」問題，聖人勝不過名實問題，所以莊子不向統治者獻媚，但郭象「重有」的偏溺思想，顯然和莊子背

12　同註8，頁190。

道而馳，郭象其心可鄙。

〈德充符〉：「老聃曰：胡不直使彼以死為一條，以可不可為一貫者，解其桎梏，其可乎？欲以直理冥之，冀其無跡。無趾曰：天刑之，安可解！」

> 今仲尼非不冥也。顧自然之理，行則影從，言則響隨。夫順物則名跡斯立，而順物者非為名也。非為名，則至矣，而終不免乎名。則孰能解之哉？故名者影響也，影響者，形聲之桎梏也。明斯理也，則名跡可遺。名跡可遺，則尚彼可絕。尚彼可絕，則性命可全矣。

仲尼是無心以順物，自然的道理是有行動就有影子，順物也會有「名跡」。有名就有影響，這影響就是形體、聲音的桎梏。老聃、無趾，正是要設法解除仲尼的桎梏，老聃才說死生如一，可、不可沒有什麼定然為是、定然為非的。豈非正是要以「無為」來濟仲尼之「有為」，故無趾說這是上天給他的刑罰，他不會停止的，這是兩家思想的不同。這些道理都白說了，郭象現在表揚儒聖，說仲尼「名跡可遺」，即跡即冥，突然來一句「性命可全」，不免是魏晉的時代氛圍，否則儒家「有殺身以成仁，無求生以害仁」，何來苟全生命之說？郭象雖有玄解，只要牽涉到政治、名聲（名教），就忘掉了道家的本。或許這時代也真在調和自然與名教。

第五章　隋唐佛學

　　佛教史之分期，蓋據勢力之盛衰而言。勢力之消長除士大夫之態度外，亦因帝王之好惡。隋煬帝之尊智者大師，唐太宗、高宗之敬玄奘三藏，武后之於神秀，明皇之於金剛智，肅宗之於神會，代宗之於不空，佛教最有名之宗派均因之而興起。而有開元之禁令，三階段由之而亡；有會昌之法難，我國佛教其後遂衰。[1]

第一節　原始佛學：有欲故苦

　　因隋唐的佛學是從印度傳入，故研究隋唐佛學要先認識印度佛學，印度佛學思考的是：

　　業與輪迴：業以人生觀為出發點，人做的許多事都會有業力，且業力會持續影響下去，而產生優劣的輪迴。業力的秘密影響，最終成為支配命運的一種力量。

　　苦／無常（佛陀的人生觀是佛學的基礎）

　　佛陀因見老、病、死，而思生命在人間的有限性，故產生無

1　湯用彤：《隋唐佛教史稿》（臺北：木鐸出版社，1983），〈緒言〉。

常觀。以無常為生命的根本，無常便是苦，因老、病、死而思考人生，將苦納入有限生命中思考，尋求救贖，為生命解謎→知苦（深刻的了解和體認）、斷苦（可斷業報之追索）。

> 世尊告諸比丘：「眼苦，若眼是樂者，不應受逼迫苦，應得於眼欲令如是，不令如是。以眼是苦故，受逼迫苦，不得於眼欲令如是、不令如是」，耳、鼻、舌、身、意亦如是說。」（《雜阿含經·卷十三》）

受逼迫著眼睛看見所欲見之物，因人心的欲求，人的意願執著，使人不得自在。

佛家從人生觀擴大到宇宙觀。來自於人生無常的感受，人生的欲求受現實壓迫不得滿足，欲求不斷擴大，苦便愈大，苦會造業，業力愈大，人受業力（報）的纏縛，便不能斷苦，這便是佛陀看出的人生一個基本，無奈（欲望→業力→報應，苦便是業報——現形的過程）。

人根本的欲求造成苦→造作、不自在，不得清淨。我欲是本能，在佛教講是無明。

所謂變異，便是因無常是和人心的根本欲求相反（因為人都是求「常」的），變異便是無常，「一切生命現象是生、老、病、死的過程，精神現象是生、住、異、滅的過程，物質現象擺脫不

了成、住、壞、空的過程。」[2]

　　我於欲縛之外，更不見一縛，縛眾生使行於長夜之輪迴。

　　人生命根本的存在便是煩惱，「使、縛、纏、漏」都是煩惱的別名，欲望的本質，造成生死流轉。

一、十二緣起觀

　　「逐物流轉，觸境繫心」──向外執取的活動。生命的根本來源，是因為生前有業而有生命的產生，執著貪愛的身心活動便是痛苦根源。執著的自我，佛教認為都是「假我」。

　　緣起觀，主要是要去掉我執。因為一切本無常，故要去我執，自我意識一擴張，業報便接踵而至。故而「諸惡莫作，眾善奉行，自淨其意，是諸佛教」，這就是善惡因果的原則。

　　佛教不相信萬物是從某一種原因而來，但我們行為主體所造成的命運主體，在過去、現在、未來的時間系列中，就像一條鏈子般地持續。十二緣起相互依存，所以被稱為「緣生」或「因緣連鎖」。這理論的公式是：「此有故彼有，此生故彼生，此無故彼無，此滅故彼滅。」[3] 行為力緣起（Causation of Action-influence）

2　蔡耀明：〈業報緣起與成就無上智慧〉。

3　高楠順次郎，藍吉富譯：《佛教哲學要義》（臺北：正文書局，1978），頁 26。

此即業感緣起，即業報感應的緣起，有時也稱業惑緣起。

何法有故老死有？何法緣故老死有？即正思惟生如實無間等，生有故老死有，生緣故老死有。如是有、愛、取、受、觸、六入處、名色，何法有故名色有？何法緣故名色有？即正思惟如實無間等生，識有故名色有，識緣故有名色有。我作是思惟時，齊識而還，不能過彼；謂緣識名色，緣名色六入觸，緣六入處觸，緣觸受，緣受愛，緣愛取，緣取有，緣有生，緣生老病死憂悲惱苦，如是如是，純大苦聚集。我時作是念：何法無故老死無？何法滅故老死滅？即正思惟，生如實無間等，生無故老死無，生滅故老死滅。如是生、有、取、愛、受、觸、六入處、名色、識、行廣說。我復作是思惟：何法無故行無？何法滅故行滅？即正思惟如實無間等，無明無故行無，無明滅故行滅。行滅則識滅……生滅故老病死憂悲惱苦滅。如是如是，純大苦聚滅。我時作是念：我得古仙人道……我於此法，自知自覺成等正覺。（《雜阿含經‧卷十二》）

1.無明：無意識的狀態，潛意識的衝動，這是我們生命的根本現象，也是客觀的事實，換個名詞看，就是本能，本能的活動支配了我們的人生。

2.行：曚昧的行為，意欲的活動，「生活意志」是對生活的一種盲目欲望或盲目意向。

（以上兩支是生命現象）

3.識：潛意識的心靈，對萬物產生識別作用，這種識別作用仍受潛意識的影響，故而不是清晰的認識。

4.名色：一切物質現象（色）離不開我們的認識作用（名）。

（以上兩支是認識論）

　　佛教的「五蘊說」提出「色」是物質義，「受」是感覺和感情義，「想」是知覺或表象義，行是意志義，識是智性或悟性義[4]，只能認識被欲望沾染的表象。

5.六入：六種感官活動的現象，即眼、耳、鼻、舌、身、意，意只能消極地綜合前五種感官所納入的印象。

6.觸：以觸覺作用的印象最為強烈。

7.受：引發了一種感受作用。

（以上三支是由生理感受的現象引發了心理感受現象）

8.愛：引發貪愛妄想的感覺，經驗到苦樂之感。

9.取：占取，執著保留快樂的對象。

10.有：生命實有的形成。

（以上三支是由心理感受現象引發權力意志）

11.生：我們個體的生命。

4　木村泰賢，巴壺天等譯：《人生的解脫與佛教思想》（臺北：協志工業叢書出版公司），頁117。

12.老死：一生歷程的結束。

十二因緣是緣起觀，一切事物的發生，都是因緣的聚會、和合。十二因緣即是對生死流轉的解釋，對自然、生命之說明。十二因緣是根本智慧，引出緣起緣滅的概念，即業感所以緣起，一支生另一支生，一支滅另一支滅。十二因緣之是對生命現象的分析，而無明緣起解釋了生命現象，十二因緣之「順觀」乃生死流轉，是苦，有生老病死，是苦之聚集，是虛妄，但人若能如實照察，斷欲望，即能離生死輪迴之苦海，出離因果，即「逆觀則涅槃還滅，是樂。」十二因緣是形成生死輪迴，於是以逆的方面去達成涅槃寂靜，離苦得樂。

二、真理的印記

「原始佛教預設了善惡因果的原則，這也就是本來出自印度傳統思想的『業論』（……如或為神，或為人，或為餓鬼、畜生），祇是視作生命主體的昇降；而升降的標準，則由人自己的善惡行為決定。這也就是所謂輪迴（saṃsāra）。由輪迴的觀念，即是說明了行為主體和生命主體（輪迴主體）是同一的……人趨向流轉還是趨向還滅，就視乎自己對緣的創造。」[5]

三法印——諸行無常、諸法無我、涅槃寂靜

5　霍韜晦：《絕對與圓融》（臺北：東大圖書公司，1989），頁166。

三法印即「諸行無常」、「諸法無我」、「涅槃寂靜」，而這便是「苦」、「無常」、「無我」的三個觀念，亦是原始佛教的核心價值。眼、耳、鼻、舌、身都是苦，是因有欲故苦：眼如是樂者，必有欲令如是不令如是。然而「欲」卻是生命本身所必有，故「苦」是不可避免的。欲望是無意識的，所以原始佛教的目的是去明白欲望的來源，知苦、斷苦。而「諸行無常」是指一切事物，都不會常住，念起念滅，遷法無常。而「諸法無我」的法是指一切事物，都是心中所思之境，於是「行」限於「有為法」，所以要打破實體觀，即無自性。「涅槃寂靜」即滅一切生死流轉之苦而為寂靜，亦是吹熄慾望的火焰，於是能靜。空去欲望、無欲則剛，由此能明白「我投射萬物、萬物有我」是佛家極欲破除的概念，即要打破靈魂的信仰，一切事物都沒有我。

四諦——苦諦、集諦、滅諦、道諦

分別為苦諦、集諦、滅諦、道諦。苦諦是佛教最原始的、最根本的觀念，即生、老、病、死之苦，怨憎會、愛別離、無明無常、輪迴……無一而非苦。且苦是普遍的、苦是先在性的。集諦是在說明苦果所以產生的原因，即「貪愛妄想」，於是在生死流轉、六道輪迴中構成了「苦之集」，即所謂「集諦」。滅諦，是苦之滅，破一切無明，脫離輪迴、生死，而苦之滅亦即愛之滅。「滅」是指現象中「自我」脫離束縛、超昇而言，是束縛、苦難之滅。道諦是達成解脫的道路、方法，然是滅欲望之火，是消極

的。於是能從四諦中明白原始佛教的核心意義。故提出八正道是道諦的積極入路，包括正見、正思惟、正語、正業、正命、正精進、正念、正定。

無我：佛教的人生觀有一種倫理實踐角度，所以不是根本否定「我」，而是否定「假我」，去除欲望上的執著，而仍有一個倫理實踐上，人格的昇進和墮退而言。佛家仍有倫理實踐的關懷。

緣起觀根本上是一種條件關係，所謂緣起，便是因緣，便是因果條件，因種種因果條件而興起了宇宙種種現象，一切盡在無常。佛家：「此有故彼有，此生故彼生，若此無則彼無，若此滅則彼滅」，把因果條件消滅掉，則能吹熄欲望的火焰，便可免於業報的纏縛，離苦得樂。

第二節　空宗：不生也不滅

印順法師（1906-2005）將印度佛教的發展分為五期[6]：

一、聲聞為本之解脫同歸：佛與聲聞、獨覺平等無別，俱得阿羅漢果，佛亦自認為阿羅漢。

二、傾向菩薩之聲聞分流：如來，開明聲聞行人尊重大乘為善巧方便，大乘行人亦認聲聞能達解脫，隱大於小，小

6　藍吉富編：《印順導師的思想和學問》（臺北：正聞出版社，1988），頁14-23。

不障大。

三、菩薩為本之大小綜合：以龍樹的中觀學為主，龍樹大士，在印度稱之為大乘始祖，在中國尊之為八宗共祖。

四、傾向如來、菩薩分流：悲願彌固，空解轉深。空得悲不捨有情，悲以空不著戲論。入無生忍的菩薩，完成脫生死的自利，為了成熟有情，仍留餘惑潤生，有性空唯名、虛妄唯識、真常唯心的三大系分化。

五、如來為本之梵佛一體：如來要依「即證如如之法性而來成正覺者；如法相而解者；如法相而說者。」真常系有意使佛法更梵法、更神祕。逐漸與印度本有的婆羅門教合一。

　　他以印度佛教的發展為根本，判定空宗、唯識宗為大乘，判定真常唯心佛教逐漸與原來佛教與之對抗的婆羅門教合一，走上了衰亡。但這卻是佛教中國化以後發展的特色，華嚴宗、天台宗、禪宗，這是當代佛教界與哲學界的一大諍議。

　　以此三系為判準，可依序論之。什麼是菩薩呢？「菩薩是菩提薩埵的簡稱。薩埵是眾生——新譯有情，菩提是覺。發心上求大覺的眾生，或上求大覺、下化眾生的，名為菩薩。」[7]這可看出他是以菩薩為本來談大乘的，但中國真常唯心佛教偏以如來為本。

7　印順：《般若經講記》（臺北：正聞出版社，1989），頁33。

一、空宗

龍樹（約 100-200）作《大智度論》以釋《般若經》，另作《中論》、《十二門論》及弟子提婆《百論》，中國稱為三論宗。「般若為諸佛母，大悲為般若母，諸佛之祖母。」《大智度論·卷二十》為空宗基本精神。空宗是大小乘的共法，融通淘汰，蕩相遺執，令歸諸法實相。

> 有為法無常，念念生滅故，皆屬因緣無有自在，無有自在故無我；無常無我無相故心不著，無相不著，即是寂滅涅槃。（《大智度論·卷二十二》）

一切有為法沒有常性，念念生滅相續，都屬於因緣和合而生起，既然不自己在其自己，也沒有我性。既然無常、無我，就把緣起法的生死流轉化為涅槃還滅，三法印歸於一實相印，立足於空相應緣起法。[8]

緣起法都是因緣而起的生滅無常，無自性故空。緣起就必然涵著性空，性空必然涵著緣起。「緣起性空，是由空來看因果律，正是要說明現象世界的不可理解，例如『生』的觀念就不可理解，現象世界都不可理解，所謂『如幻如化』……佛教正是為了『去掉實有而奮鬥』，去掉實有就是所謂性空。」[9]緣起法是破壞理性

8　印順：《中觀今論》（臺北：正聞出版社，1989），頁 31。

9　牟宗三：《中國哲學十九講》（臺北：臺灣學生書局，1983），頁 255-256。

的因果律，不能找到根本的原因，生滅即無自性故空。

　　因緣所說法，我說即是空。亦為是假名，亦是中道義。
　　未曾有一法，不從因緣生。是故一切法，無不是空者。
　　　　　　　　　　　　　　（《中論·觀四諦品第二十四》）

　　此偈表示龍樹通過「因緣所生」一概念，以界定所謂的「空」，且以「假名」，做為「空」的另解。首先「緣起」即一切事物，皆因緣而生，由眾多條件之和合而現起，於是當聚和的條件被分解後，即是虛無。故一切事物都是無常，沒有不變之真實性。「空」是破「常」的概念。空是「心能」是有能力去實踐的，空去欲望、認識的障礙、執念，去領受緣起的無常；此外，空是「假名有」，「假」不是真假的假，而是權宜的施設和方便。空是「畢竟空」，空去占有、欲望、空空，然非空去世界、空去人生，而有是「妙有」，無非以為無，非無非有，故明中道，空是中道。此外，空是欲除去本質，於是才有各種可能，於是從海德格的「破壞語言」中去看的話，亦能相通，即停留在動詞，而保有力量的存在。「緣起」是條件的和合，亦即之間有「力量」的關係存在。

　　即一切法皆不是獨立實有，於是空並非指無或一般意義的不存在。故對空的概念的執著，也須破除，空也是空無自性的，要「空空」。

　　不生亦不滅，不常亦不斷，不一亦不異，不來亦不去。

　　能說是因緣，善滅諸戲論。我稽首禮佛，諸說中第一。

　　　　　　　　　　　　　　　　（《中論・觀因緣品第一》）

　　此偈語即所謂的「八不因緣頌」，此中「生滅」、「常斷」、「一異」、「來去」，就是所謂的「八不」，能從「不」中明白空宗（般若宗）的《般若經》，是以「否定」的說法去論述，各施以否定表明一切均非「獨立實有」。因條件之和合而緣起，但緣起的本性是空寂，於是這「不生不滅、不常不斷、不一不異、不來不去」，此外亦能由此看見所謂的「二元概念」的對立。這些二元形式，是所謂「概念性」的存在，但不等於經驗性的存在，這二者是不相應的，於是這「八不」所要闡述的即是「緣生法、無自性」。古人云：八不妙理之風，拂妄想戲論之塵，無得正觀之月，浮一實中道之水。一切的一切沒有任何的生與滅，所以是「無自性」。即，花開的力量就是花落的力量，一切都在變化中，所以是沒有「獨立意義」，沒有自性。

　　眾緣中有性，是事則不然，性從眾緣出，即名為作法。
　　性若是作者，云何有此義，性名為無作，不待異法成。
　　自性於他性，亦名為他性，法若無自性，云何有他性。

　　　　　　　　　　　　　　　　　　（《中論・觀有無品》）

　　空宗的進路中，在一連串的因果追尋中，尋求第一因，是以因緣說空，是要「破自性」。破除認識的因果，但不能破除實踐

的因果。除破一切迷象，沒有固定的形式，是隱藏的形式和力量（德西達）的關係，如果不破除自性，則陷入權力的糾結，而除了「破自性」也「破因緣」，即是破除法的獨立實有性，即因緣離開主體性，就沒有所謂的「因緣」。於是能知空宗的進路就是要破除對「因緣條件」的執著。於是回歸最初的論述，即空宗通過緣起以「破因緣」，以「破因緣」來引出「破自性」此一重要概念，相互映證。

「體空觀……不是把現象分析為要素從而闡明現象的空，而是堅持一切現象本質即是空，堅持存有本身的空性。《大般若經》強調，『非有非非有。』這不僅表明對存有本身的否定，而且表明雙重否定（像否定存有一樣否定非存有）成否定的否定的觀點。由此揭示『空』雙遣存有和非存有，由此，則顯示了般若智。」[10]二元概念是我們腦海中設想出來的對立架構，在外界中並無相應的存在。

二、僧肇

鳩摩羅什（344-413）是龜茲國人，將許多佛經譯為漢文。僧肇（384-414）先研究老莊，後為其弟子，為其門下解空第一。他只活了三十歲，否則成就會更大。

10　阿部正雄著，王雷泉等譯：《禪與西方思想》（臺北：桂冠圖書公司，1995），頁 104。

夫人之所謂動者，以昔物不至今，故曰動而非靜。我之所
謂靜者，亦以昔物不至今，故曰靜而非動。動而非靜，以
其不來，靜而非動，以其不去。然而所造未嘗異，所見未
嘗同，逆之所謂塞，順之所謂通。苟得其道，復何滯哉？

（《肇論‧物不遷論》）

　　常人（俗見）看「昔物不至今」，昔物在今天不存在了，就
說一切變遷，是動而非靜；而我（真見）看「昔物不至今」，那
麼昔物自在昔，昔物也沒有離開昔，就說一切沒有變遷。同樣一
件事物有兩種觀法，是即妄顯真。

即物順通，故物莫之逆；即偽即真，故性莫之易。性莫之
易，故雖無而有；物莫之逆，故雖有而無。雖有而無，所
謂非有；雖無而有，所謂非無。如此則非無物也，物非真
物。故經云：色之性空，非色敗空，以明夫聖人之于物也，
即萬物之自虛，豈待宰割以求通哉！

（《肇論‧不真空論》）

　　物以虛為性，即物無自性，當可虛通，物也不會違逆你。物
以緣起法為性，緣起則涵性空，也「即偽即真」，在物性上不必
作任何改變，物雖無自性仍有物性。物不違逆你，物雖有物性而
無自性，所以一切物的本性是空的，而不是物（有）敗壞了空。

虛其心而實其照，終日知而未嘗知也。故能默耀韜光，虛
心玄鑒，閉智塞聰而獨覺冥冥者矣。然則智有窮幽之鑒，
而無知焉，神有應會之用，而無慮焉。神無慮，故能獨王
於世表；智無知，故能玄照於事外。智雖事外，未始無事；
神雖世表，終日域中。所以俯仰順化，應接無窮，無幽不
察，而無照功。斯則無知之所知，聖神之所會也。

（《肇論·般若無知論》）

　　虛其心是我空，此是援道家以入佛家。心無自性，故空，才
能對物有如實地照察，去其俗見之執相，知而無知。雖有神祕的
照察而隱藏光芒。智識聰明都用在物性，閉智塞聰方覺其空性。

三、吉藏：二與不二

　　三論宗由僧肇開始，經過法雲（467-529）、智藏（458-522），
又經僧詮、僧朗、法朗（507-581），一直到嘉祥吉藏（549-623），
才將《大智度論》，及龍樹的《中觀論》、《十二門論》及其弟
子提婆的《百論》系統的研究。

　　吉藏住在嘉祥寺研究三論，因而被稱為嘉祥大師。開皇七年
（597）和天台宗智顗建立通信關係。三論宗教義根據破邪顯正、
真俗兩諦和八不中道三科而提出。破邪是除去一切離別情見，就
體現言詮不及，意想不到的境界，而悟中道。「諸佛常依兩諦說
法，一以世俗諦，一為第一義諦。」（《中論·觀四諦品》）三
論宗主張言、教二諦是說教上的方式方法而已。著有《三論玄義》、

《大乘玄論》、《中觀論疏》、《十二門論疏》等二十六部。

> 斯道幽微，深遠難測，無知無照，無名無相，理絕百非，
> 道亡四句，言語無所措其辨，情識無所沒其慮。雖復一相
> 無相，萬用無虧，至窮至空，道光法界。故開經宗之始，
> 以不住為住，辨其義之終，以無所得為得。
>
> （《大品經・遊意》）

　　空是一種心能，沒有特殊的認知與照察，僅是就因緣緣生而
起的法破除其自性，故「絕四句，超百非」是因空本身不是一個名
字也無相狀，是絕言絕慮的無名相中道。「囊括於精神一往平等的
普遍原理。據此普遍原理，萬法表一切物性，示了無任何虛妄差
別——無論其為現實界而化之為時空系統者，或為生滅流轉界，
而如吾人身心所經驗者，或為超越界，而如吾人精神昇華、超脫解
放之際所體會者，或為真際之各層面，而統化為表相，或無相之
相，是即萬法一切之究竟真實，而自永恆之空性所觀照者也。」[11]

> 他家二諦，住有、無故名不了。今明：說有欲顯不有，說
> 無欲顯不無；有、無顯不有、不無，故名了義。他但以有
> 為世諦，空為真諦。今明：若有、若空皆是世諦，非空、

11　方東美著，孫智燊譯：《中國哲學之精神及其發展》（臺北：成均出版社，
　　1984），頁 272。

非有始名真諦。三者空、有為二，非空有為不二；二與不二皆是世諦，非二非不二為真諦。四者此三種二諦皆是教門，說此三門，為令悟不三，無所依得，始名為理。（《大乘玄論》）

第一重二諦，有是俗諦，無是真諦。第二重二諦，講假有真空還是俗諦，非空非有才是真諦。第三重：說空說有是二諦，說非空非有是不二，二和不二都是俗諦，非二非不二才是真諦。第四重：前三重只是教門，重要的是悟入不三。

既然空是一種認識的心能，轉化到實踐後，就涉及到中道佛性的觀念。「由於教二諦的對立有三重，則中道亦有三種二俗諦中道、真諦中道、二諦合明中道，這就是吉藏的『三中』說。其中要義，唯在消解『二』以解『不二』。例如在第一重二諦中，有是真有，無是真無，雙遣之後，即於不生不滅之真實見有假生假滅之俗有，是謂世諦中道。在第二重二諦中，以前一中道為俗，則自應有在假生假滅之假有中之不生不滅法，所以此假生滅實無生滅，復通為一，這就是真諦中道。再翻上一層，中道中之真俗對立亦須消解，於是有二諦合明中道。蓋若不如此，不能有最後的統一；若無最後的統一，則思想仍在雙遣辯證的過程而不能有所歸宿，亦即不能契入絕對了。所以吉藏的中道觀念就其作用而言，是雙遣辯證的，可稱為『雙遣中』。」[12]基本上，這種雙遣

12　同註5，頁371-372。

式的辯證精神，是藉辯證節節上升，消散一切障蔽真際的現實上
的法，觀照性太強，即由實相般若到觀照般若到文字般若，是一
種精神的解脫原則，無法就萬法一一的差異性，即是平等的空性，
即是中道。這種差異原則，即是平等原則，即是中道實相，要使
天台宗完成。

第三節　唯識宗：探索潛意識

唯識宗原稱瑜伽學。印度無著（約 410-500）造《攝大乘論》，
是正宗唯識學的基本論點，也就是印順所謂的虛妄唯識佛教。真
諦（499-569）譯世親（420-500）所釋《攝大乘論》，在當時稱
為攝論宗，連其前時之地論師統名之為前期唯識學。後來玄奘
（600-664）重譯，力復原來之舊，為新「法相宗」，名之為後期
唯識學。前期唯識學是往真心走，後期唯識學則決定是妄心系。[13]

無著、世親提倡法相唯識，說一切法皆有，和龍樹學遙遙相
對，一空一有各有妙理。世親造《唯識三十論》，護法釋之，玄
奘為再傳弟子。玄奘成立唯識宗，譯唯識三十論注釋時，本擬十
論別譯，揉十家以成一論，獨傳窺基（632-682），基依師口授作
述記六十卷，確立慈恩之唯識學。

13　法舫法師：《唯識史觀及其哲學》（臺北：天華出版社，1990），頁 101-102。

一、意識

原始佛教說六入，八識顯然多兩識。《唯識三十論》說：「三界唯心所作」，或說「萬法唯識」。什麼是三界呢？欲界、色界、無色界，欲望、物質、精神都包含了，故而「萬法」就是宇宙萬有，這是把一切法的根源收攝到「識」。在唯識宗說是以阿賴耶識為一切法的依止。心、意、識三者相連，積集為心，思量為意，了別為識。相對於第八識、第七識、第六識。

> 經云：佛言：「一切法無我」，云何一切法？云何為無我？
> 一切最勝故，心所應故，二所變現故，三分位差別故，四所顯故。（《大乘百法明門論·卷首》）

一切法略有五種：一者心法，二者心所法，三者色法，四者不相應行法，五者無為法，故有五位百法。

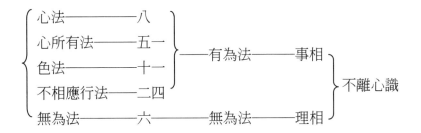

心法在一切法中是最殊勝的，最有力量的，故能給他法影響，有主動的支配力。心所法是屬於心王的心理作用，心是主體，心

所是心的附屬。色法是物質外境，是心王與心所變現，所以色法是無實體的。不相應行法是由心識、心所和色法，在彼此差別作用上現起的，故是假法。如時間、空間、數量、尺度、得失、生滅相、文字相等。無為法是理性的，也非離有為法，別有其體，乃是有為法所顯示的真理。

前五識：眼識依眼根，了別色境。耳識依耳根，了別聲性。鼻識依鼻根，了別香境。舌識依舌根，了別味境。身識依身根，了別觸境。第六識：意識依意根，了別法境。

次第三能變	差別有六種	了別為性相	善不善俱非
此心所偏行	別境善煩惱	隨煩惱不定	皆三受相應
初偏行觸等	次別境謂欲	勝解念定慧	所緣事不同
善謂信慚愧	無貪等三根	勤安不放逸	行捨及不害
煩惱謂貪瞋	癡慢疑惡見	隨煩惱謂忿	恨覆惱嫉慳
誑諂與害憍	無慚及無愧	掉舉與惛沈	不信並懈怠
放逸及失念	散亂不正知	不定謂悔眠	尋伺二各二
依止根本識	五識隨緣現	或俱或不俱	如濤波依水
意識常現起	除生無想天	及無心二定	睡眠與悶絕

（世親《唯識三十論》，玄奘譯）

六類 {
　1.偏行心所　　五
　2.別境心所　　五
　3.善心所　　　十一
　4.煩惱心所　　六
　5.隨煩惱心所　二十
　6.不定心所　　四
} 五十一心所

五偏行心所。(一)觸：接觸，對外的任何一種接觸，都會生起一種心理反應。(二)作意：即心理學上的注意。(三)受：感受出情感，接受順境逆境。(四)想：對某種境加以度量，取了想像的模樣，再安立名稱言說。(五)思：心的活動。

五別境心所。(一)欲：欲望，希望、欣求的事物。(二)勝解：無懷疑的了解或認識。(三)念：有很清楚的印象而不忘記。(四)定：專注而寂靜。(五)慧：對於功德過失，有簡別力和抉擇力。

十一善心所。(一)信：心理的歸趣、熱情、力量。(二)慚：反省自己的自覺能力。(三)愧：怕被社會批評，心愧而止惡。(四)無貪：沒有貪求之心。(五)無瞋：對一切環境的惡劣，不動瞋恨。(六)無癡：明白事理而不愚蠢。(七)勤：向上進取。(八)輕安：輕快安樂。(九)不放逸：不放蕩，而沒有規律。(十)行捨：平等、正直的心。(土)不害：不使他人精神上、生活上、身體上受痛苦。

六煩惱心所。(一)貪；謂貪欲。(二)瞋：對苦的現狀和苦的原

因，都憎恨別人。㈢癡：愚癡無智慧。㈣慢：仗著自己的
權威、勢力、富貴、聰明、知識等，卑視他人。㈤疑：懷
疑，不信任。㈥惡見：不合事理的見解。①薩迦耶見：有
身見，總執我。②邊執見：執常的以此身死後有我，執斷
的以死後即幻滅。③邪見：不見因果道理。④見取見：執
著自己的意見為正確。⑤戒禁取見：執著自己所守的戒律
是最勝的。

二十隨煩惱心所。十小隨煩惱。㈠：對不如意而憤慨。㈡
恨：內心結怨。㈢覆：遮蓋自己的罪惡。㈣惱：惱怒的心。
㈤嫉：嫉妒別人的光榮。㈥慳：不肯惠施。㈦誑：不真實。
㈧諂：諂曲。㈨害：無慈悲。㈩憍：驕傲。二中隨煩惱。
㈠無慚：不會反省自己。㈡無愧：對錯誤不懂羞愧。八大
隨煩惱。㈠掉舉：心高舉而有妄想。㈡惛沈：昏迷沈醉的
心念。㈢不信：沒有信心。㈣懈怠：不精進。㈤放逸：放
蕩縱逸。㈥失念：失去記憶。㈦散亂：心流蕩而不專一。
㈧不正知：沒有正確的認識。

四不定心所：㈠悔：後悔。㈡眠：貪睡。㈢尋：尋求，粗
淺的推度分別。㈣伺：伺察，有很細的推度。（同前書，
頁 147-160）

其中，小隨煩惱為意識中之不善心所，而不自類俱起，即其
行相粗猛，有其中之一起，必無其他。中隨煩惱只有自類俱起（恒
相依而起），遍不善性（一切不善的大煩惱皆有之）。大隨煩惱

自類俱起，遍不善性，遍諸染心（遍於意識及末那識），為有覆
無記。[14]

二、末那識與阿賴耶識

阿賴耶識稱為藏識，蘊藏一切諸法種子。能藏時，種子生現
行，以阿賴耶識為因，以諸法為果。所藏時，以現行熏種子，諸
法為因，阿賴耶識為果。另常以第七識為對象而執我，是執藏。

> 此能變唯三，謂異熟思量及了別境識。
>
> （世親《唯識三十論》，玄奘譯）

> 識所變相，雖無量種，而能變識，類別唯三：一謂異熟即
> 第八識，多異熟性故。二謂思量即第七識，恒審思量故。
> 三謂了別，即前六識，了別境相粗故。「及」言顯合六為
> 一種。 （護法《成唯識論》，玄奘譯）

末那識是唯有單純的思量，有兩種特點：第一，這思量是不
能認為善或是惡的，所以是「無記」，因為他也是無所謂善惡的。
第二，他是真實的，所以是「無覆」。第三是「器世界」所依託，
「器世界」就指宇宙間一切、無情。第四是根所依處無同名言熏

---

14 唐君毅：《中國哲學原論 原道篇參》（臺北：臺灣學生書局，1986），
頁231。

習所依託。[15]簡言之，末那識是執我識，阿賴耶識是潛意識。

> 次第二能變，是識名末那；依彼轉緣彼，思量為性相；
> 四煩惱常俱，謂我癡我見；並我慢我愛，及餘觸等俱；
> 有覆無記攝，隨所生所繫，阿羅漢滅定，出世道無有。
>
> （世親《唯識三十論》，玄奘譯）

　　這四煩惱稱為根本煩惱，故末那識為根本無明住地，它一面執阿賴耶識以之為其所緣，一方面又執之為我，恒常以我為出發點來影響第六意識。尼采說：「語言的根源，屬於心理學最粗糙形式的年代，當我們在心裡召喚語言形上學的基本預設，那是說，理性的預設，就進入了簡陋的偶像領域。任何地方，他看到行為者；它相信意志作為原因：它相信自我相信自我作為存有，相信自我作為實體，它把自我──實體的信仰，投射於所有事物之上──只有那樣它才第一次創造了事物的概念。」[16]先不論語言，在心理學最粗糙形式的年代理性已預設了自我為實體，這是簡陋的偶像領域。故執我識也以自我為偶像。

> 阿陀那識甚深細，一切種子如瀑流，我于凡愚不開演，恐

15　周叔迦：《唯識研究》（臺北：莊嚴印書館，1976），頁8。

16　Friedrich Nietzsche, *Twilight of the Idols*. trans. by R. J. Hollingdale (London: Penguin, 1990), p.48.

彼分別執為我。　　　　　　　　　　（《解深密經》）

　　無始時來界，一切法等依，由此有諸趣，及涅槃證得。
　　　　　　　　　（《阿毗達摩大乘經》，玄奘譯）

　　從這段引文中，能看見阿賴耶識清淨的問題。阿賴耶識本是
非染非淨即無覆無記。而通過熏習成為種子，異熟果藏於阿賴耶
識窟穴中，而阿賴耶識再影響前六識，而才有覆有記。而此亦表
現「轉識成智」的問題，然最有問題的應是「涅槃」二字，涅槃
所顯現的是「圓成實」，然而唯識宗的理論只允許有妄識，於是
成佛的動力是外來而非本有，是靠佛法熏習（正聞熏習）來使清
淨識大於染污識。然而由此仍有二問題，一，成佛之動力不能解
決，佛性何來，於是追溯於第一佛，但亦是無解；二，外來熏習
是緩慢的，且是消極的。於是佛教中國化後有「一生可辦」。於
是哲學史上有第九識清淨識，以解決成佛動力問題，然唯識宗是
不可能承認的。於是一直存在著順承的問題。

　　真諦不但視阿賴耶識「以解為性」，就是說阿賴耶識是正面
覺解性體（自性清淨），這使成佛有內在積極的動力。他乾脆成
立第九識。

　　阿羅耶識對治故，證阿摩羅識。
　　阿羅耶識是無常，是有漏法；阿摩羅識是常，是無漏法。
　　得真如境道故，證阿摩羅識。

> 阿羅耶識為粗惡苦果之所追逐，阿摩羅識無有一切粗惡苦
> 果。
> 阿羅耶識而是一切煩惱根本，不為聖道而作根本。阿摩羅
> 識不復不為煩惱根本，但為聖道得道作根本。阿摩羅識作
> 聖道依因，不作生因。
>
> 　　　　　　　　　（《決定藏論卷上‧心地品》，真諦譯）

　　但第九識如「為聖道得道作根本」，為何只是「聖道依因」？
故「又若此第九識即『自性清淨心，但為客塵所污，故名不淨』，
則它不但是聖道之依因（建立因或憑依因），而且亦即是生因。」
[17]阿摩羅識有積極的能動力，就成真心派。

> 唯識三性：依他起性、遍計執，圓成實性。
> 三無性：生無自性性、相無自性性、勝義無自性性。

　　一切法本皆因緣而起，即依他性。有見分、相分，於是有妄
識而起。所以此即要破除虛妄。「依他」即否定「依自性」，就
是否定「本我的存在」；偏計執，就是計慮、執著。偏計就是經
驗活動。人們由此將實用性投射於經驗內容上，即是「有執」。
於是要去掉偏計執性。即事物通過不相應行法去認識事物，此呼
應康德的範疇理網，歸於質、量、關係、樣態四種類別，而圓成

17　牟宗三：《佛性與般若》（臺北：臺灣學生書局，1977），頁352。

實性是去掉偏計執後所顯的圓融、成熟。而三無性是與三性相應，是分別就其說明依於的主體，三性的關係是相緊扣的，然在過渡上是有問題的，即除去偏計執性的力量何來？又如是消極如何顯清淨之動力？若清淨動力不在己身，又如何成佛？要就著依他起，除去偏計執，而顯圓成實。這樣第八識阿賴耶識成為大圓鏡智，第七識末那識成為平等性智，第六識成為妙觀察智，前五識成為成所作智。

三、一心開二門

> 摩訶衍者，總說有二種：云何為二？一者法，二者義。
>
> 所謂法者，謂眾生心；是心則攝一切世間法出世間法。依於此心顯示摩訶衍義。何以故？是心真如相，即示摩訶衍體故；是心生滅因緣相，能示摩訶衍自體相用故。
>
> 所言義者，則有三種。云何為三？一者體大，謂一切法真如平等不增減故；二者相大，謂如來藏具足無量性功德故；三者用大，能生一切世間出世間善因果故。一切諸佛本所乘故，一切諸佛皆乘此法到如來地故。
>
> （馬鳴《大乘起信論》，真諦譯）

所謂的「摩訶衍」就是「大乘」之義。眾生心即是真理，眾生心是包含一切世間法、出世間法的。而依攝此理，即能超越世間一切，而「心真如相」即我心真實如是，自真理而來，即「真

如門」，於是我的心即是大乘之本體。而「心生滅因緣相」，即開「生滅門」。總括而言，「心」是一切法之本，即「眾生心」，能觀一切法且實生一切法。而心有二種面向，「真如門」和「生滅門」，二者分成二門，何以總攝一切法，於是此「二門」，是視為「一心」之活動而言。而其便是在於立「一心」，表最高主體、作萬法之源。而清淨與污染的問題亦由「二門」說之，於是能明白「一心開二門」便是在回應、解決「成佛如何可能」的問題。

> 是故一切法從本已來，離言說相，離名字相，離心緣相，畢竟平等，無有變異，不可破壞。唯是一心，故名真如。以一切言說，假名無實，但隨妄念，不可得故。言真如者，亦無有相。謂言說之極，因言遣言，此真如體無有可遣，以一切法悉皆真故。亦無可立，以一切法皆同如故。當知一切法不可說不可念故，名為真如。
> 心真如者，即是一法界，大總相法門體，所謂心性，不生不滅。　　　　　　　（馬鳴《大乘起信論》，真諦譯）

一切法唯依妄念而有差別，若離妄念，則無一切境界之相。

大法界，即真理世界。不生不滅，真實如是的心，明白真理，明白人心，這不單單是主觀唯心論，亦牽涉「實踐」和「心」的落實問題。「法」是指萬事萬物，而「妄念」則生「生滅門」；真心則生「真如門」，於是斷妄念而有真心，離妄歸真。以下則

說明真心緣起一切法，其它都是虛妄，而最末則是說明人平等，都有成佛的可能。而從此能引出「主觀唯心論」和「客觀唯心論」的問題，雖然「真如」統攝了一切法，即「大總相」，但仍有「實踐」的問題，於是仍有虛妄、仍有事件、干擾之存在，於是難論真心。

> 依如來藏者，故有生滅之心。所謂不生不滅與生滅和合，非一非異，名為阿賴耶識。此識有二種義，能攝一切法，生一切法。云何有二？一者覺義，一者不覺義。
> 所謂覺義者，謂心體離念。離念相者，等虛空界，無所不遍，法界一相，即是如來平等法身，依此法身，說名「本覺」。　　　　　　　（馬鳴《大乘起信論》，真諦譯）

如來藏之緣起，即真心緣起。而和合是指真心與妄念和合於「阿賴耶識」，於是能知與生滅心同源。「覺義」是指「覺醒」，於是能「心體離念」，即真心之本體，離妄念，在纏出纏，有漏無漏，於是能見平等與真心。而能知根本上有覺悟的心體，捨棄分別和執著，而「究竟覺」則指每一念頭都相應於真心，即虛妄念頭都能化成真心。由上「生滅」與「不生不滅」和合之義，於是和「覺」與「不覺」相應。亦說明了生滅和真如二門。

在一心開二門裡發展出如來藏系，在中國大大地發揚。從原始佛教行為業力的緣起，到阿賴耶識的染污世界，如來藏系則是一個清淨世界，和阿賴耶截然不同。

如來藏：隱藏在我心中的如來。故無人不可成佛，具積極力量。

唯識宗：往往極有可能一輩子都不可能成佛。

> 如來藏者，是法界藏，是法身藏，是出世間藏，性清淨藏。
> （《大寶積經》）

如：真理、真如，萬事萬物的真實本性本然狀態。正法界域的藏。法身：超越主體性。出離因執著而有的染污經驗，因有清淨心為正因。

> 佛說第一我者，第一無我謂清淨如，彼清淨如即是諸佛我自性。諸佛我淨故，故佛名大我者，由佛此我最得清淨，是故號佛以為大我。諸佛於無漏界建立第一我，是名法界大我相。
> （《大乘莊嚴經論》）

真理都在我心中，是清淨的真理，清淨的真理是諸佛的本性。

以前的系統偏向於客觀面來說真理。最根本的原則要解釋人與外物的關係，就萬物本來的狀態來了解萬物，即真如。破自己的執著認識萬物真如，皆屬客觀。

而阿賴耶識到如來藏都是走向主觀面來說真理，真理（佛性）本在我心中，人人本有佛性（如來），皆有成佛的普遍性、必然性。

第四節　華嚴宗：以佛眼看世界

　　《華嚴經》的翻譯在西元四百年左右，華嚴宗的成立是由始祖杜順（570-642），華嚴宗的學說則完成於二祖智儼（602-668）及三祖法藏（643-712）。法藏曾為武則天講〈金師子〉章。杜順作〈法界觀〉及〈五教止觀〉，智儼作《搜玄記》及《十玄門五十要問答孔目章》，法藏作《探玄記》。

　　澄觀（737-838）作《大疏》及《演義鈔》，是為四祖，宗密（780-841）祖述澄觀，為五祖。智儼、法藏的華嚴，與澄觀、宗密的華嚴，有很大的差異。雖然他們一概被稱為華嚴宗。從真如的理解這一面來看，他們對真如的解釋也不一樣。澄觀、宗密把真如、一心、心性解作絕對心；他們把這些想作存在於現象背後的、形而上的實體的傾向很強。[18]

一、十玄門

　　華嚴宗承《大乘起信論》「一心開二門」的格局，以一超越的真心為基礎，而為成佛之所以可能的超越根據奠基。「一心開二門」的一心，即為眾生心。現在如果以唯真心或如來藏來緣起一切法，到本覺時豈非無明蕩盡而成佛？華嚴在《大乘起信論》的基礎上，說真如心「隨緣不變，不變隨緣」。

18　鎌田茂雄：〈中國的華嚴思想〉，收入玉城康四郎，許洋生譯：《佛教思想》（臺北：幼獅文化事業公司，1991），頁181。

三性各有二義。真中二義者，一不變義，二隨緣義。依他二義者，一似有義，二無性義。所執中二義者，一情有義，二理無義。

由真中不變，依他無性，所執理無。由此三義，故三性一際，同無異也。

此即不壞末而常本也。經云：「眾生即涅槃，不復更滅」也。

又約真如隨緣，依他似有，所執情有，由此三義，亦無異也。此即不動本而常末也。經云：「法身流轉五道，名曰眾生」也。

即由此三義與前三義，是不一門也。

是故真該妄末，妄徹真源，性相通融，無障無礙。

（《華嚴一乘教義・分齊章》）

唯識宗三性被超化後各有二義，真在唯識宗原指圓成實性，現在是指真如心，真如心可以「不變」，可以「隨緣」。

在真如心不變時，依他起性無自性，遍計執在理上是無，執著也被化掉而歸於真實。「三性一際」，也就同歸於真實。「不壞末而常本」是隨緣不變，「不動本而常末」是不變隨緣。既然是真如心隨緣起事，故依他起似有，遍計執在俗情上是有，真如心亦可隨緣。

真如心賅盡虛妄之末，虛妄之末也徹盡真如心之源。

以如來藏做基礎，以佛果說法界緣起，由如來藏緣起悟入佛

法身而說法界緣起，由真理的世界緣起一切法。

把入定、禪定叫「海印三昧」，就是在深沉的禪定中證現出果海的深沉廣大，透過佛心來映現真理世界。

《華嚴經》真正的名字是《大方廣佛華嚴經》，意思是「廣大的佛」，華嚴宗講的是廣大的真理世界，所有萬事萬物皆佛心所映現。（花、草、山、河、日、月……）萬法都是透過佛心映現，整個世界是廣大的佛世界。佛心是日月星辰心，是山河大地心，自然世界轉為真理世界。

由真如心成為立教的立場，整個世界成為大法界，萬事萬物都是佛之生命的躍動。

> 爾時，普賢菩薩復告大眾言：諸佛子！此華藏莊嚴世界海，是毘盧遮那如來。往昔于世界海微塵數劫修菩薩行時，一一劫中親近世界海微塵數佛，一一佛所。淨修世界海微塵數。大願之所嚴淨。（《華嚴·世界品》）

整個華嚴宗是把整個法界掛在佛的真心上來說，大方廣佛是廣大的佛之意，世上真理用佛的真心去印證。「圓融無礙、事事無礙」是由佛眼所見之世界。萬法即是佛心的表現。

「不讀華嚴，不知佛富貴」，這是從佛眼看世界，一切相即相入，重重無盡。

四法界

華嚴宗提出了四重宇宙觀。[19]

1.事法界：即一切差別的現象世界。這相當於小乘實在論學派所說的。

2.理法界：視差別事象為妄法，依空之一理，否定現象世界。依空始教之說，頓教即屬此。

3.理事無礙法界：現象即理體，主張事即理的融通之說。終教屬此。

4.事事無礙法界：事事物物的現象世界所顯現的一切，或相互交往融通無礙的存在。華嚴宗屬此。

十玄門

1.同時俱足相應門。空間上：萬法同時存在，同時生起。時間上：分過去、現在、未來，每一世都有另一世，一切事物，都合成一體。

2.廣狹自在無礙門（原為「諸藏純雜具德門」）。萬法、內外的能力同樣無限。一種行為不論多微小，都含一切行為（以小見大）；一行的狹入於一切行的廣中。

---

19 凝然大德著，鎌田茂雄日譯，關世謙中譯：《八宗綱要》（臺北：佛光出版社，1993），頁 284、292。

3.一多相容不同門。多在一中，一在多中，一和多相包容。一切不同的存在者有共通的事物。

4.諸法相即自在門。一切法的普遍相即，相即事實上是自我否定，才能認同絕對真理。

5.祕密隱顯俱成門。隱密、顯現相互補充，成為一個整體。

6.微細相容安立門。微細和深奧事物相即相入，須彌山入於芥子，大千世界入一微塵。

7.因陀羅網境界門。掛在帝釋天宮殿上因陀羅網眼上的寶珠，彼此滲透、交光互網。

8.託事顯法生解門。由事件來說明真理，真理顯現在事象中。事象是開悟之源。

9.十世隔法異成門。過去、現在、未來每一世都包含三世，九世之和，混融在一起成十世，在各世之間又彼此交互滲透時間之心。（呼應海德格的四重時間。）

10.主伴圓明具德門。原為「唯心迴轉善成門」，是指宇宙中與一事物為主，其它都是它的伴。

十玄門是一相即相入的邏輯結構，是說明法界和一切事物之關係，然由真理緣起一切法是「精神現象」太過圓滿。

二、六相圓融

證上述十玄門的，乃六相圓融，故華嚴宗教理的綱要乃「十

玄六相」。[20]

> 總相者,一含多德故。別相者,多德非一故;別依止總,
> 滿彼總故。同相者,多義不相違故,同成一總故。異相者,
> 多義相望,各各異故。成相者,由此諸義,緣起成故。壞
> 相者,諸義各住自法,不移動故。
>
> (《華嚴一乘教義分齊章》)

六相是總相、別相、同相、異相、成相、壞相。

「總相」是各部分的總和,「別相」則是構成整體的各部分。
個別相依止於總相,綜合地構成了總相。同相是許多個別的東西
不相違逆,而構成了總相,可見其同相。異相是許多個別的東西
在彼此之間又有其差異。成相是由前面講的幾個意思均依緣起法
而成,壞相是「各住自法」就無法成立。

> 問:何者是總相?
> 答:舍是。
> 問:此但椽等諸緣,何者是舍耶?
> 答:椽即是舍,何以故?為椽全自獨能作舍故。若離於椽,
> 舍即不成。若得椽時,即得舍矣。

---

20 宇井伯壽,李世傑譯:《中國佛教史》(臺北:協志工業叢書出版公司,
1993),頁128。

問：若椽全自獨作舍者，未有瓦等，亦應作舍。

答：未有瓦等時，不是椽，故不作。非謂是椽而不能作舍。今言能作者，但論椽能作，不說非椽作，何以故？椽是因緣，由未成舍時無因緣故，非是緣故。若是椽者，其畢全成，若不全成，不名為椽。　（《華嚴一乘教義章》）

所有的成分組成一棟屋舍，但椽成，才能成舍，故椽是因緣。不成舍，椽也不成其為椽，只是橫木。椽等作緣，舍義成故，是成相；椽等諸緣，各自住法，是壞相。

這任一法均有六相，也沒有一法是單獨存在的。

華嚴宗以相即相入的邏輯來解釋。

由「自若有時，他必無故」，故他即自。何以故？由「他」無性，以「自」作故。由「自若空時，他必是有」，故自即他。何以故？由「自」無性，用「他」作故。以二有二空各不俱故，無彼不相即。有無無有，無二故，是故常相即。若不爾者，緣起不成。緣起不成，有自性等過，思之可見。　（《華嚴一乘教義分齊章·卷四》）

由空有義來說「相即」，故「相即」為緣起事。若自法為緣而為有，他法必因無性而空即無有，故他即自。若自法因空無性

而為無時,則他必為緣而有,故自即他。[21]

> 自有全力故,所以能攝他。他全無力故,所以能入自。他
> 有力,自無力,反上可知。不據自體,故非相即。力用交
> 徹,故成相入。又由二有力,二無力,各不俱故,無彼不
> 相入。有力無力,無二故,是故常相入。
>
> (《華嚴一乘教義分齊章·卷四》)

　　此約力用說「相入」相。由自有力而攝他,他即無力而入
自。……一切事皆緣成,由一緣即攝全緣,一緣成,即全緣成。
一成一切成,此即一攝一切,一切入一也。這是假說力用以明相
入無礙。(同前書,頁 524-525)

三、判教

五教十宗

> 一小乘教、二大乘始教、三終教、四頓教、五圓教。初一
> 即愚法二乘,後一即別教一乘。……中間三者,有其三義。
> 一,或總為一,謂一三乘教,一也。二,或分為二,所謂
> 漸、頓。以始終二教所有解行,並在言說,階位次第,因
> 果相承,從微至著,通名為漸。……頓者,言說頓絕,理

性頓顯；解行頓成。一念不生，即是佛等。故楞伽云：頓者如鏡中像，頓現非漸，此之謂也，以一切法，本來自證，不待言說，不待觀智，如淨名以默顯不二等。三，或開為三，謂于漸中，開出始終二教。……以空門為始，以不空門為終。……又起信論中約頓教門顯絕言真如；約漸教門，說依言真如。就依言中，約始終二教，說空不空，二真如也。
（《華嚴一乘教義分齊章》）

1.小乘教：愚法二乘教，只說人空，不明法空，依《四阿含經》教義。

2.大乘始教：廣說法相，少說法性，又說諸法一切皆空，不說不空中道妙理。此有相始教、空始教。

3.大乘終教：定性聲聞無性闡提悉當成佛，於中少說法相，為說法性。雖說法相，亦會歸性。

4.頓教：速疾頓悟之教門，不說法相，唯辨真性，一切法界，惟是絕言。

5.圓教：無盡法界，性海圓融，緣起無礙，相即相入。[22]

另「以理開宗」，有十宗，前六宗為小乘教。

1.我法俱有宗：我有法也有，這是犢子部的教義。

---

22 黃懺華：《佛教各宗大綱》（臺北：天華出版社，1993），頁343。

2.法有我無宗：三世實有，法體恒有，這是說一切有部的教義。

3.法無去來宗：現在實存，過去和未來無體，這是大眾部的宗旨。

4.現道假實宗：現在之法，亦不盡實，以「五蘊為實」，「十二處十八界」為假的說假部。

5.俗妄真實宗：以世俗法為虛妄，以出世間法為真實的說出世部。

6.諸法但名宗：諸法唯有名有無實體，一說部的教義。分通大乘。

7.一切皆空宗：指《般若經》或三論宗的無相大乘，通大乘始教。

8.真德不空宗：真如具足無量性德，萬法依之而顯的終教。

9.相想俱絕宗：這是泯除所緣境相與能緣心想的頓教。

10.圓明具德宗：華嚴圓教。

　　不過此說無創義，承襲了慈恩宗的八宗，將其八宗中的第七「勝義皆空宗」及第八「應理圓實宗」改革，再加上二宗的。

　　天台宗義是「諸法實相的法門」，而華嚴宗義是「唯心緣起的法門」。天台宗是「性具」佛教，華嚴宗是「性起」佛教。華嚴教認為別教一乘，別是絕對的意思，不共他教，是唯一的佛乘，而「起必含具，具不必起」，故無權可開。

第五節　天台宗：惡魔本具的如來

華嚴宗和天台宗號稱中國佛學的雙璧，一在五台山，一在天台山。華嚴宗的法藏賢首與天台宗的智者大師可謂中國佛學的兩位開山祖。智者大師尤被尊為「東土小釋迦」。

慧文禪師（550-577）依《大智度論》及《中論》立一心三觀，以授南岳慧思禪師（515-577），慧思法授智顗（538-596），智顗講《法華文句》後幾年，隋煬帝賜他「智者」之號（591），與《法華玄義》、《摩訶止觀》號稱天台三大部。此三大部均由其弟子亦即此宗二祖灌頂（561-632）所筆錄。智者大師另有《觀音玄義》、《觀音義疏》等。灌頂有《涅槃經》及《涅槃經玄義》等。荊溪湛然（711-782）為天台中興之祖，是為六祖。祖述智顗，對三大部注釋，而有《法華玄義釋籤》、《法華文句記》、《摩訶止觀輔行》等。十四祖知禮（960-1064）為山家派重鎮，著有《十不二門指要鈔》等以對抗山外派的論難。

天台宗是以《法華經》為宗骨，以《大智度論》為指南，以《涅槃經》為扶疏，而以《大品般若》為觀法。不過還有一部《維摩詰經》值得注意，只有這部經的疏是他親筆寫成，計二十八卷，應隋煬帝之邀而撰。

一、五時八教

五時：是將佛成道後之說法經過，依時間分為五階段：

1.華嚴時：此時期佛陀所說的教義是佛陀所悟的內容，亦即對成道本身的說明，即《大方廣佛華嚴經》，佛陀的學生們也如聾作啞。只攝大機，不攝小機，猶有一隔之權，不開權，不發跡，故為別教。如牛出乳。

2.鹿苑時：又稱「誘引時」。佛陀在鹿野苑為能力較低的人說《阿含經》，純為小乘教。學生們較能聽懂，並且依著實行，得阿羅漢果。不攝大機，不開權，不發跡。如從乳出酪。

3.方等時：又稱「彈呵時」。方是普遍教導眾生，等是平等教導藏、通、別、圓四教。這是小乘佛教轉向大乘的時期，一面說方等經文，如《維摩經》、《勝鬘經》、《楞伽經》，一面呵斥阿羅漢的錯誤和短視。彈偏斥大，嘆大褒圓。但不明逗緣彈斥之意，不開權，不發跡。如從酪出生酥。

4.般若時：又稱「淘汰時」、「會一切法時」。一切差別的思想和有所得的思想均被排斥，說《大品般若經》、《金剛般若經》等。傳授的是空的思想，而空本身也要被否定。共般若為通教，不共般若為別圓教，即專只限於大乘而不共小乘。般若融通大、小乘而為共法，淘汰是蕩相遣執，令說諸法實相，所謂無相。[23]不明通被大小與融通淘汰之意。不開權，不發跡。如生酥出熟酥。

23　同註17，頁621。

5.法華涅槃時：又稱「開會時」。此時所教的教義的分解、會合。三乘（菩薩、聲聞、緣覺）之能得聖果，只是一種權宜之教，三乘最後乃結合成為一乘。目標在拯救一切眾生，宣講《法華經》。至於《涅槃經》是佛將入滅時，述說最後的說法，盡行歸一於圓教。開權顯實，發跡顯本為稱法本教。不離前四味，為醍醐一味。

五味為煮牛乳味醇的順序，智顗將之配對成五時以譬喻。《涅槃經·聖行品》：「譬如從牛出乳；從乳出酪；從酪出生酥；從生酥出熟酥；從熟酥出醍醐，如醍醐最上。」

化法四教： 是依各教所說法的內容來批判。只依心識差別，說藏、通、別、圓四教。

第一，約觀心明三藏教相者，即是觀一念因緣所生之心生滅相，析假入空。約此觀門，起一切三藏教也……

第二，約觀心明通教者，觀心因緣所生一切法，心空則一切空，是為體假空。一切通教所明行位因果，皆從此起。

第三，約觀心明別教者，觀心因緣所生即假名，具足一切恆沙佛法，依無明阿賴耶識，分別無量四諦，一切別教所明行位因果，皆從此起。

第四，約觀心明圓教者，觀心因緣所生，具足一切十法界，無所積聚，不縱不橫，不思議中道二諦之理。一切圓教所明行位因果，皆從此起。如輪王頂上明珠。

是則四教皆從一念無明心起，即是破微塵出三千大千世界
經卷之義也。　　　（《四教義卷·第十二約觀心明四教》）

智者由「一念無明心」泛說四教所依的心識。

藏教：藏教「一念無明心」但限於六識，即限於界內，未
達界外（智不窮源），故為有量四諦；而且又有「生滅相」，
故為生滅四諦；而且又是析假入空（析法空），故為拙度。
通教：「一念無明心」亦限六識，亦屬有量四諦；但因是
「體假入空」（體法空、巧度），故為無生四諦。
別教：該分別教之始與教之終兩類。始別教：「一念無明
心」是阿賴耶識，窮法之源而未至其極，故雖可至無量四
諦，而不圓足。終別教則依如來藏自性清淨心，當然亦須
無明妄心和合始能隨緣起現一切法。又，雖至無量四諦而
「曲徑迂迴，所因處拙」，即非無作無量四諦也。故真心
「隨緣不變，不變隨緣」，亦非不思議境也。
圓教：「一念無明法性心」，是開權顯實後在「不斷斷」
中圓說的「一念無明心」，照前諸教所依心識不同層次，
此一念無明心「具足一切十法界，無所積聚，不縱不橫，
不思議中道二諦之理」，即是不思議境，亦是無作無量四
諦。[24]

24　同註17，頁618。

化儀四教：佛陀教法的方式。

一、頓教：佛陀宣說其所悟，而不用權宜方便，此是「華嚴時」。

二、漸教：佛陀運用各種方法，以導眾生漸漸地由淺入深。這是「鹿苑時」、「方等時」與「般若時」。

三、不定教：這是非祕密的不定教，大家一齊聽聞佛法卻互相隱藏而不相知，以為佛陀單獨為他說法。

四、祕密教：實是祕密不定教。由於佛陀不可思議的力量，根機與理解不同，因此同聞佛說法，彼此互不相知。

二、以無住本立一切法

「以無住本立一切法」，萬法不斷變化，不會停住下來成為自己，是其本性。

問：善不善，孰為本？

答曰：身為本。

又問：身孰為本？

答曰：欲貪為本。

又問：欲貪孰為本？

答曰：虛妄分別為本。

又問：虛妄分別孰為本？

答曰：顛倒想為本。

又問：顛倒想孰為本？

答曰：無住為本。

又問：無住孰為本？

答曰：無住則無本。文殊師利！從無住本立一切法。

（《維摩詰經‧觀眾生品》）

任何一法或事物，你要追問其理性的根據，其無自性故空，故要溯到另一法，但另一法也無自性故空，從欲貪、虛妄分別一直到顛倒想，說顛倒想不會停留下來成為自己。其實每一法皆然，故而不會停留下來成為自己，法無自性，法本無住。不僅顛倒想為然，任一法均無理性的根據。

法無自性，緣感而起。當其未起，莫知所寄。莫知所寄，故無所住。無所住故，則非有無。非有無而為有無之本。「無住」，則其根源更無所出，故曰「無本」。無本而為物之本，故言「立一切法」也。

（鳩摩羅什註《維摩詰經》，李翊灼校輯）

一切法無自性，故空。《中論》說：「以有空義故，一切法得成。」當一切法，有感受的因緣和合而升起時，不知其本要寄託到哪裏？自性不能停下來成為自己，這不是法的有、無問題，不能停留下來成為自己，那麼根源是從哪裏出現的呢？只能說是

無根據的，這是無本。一切法在那裡，但其本是無住，故是無本，空是空其本也，亦無本可得，故以無住本立一切法。

> 一明所觀境者，前二觀是方便，雖有照二諦之智，未破無明，不見中道。真俗別照，即是智障。故《攝大乘論》云：「智障甚盲闇，謂真俗分別。」智障者，依阿黎耶識。識即是無明住地。無明住地即是生死根本。故此經云：「從無住本立一切法。無住本，即是無始無明更無別惑（為）所依住也。」　　　　　（智者《維摩經玄疏·卷二》）

前兩觀指空、假二觀，照真、俗二諦。《攝大乘論》重點在說空是就緣起法之假有說空，並非離緣起另有空，故說是中道。此又非智者釋文中的即空、即假、即中的中道，他要說是無明當體即空，即法性。

三、一念三千

> 夫一念心具十法界，一法界又具十法界、百法界。一界具三十種世間，即具三千種世間。此三千在一念心。若無心而已，介爾有心，即具三千。亦不言一心在前，一切法在後……若從一心生一切法者，此則是縱。若心一時含一切法者，此即是橫。縱亦不可，橫亦不可。祇心是一切法，一切法是心故。非縱非橫，非一非異，玄妙深絕，非識所

識，非言所言，所以稱為不可思議境，意在於此，云云。

（《摩訶止觀·卷五》）

十法界：佛、菩薩、獨覺、聲聞、天、阿修羅、人、餓鬼、畜生、地獄。

前四者合稱「四聖」。佛：降臨為人說法。菩薩：有二種意義，其一為成佛的資格，其二為大悲願。緣覺是獨覺，只為自己。聲聞：指的是佛陀直接的弟子。而後六者，稱作「六凡」，天：他們是神祇，但如果沒有佛陀的教導，也不能得到完全的開悟。人：指的是有情眾生，於是有「情識」。阿修羅：戰鬥的鬼神，雖然屬於天界，但是被置於天界之下半部區域。餓鬼：已死的眾生。畜生：性質是愚懦的，包括全部動物界。地獄的眾生，是最低下的階級。而六凡是現象世界、是真實的存在，十法界，每一界都有其其他九界。十界互見為百界。互融如水，除病不除法，佛陀雖非地獄眾生，地獄眾生心中也有地獄。於是仍有成佛的動力，相較於華嚴宗，垂直的宗教眼光是看不見惡，天台宗的橫向視野，是「惡魔本具的如來」，則更符合於人性，更有說服力。

十如是：如是相、如是性、如是體、如是力、如是作、如是因、如是緣、如是果、如是報、如是本末究竟。

如是相：法之外貌。如是性：法之內容。如是體：含內外而

成體。如是力：一切法中所含之功能。如是作：有所作為。如是因：對他法產生影響。如是緣：對他法加以扶助。如是果：能達成期待。如是報：窮盡歷劫。如是本末究竟：本是善法之開始，末是得到佛法之究竟，究竟是了解一切開始跟結果。於是亦能明白，十如是是實相。

三世間：眾生世間、國土世間、五陰世間。

世是時間，間是空間。所謂的眾生世間，即十界眾生，也稱「有情世間」。國土世間是指眾生所依止處，如山河大地，也稱「器性間」。五陰世間是指五蘊（色、受、想、行、識）所接受的實世間。

從「百界十如」、「十法界」到「三世間」，即所謂「三千」也。天台宗的「一念三千」是「一念化在這三千世間之中」，三千具足為一念。對天台宗而言，是宇宙構造之基礎，所謂的念是陰識心、煩惱心，是和三千個世界相結合的，一念不是由真心啟動，而是從醒悟之心啟動。一念心「即」三千世界，於是心是什麼？尼采說：心是朝向的活動，不斷離開、朝向，力量有向量，凝聚在一方向，念是不斷斷，不斷煩惱而證菩提。

心生一切法是縱，心含一切法是橫。故「如是」的意思，祇心是一切法，一念即是三千世界，不縱不橫，即成不可思議。故「一色一香莫非中道」。既然「無明即法性」，法性即無明，這兩者的同體依即，與一念合說，即成「一念無明法性心」。

「一念」在於我們日常的陰識心、煩惱心，煩惱心為如來種，我們從日常煩惱的念頭中取得智慧。

華嚴宗要「斷妄歸真」，把所有妄心斷盡以後，「轉識成智」歸為佛的真心「妄盡心澄」。天台宗是「即妄是真」，煩惱即智慧，無明具三千世界。

> 若謂結佛界水為九界冰，融九界冰歸佛界水，此猶屬別。若知十界互具如水，情執十界局限如冰，融情執冰，成互具水，斯為圓理。……故知十二緣輪迴之法，謂實、則三障碻爾；情虛、則三德圓融。于一二緣不損毫微，全為妙境。即惑業苦一一通徹法界邊底，是名三道。欲顯此三圓融義故，名從勝立，故云法身、般若、解脫。
>
> （知禮《拾遺記》）

惑、業、苦三道即法身、般若、解脫三德，三道即三德，均因「一念無明法性心」。當九界屬冰，佛界是水，不常通流，如一佛孤高清淨，這還是華嚴別教一乘圓教，此猶屬別教。只有十界如水常通流，任一法界具其他九法界，只因俗情執著而成立的十法界，就互是成為百法界。

華嚴宗必須要斷掉佛以外的其他的九法界才存在，故天台批評其是「緣理斷九」。天台剛開始是要保住萬法存在，要保持一念的無明心就是法性心，萬物的真實性就在我們一念煩惱之下，無明即法性，法性即無明。

客觀要保住萬法的存在，則須「法不出如，法住法位」是即相是性（萬法所呈現出來的樣態等於本性），例如：開花便是現象，便是本性，無現象或本體的分別。

天台宗：即相是性。（與實相相即，法性是經驗界個別相自體。）

華嚴宗：攝相歸性。（緣理斷九，偏指清淨真如。）[25]

四、佛不斷性惡

中道剛開始出自龍樹空宗的立場，目的只在說空（真諦），中道是客觀的真理，佛性是主觀，在天台則二者合一，中道不再只是客觀靜態的真理。

> 繫緣法界，一念法界，一色一香，莫非中道。
>
> （《摩訶止觀》）

中道佛性：客觀的東西便有轉換世間的能力，「色心不二」、「無情有性」，土木瓦石都有客觀的真理，不能闢法、發心、修行的無情，也有佛性。《法華經》：「青青翠竹，盡是法身；鬱鬱黃花，無非般若。」

華嚴宗：一即一切，一切即一，包含彼此對立統一，彼此相

入。

天台宗：不須背面相翻，不須兩樣東西結合在一起，「即」而有的說法，因有分別心才有佛和九界區別。

> 當宗學者，因此語故，迷名失旨，用彼格此，陷墜本宗。良由不窮「即」字之義故也。應知今家明「即」，永異諸師。以非二物相合，及非背面翻轉。直須當體全是，方名為即。何者？煩惱生死既是修惡，全體即是性惡法門，故不須斷除及翻轉也。諸家不明性惡，遂須翻惡為善，斷惡證善。　　　　　（荊溪《觀義例·卷上》）

天台一開始要保住所有法界的存在，目標是客觀的，但後仍將之主觀，修「妄心觀」便是從主觀說明的。（「無住」：萬法萬象不會停下來成為自己，無住則無本。）

根塵和合——情境。煩惱即菩提，一念無明法性心，一念無明即是萬法，由無始無明立一切法，一切現象當體即空，反歸一念無明也是當體即空，無明即法性，萬法的真如便是我們的心性，萬法即心性，便是主觀融合了客觀。（緣起等於性空：世間一切緣起流動變化，萬物不會停下來成為自己，現象是最終的實在。）

針對華嚴宗的「真心說」。有善有惡對天台宗來說即成性惡本具。

「觀照妄心」，妄心顯出空寂心而成佛心，無本即顯出空性，一翻轉即成佛心。「今家明即，永異諸師」，今「即」字，已非

二物相合，及非背面翻轉，直須當體即是。

> 如是力者，堪任力用也。如王力士，千萬技能，病故謂無，
> 病差有用。心亦如是具有諸力，煩惱病故，不能運動。如
> 實觀之，具一切力。如是作者運為，建立名作。若離心者，
> 更無所作，故知心具一切作也。（《摩訶止觀·卷五》）

（煩惱即菩提，蔽即法性）<u>當體全是，方名為即</u>（惡即是善，毋須
斷惡方得善，非棄妄以觀真）。心具有心能，具有一切力量，一
切作為；向惡的力量也是向善的力量。

佛心便是眾生心，煩惱心即智慧，毋須分別，一切塵勞是如
來種，就如尼采說：「詛咒即是祝福。」任何煩惱即可成智慧，
毋須斷掉煩惱，也不必離開現世以求一理想世界，除病不除法。
天台宗可以激烈到：「以邪淫為師」。

第六節　禪宗：拈花微笑

靈山會中，如來拈花，迦葉尊者微笑，即為付法。吾以清淨
法眼涅槃妙心，實相無相微妙正法將付於摩訶迦葉。迦葉為印度
禪宗初祖，菩提達摩於梁武帝時來華，為中國禪宗初祖。達摩面
壁九年，有頭陀行，即苦行。

> ……理入。……借教悟宗，深信含生同一真性，客塵障故，

令舍偽歸真，凝住壁觀，無自無他，凡聖等一，堅住不移，不隨他教，與道冥符，寂然無為，名理入也。（曇琳〈入道四行〉）

「凡聖等一」，均有「同一真性」，故達摩以《楞伽經》印心。二祖慧可，有「慧可斷臂」的傳說。三祖僧粲（510-606），有《信心銘》。四祖道信（580-651），居黃梅山。曾遇一小兒，骨相奇秀，道信問：你姓什麼？小兒答曰：姓是有，不是常姓。道信問：是何姓？答曰：是佛性。再問：你沒姓嗎？答曰：性空故。（《景德傳燈錄·第三》）。此小兒即五祖弘忍（602-675）。

眾生佛性本來清淨，如雲底日。但了然守本真心，妄念雲盡，慧日即現。　　　　　　　　　　　　（《最上乘論》）

弘忍有弟子法融（594-657），入金陵牛頭山，傳《大般若經》，為牛頭宗，著有《心銘》。敦煌出土的《達摩和尚絕觀論》，有人舉證是牛頭馬融撰述的，主張「無心」，故「絕觀、忘守」。北宗神秀（?-706）繼承衣法，曾被武則天召到長安，著有《華嚴義疏》。南宗慧能（638-713）特別重視《金剛般若經》，著有《金剛經解義》，弟子法海記錄其說法為《六祖壇經》。弟子有南嶽懷讓（677-744），青原行思（?-740），荷澤神會（668-760）等。神會認為只有慧能是第六祖，用較激烈的手段攻擊北宗。不過，神會是華嚴禪，四傳至圭峯宗密（780-841）亦為華嚴宗。青原行

思傳石頭希遷（？-790）。南嶽懷讓傳馬祖道一（709-788），與石頭希遷和牛頭宗的徑山法欽（714-792），並稱為當代三大哲人。再傳百丈懷海（720-814），制定百丈清規，規定禪院諸法式，確定了獨立的生活規則，禪宗教團成立。百丈弟子有溈山靈祐（771-853）和黃檗希運。希運有《傳心法要》和《宛陵錄》兩部語錄。溈山靈祐傳仰山惠寂，成立溈仰宗。黃檗希運傳臨濟義玄（？-867），成立臨濟宗，著有《臨濟錄》。在馬祖道一再傳弟子中，有洞山良价，再傳曹山本寂，成立曹洞宗。雲門文偃成立雲門宗，法眼文益成立法眼宗。以上共計五家，臨濟義玄門下再傳至楊岐方會與黃龍慧南，前者成立楊岐派，後者成立黃龍派，共為七宗。

一、祖師禪

一般說禪宗是教外別傳，不立文字；直指人心，見性成佛。

慧能本不識字，自嶺南入市賣薪，聽聞人讀《金剛經》「應無所住而生其心」言下便悟，直登黃梅參見五祖弘忍。弘忍見其不識字，乃使之入碓房去踏米。經八個月，弘忍召集座下僧家，試呈得法偈語。神秀上座為七百人之教授師，試為一偈。

身是菩提樹，心如明鏡台，時時勤拂拭，勿使惹塵埃。

心身是清淨本體，就像明鏡一樣，要常常勤快地擦拭，不要讓其沾上客塵（煩惱），清除妄念，修養心性。

　　五祖一見，稱讚之曰：「後世若依此修行，亦必得勝果。」慧能在碓房聞之，問誰所作，童子曰：「秀上座」。慧能曰：「美則美矣，了則未了。」使童子化書一偈於側。

　　　菩提本無樹，明鏡亦非台，本來無一物，何處惹塵埃。

　　智慧不是像樹那樣的東西，明鏡也不是安定在台上固定地照映一個方向。心是沒有清淨的本體的，「本來無一物」是無住本，怎麼怕客塵煩惱沾惹上去呢？

　　神秀為北宗，慧能為南宗。「當然可以像一般的那樣，說北宗主張階段的修行（漸悟）；但我們也可以說：北宗禪實有華嚴哲學的色彩，它是要闡明禪的實踐本質。」[26]北宗禪是如何呢？

　　　是沒是佛？佛心清淨，離有離無，身心不起，常守真心，
　　　是沒是真如？心不起，心真如；色不起，色真如。心真如
　　　故，心解脫；色真如故，色解脫。心色俱離，即無一物，
　　　是大菩提樹。（神秀《大乘無生方便門》）

　　佛心清淨，是真常心，既非空宗，亦非有宗，是如來藏緣起系統。身心不起，教人離念，故只要「心不起」，就是真如體。

26　柳田聖山著，吳汝鈞譯：《中國禪思想史》（臺北：臺灣商務印書館，1992），頁124。

　　當五祖弘忍於半夜為慧能說《金剛經》，至「應無所住而生其心」時，慧能言下大悟，說：「一切萬法不離自性」。

> 何期自性本自清淨！何期自性本不生滅！何期自性本自具足！何期自性本無動搖！何期自性能生萬法。

> 祖知悟本性，謂慧能曰：不識本心，學法無益。若識自本心，見自本性，即名丈夫、天人師、佛。（《六祖壇經·自序品第一》）

　　自性不能停留下來成為它自己，故當體即空為空寂性。通過心之「無所住」於色聲香味觸法而生其心，空寂性才呈現。無住心即般若心。此是實相般若，「實相一相，所謂無相，即是如相。」

> 心是地，性是王，王居心地上。性在王在性去王無。性在，身心存；性去，身心壞。佛向性中作，莫向身外求。自性迷，即是眾生。自性覺，即是佛。（《六祖壇經·決疑品》）

　　一念無明心是生滅緣起的萬法，此是「念念住著」。般若是念念不住著，性是主也。

　　一切萬法，是指一切事物。「生」是一誇張、漫畫式的說法，自性即空寂性，自己的本性，就是「本來無一物」，所以能具萬法。而「何期」是何曾期待，指不須向外要求自性，清淨、不生

滅、自具足，而空寂性則需要通過「無所住而生其心」才能有所呈現，那停住則有所欲，住著、色聲香味觸法而生其心，故要不捨不著，才能見真正現象，不然都只是欲望。於現象學、存在主義相聯合，一念住著，即生滅緣起，自性能含萬法是大，否則境界小不能包含萬物，即以無任何住著之般若心照見空寂性，這是直指人心、見性成佛。

神會到北方宣揚慧能為得法正宗，即宣揚頓悟成佛。卻是如來禪系統。

> 無住心不離知，知不離無住心。知心無住，更無餘知。今推到無住處便立知，知心空寂，即是用處。《般若經》云：「菩薩摩訶薩應如是生清淨心；不應住色生心，不應住色聲香味觸法生心，應無所住而生其心。」「無所住」者，今推知識無住心是。「而生其心者，知心無住是。」（《神會集·壇語》）

如來禪所著重的是「如來藏真心」而講直下「頓悟以成佛」。無住心不離知所指的即是心不離「靈知真性」，同樣的，靈知真性亦不離無住心。下一句，則是指心不自著，亦無剩餘的「靈知真性」，順之而下，即彷彿不住著，最後仍立靈知真心。由此能知是立如來禪，是立「頓悟如來藏性以得如來法身」。

> 一念愚則般若絕，一念智則般若生，著境，生滅起，如水

有波浪，即是于此岸。離境，無生滅，如水常通流，即名
為彼岸。……若見一切法，心不染著，是為無念。……來
去自由，通用無滯，即是般若三昧。自在解脫，名無念行。
若百物不思，當令念絕，即是法縛，即名邊見。

（《六祖壇經·般若品》）

般若：智慧。著境等於一念愚住著於色聲香味觸法。主客間
如水之通流，了解對象的空性，悟無念法者是佛境界。

有僧與臥輪禪師偈云：
臥輪有技倆，能斷百思想。對境心不起，菩提日日常。
師聞之曰：此偈未明心地。若依而行之，是加繫縛。因示
一偈云：
慧能沒技倆，不斷百思想。對境心數起，菩提作麼長？

（《六祖壇經·機緣品》）

無念與萬物通流，達到神秘的直觀，萬事萬物在此有平等的
空性。

無相為本：無相者，于相而離相，不執著於特殊形象，不離
相則產生貪念與執著，性體清淨，一切現象沒有分別性。無念是
工夫語，念而無念即不斷斷。

無住為本：面對萬物流轉不息（無住），當體即空，通過神
秘直觀看到萬物的空性，從萬物中洞察到空性，再從萬物空性回

歸到人本身的空,即妄是真。

以上六祖之「以無念為宗,以無住為本,以無相為體」之說尤可見出其精神正與天台圓教相應,亦即「不斷斷」。

二、見山是山,見水是水

> 老僧三十年前未參禪時,見山是山,見水是水。
>
> 及至後來親見知識,見山不是山,見水不是水。
>
> 而今得個休歇處,依前見山只是山,見水只是水。
>
> 大眾,這三般見解,是同是別?(《五燈會元·卷十七》)

這即是唐代青原惟信禪師的禪宗三觀。第一階段到第二階段,即產生了懷疑,是在人和物之上,產生了如何看待事物的問題,發生了巨大的困惑,究竟是空寂性,還是虛無?而人和物之間是一種自我的投射,是不斷的去追問,主客對立到了第三階段時,是無主無客,此時得道之後,返回生活。山水以動力之方式湧現而出,亦是從第二階段的日常時間,變成時間的現前,能和「擬向即乖,著即轉遠」相應,即依附外境則離越遠。

「在第一階段見解中,惟信把山客觀化為山,把水客觀化為水,由此達到兩者的清晰了解。除區別性和肯定性外,還有著客觀性。僅僅以我們的主觀性來看客觀化的山,並沒有領會山的本身。在第二階段,我們認識到不存在任何分別、任何客體化作用、任何肯定性和任何主體的二元對立。在這階段必須說萬物皆空,

為了揭示最高，實在這種否定性是必要的，但如果僅停留在這種否定性認識中，那將是虛無主義的。第三階段，真我現前，山、水是以完全非概念化的方式，在絕對的現在中被認識的。那是山水的湧現。[27]簡言之，這三個階段就是：1.主、客觀化。2.人空、法空。3.山水的湧現。

三、禪宗之教學方法

觸類是道：日常生活中的種種行為都是修行，都是佛道，不必去學習佛理，因如此便形成思辨──「理障」，靠修行成佛，非靠學問成佛。日常行為都是佛理的自然流露，只要「縱任心性，任運自在」，就連揚眉、瞬目……皆是佛事。

即事為真：「即是」──不離日常生活的各種行事，在任何特殊事項上體驗出真如空性來。

參同契：萬事萬物(1)參差不齊，但卻又是(2)互相滲透、互相統一，平等空性。(3)日常生活中我們要了解萬事萬物既相同又參差的道理，即是我們的心本是空性。

有人說禪宗的教學方法就是要破除擬設的思考，說無念為本。棒喝，即心成佛，不避喪身失命，時常把人逼到一個無路可通的地步。

禪宗是簡易直捷的佛學教學實踐。

---

27 同註 10，頁 5-18。

禪宗五家宗風[28]：誘導學人，令開佛知見，謂之接化，亦稱提撕，皆有獨特之風趣和手腕。

一花開五葉，本是一根生，而風姿各別。

1.溈仰宗：師資唱和，事理並行。機用圓融，圓相明之。語默不露，明暗交馳。

2.臨濟宗：機鋒峻烈，如迅雷之走疾風。凡僧有所問，即喝破或擒住托開等，其接化之熱烈辛辣，棒喝齊施。以無位真人為宗。義玄的「四料簡」──「吾有時奪人不奪境，有時奪境不奪人，有時人境俱奪，有時人境俱不奪。」料簡是擇取材料。如中下根器來，我便奪其境而不除其法。如中上根器來，我便境法俱奪。如上上根器來，我便境法俱不奪。境則就其即物拈示者言，此則就其隨機接引者言，奪者，除而不用之意。

3.曹洞宗：穩順綿密，其接化學人，諄諄不倦。應機接物，語忌十成；內外回互，理事圓融。

4.雲門宗：孤危險峻，簡潔明快。其接化不用多語饒舌，於片言隻語間，藏無限之旨趣。

「雲門三句」：

涵蓋乾坤：物物皆真如的顯現，真如即法性即佛性，萬物皆是佛性，青青翠竹都是法身，鬱鬱黃花莫非般若。

---

28 同註22，頁287-289。

截斷眾流：把學生生機斬絕，真理是不可說明的，領悟世間一切皆平等空性，破除我執。

隨波逐流：隨著不同情況而有不同的說法，重譏諷，什麼病給什麼藥。（當機指點）

5.法眼宗：對症施藥，垂機迅利，掃除情解。聞聲悟道，見色明心，句裡藏鋒，言中有響。

第六章　宋明理學

　　宋太祖在臨死之前特別要其弟匡義（宋太宗）及其子德昭，在祖宗牌位前立誓：不得殺害士人。所以有宋一代，知識分子受到相當敬重。宋代哲學家，大抵皆砥礪志節，力學有成。因而宋儒最有知識分子的氣節和尊嚴。[1]

第一節　周濂溪：無欲故靜

　　周濂溪（1017-1073）是宋明理學的開山祖，著有《太極圖說》及《通書》。僅一「誠」字，儒學慧命直接上接至《中庸》、《易傳》，故「默契道妙」（《宋元學案·濂溪學案下》，吳草廬語）。二程先生父在其官南安時，見其氣貌非常，因與為友。使二子受學，即明道先生顥，伊川先生頤也。濂溪每令學孔、顏樂處，然二程子終未嘗傳其學。明道曰：「昔受學於周茂叔，每令尋仲尼顏子樂處，所樂何事。」又曰：「周茂叔窗前草不除。去問之，

1　方東美：《新儒家哲學十八講》（臺北：黎明文化事業公司，1983），頁99。

云：『與自家意思一般。』子厚（張橫渠字）觀驢鳴，亦復如此。」

周子之學，以誠為本。從寂然不動處握誠之本，故曰主靜立極。本立而道生，千變萬化，皆從此出。化吉凶悔吝之途，而反覆其不善之動，是主靜真得力處。靜妙於動，動即是靜。無動無靜，神也，一之至也，天之道也。千載不傳之祕，固在是矣。（《宋元學案‧濂溪學案下》）

其學可說「主靜立人極」，由靜復以立本，這是靜之妙。

一、眞實無妄

從客觀面把握儒家綱維。

由誠立體：誠為宇宙的大根本。

> 誠者，聖人之本。「大哉乾元，萬物資始」，誠之源也。「乾道變化，各正性命」，誠斯立焉。純粹至善者也，故曰一陰一陽之謂道，繼之者善也，成之者性也。元亨，誠之通；利貞，誠之復。大哉《易》也，性命之源手！
>
> （《通書‧誠上第一》）

乾：天道的運行。元：價值的源頭。「大哉」，偉大啊，以天道的運行做為價值的源頭，萬物賴以為開始，亦是「誠」的開始。「天行健，君子以自強不息。地勢坤，君子以厚德載物。」

一陰一陽，天道流行的過程是一種時間的歷程，藉著一陰一陽的氣化流行的過程見。

　　承繼道者便是善，成就道者便是性。人只有用真實無妄的實踐工夫──「誠」，才能把天道表現出來。誠就實踐工夫來看，和心同為主觀面，相對於天的客觀。但若誠體相對於心來說，便是客觀面。但心亦可主、客觀面合一看，就是以誠立體，但周濂溪於此較不足。以一字說本體，則曰「誠」，這是《中庸》說法。以兩字說本體，則曰「乾元」，說「乾道」亦可。至於「元亨」、「利貞」就是以誠成物的過程。

> 寂然不動者，誠也，感而遂通者，神也。動而未形，有無之間者，幾也，誠精故明，神應故妙，幾微故幽，誠神幾曰聖人。　　　　　　　　　　　　　（《通書・聖第四》）

　　性體，潛藏自存。誠體，真實無妄的本體。

　　誠體被震動了，心中有感即通達，稱體起用，即體即用，全體是用，整個真實無妄的神體作用。

　　機者，動之微而吉凶之先見。

　　精：精熟，性體精熟明朗呈現，有神妙感應之時。不事而自然曰妙，性體養成而自然發揮神用。

　　幾：隱微的智慧，當事初動時，這些徵兆非常隱微，在有無之間，達到誠、神、幾叫聖人。故誠也是道德實踐工夫，聖人便是將精熟的工夫展現出來。

　　「誠」即天地萬物之本體，天地萬物即天道。故天道乃誠體，只有心能相應於天道，天道、性命相貫通，則靠「誠」。而寂然

不動者，就是天道。由天道下貫之本體，經心而感通，於是能神感神應於天下之事物。天道是信實的，天命之謂性，性是道德性，在人文化成的社會中，有其意義。如：若只談性即理，心則失落，陸象山、王陽明其以心體萬物，即無一物能外，此是超越性的，心能通天道，但事有事理、經驗。經驗性的知是技術、事理，是在外，不是靠道德心就能知的。

「幾」即「朕兆」，是在有無之間，隱顯之交，於是君子要能知適當的時機，於是「幾」是指一種自覺思考，即在心體、性體是同一主體。是將心、天道實體化，即道德形上學。其以中庸回應天道，即天命流行，成為道德律。

一般的感通只是感通志同道合的有限感通，誠體的感通則不須動念，而能感通天下萬物，如孔子說：「一日克己復禮，天下歸仁焉。」仁者渾然與天地萬物為一體，則無感通相。「『寂然不動，感而遂通』是先秦儒家原有而亦最深的玄思（形上智慧）。濂溪則通過此兩句而了解誠體。『寂然不動者，誠也』，此就誠體之體說。『感而遂通者，神也』，此就誠體之用說。總之，誠體只是一個『寂感真幾』。此為對於誠體之具體的了解（內容的了解）。說天道，乾道，是籠統字（形式的、抽象的），故實之以『誠體』，誠體亦籠統，故復實之以寂感。」[2]由靜復以主體，動靜一如，即寂即感，而寂感一如。

2　牟宗三：《心體與性體　第一冊》（臺北：正中書局，1973），頁333。

《洪範》曰：「思曰睿，睿作聖」無思，本也，思通，用
也。幾動於此，誠動於彼，無思而無不通為聖人。不思，
則不能通微。不睿，則不能無不通。是則無不通生於通微，
通微生於思。故思者，聖功之本，而吉凶之幾也。《易》
曰：「君子見幾而作，不俟終日。」又曰：「知幾其神乎？」
（《通書·思第九》）

「睿」即所謂的睿智，思則有消極和積極二義，前者為日常
心思之解放，後者則為理念。理念是人之本有，康德（Immanuel
Kant, 1724-1804）說理念是由理性構成，但只有實踐的力量（作
為規範〔regulative〕原則）。「無思，本也」是不見得要有對象。
「思通，用也」是指通達而無所不用，因用理念於心，所以能通。
「幾」是時機，幾動之微妙，然而抓住時機之敏銳，是有方向的，
即道德，然此是道德之敏銳，而沒其它之方向。是在事件未成形
前，把握住道德之兆。「思」即理念，是誠體，用理念（思）通
暢外界。周濂溪《通書》把握住了《中庸》、《易傳》的綱脈。

二、太極

無極而太極。太極動而生陽。動極而靜，靜而生陰。靜極
復動。一動一靜，互為其根。分陰分陽，兩極立焉。
陽變陰合，而生水火木金土。五氣順布，四時行焉。
五行一陰陽也。陰陽一太極也。太極本無極也。

五行之生也，各一其性。無極之真，二五之精，妙合而凝。乾道成男，坤道成女。二氣交感，化生萬物。萬物生生，而變化無窮焉。

惟人也，得其秀而最靈。形既生矣，神發知矣，五性感動，而善惡分，萬事出矣。聖人定之以仁義（聖人之道仁義中正而已矣），而主靜（無欲故靜）立人極焉。故聖人與天地合其德，日月合其明，四時合其序，鬼神合其吉凶。君子修之吉，小人悖之凶。故曰：立天之道曰陰與陽，立地之道曰柔與剛，立人之道曰仁與義。又曰：原始反終，故知死生之說。大哉《易》也，斯其至也。（《太極圖說》）

此圖來自道士。太極是一名詞，也可以說乾道或乾元，太極是沒有極限的。極為極至，太極為實有的最高原理。太極的動靜，生陰陽流行，如果太極與陰陽氣化流行同層，則為唯氣論。太極與陰陽氣化流行異層，則為創造說。一動一靜互為其根，就打破一般的因果關係，有互為主體的味道。

　　乾道是創生原則，坤道是終成原則。太極為宇宙生化之源。太極離不開氣化流行，表現妙運創生的氣化活動。五行、五氣與四時均為陽變陰合的氣化流行，故太極、天道生化與五行、五氣與四時為異層。孔子說：「天何言哉！四時行焉，百物生焉。天何言哉！」積極點可說天道就是四時的運行，萬物的創生，與運行、創生同義。這樣，天道就與時間的過程是同層，正如海德格的《存有和時間》，存有的活動義在時間中展開。如果是異層，則時間屬氣化流行，是西方形上學的思考方式。人為什麼得其秀呢？人有靈明作用，人的氣性有五性，即喜、怒、哀、樂、欲，都感於物而後動，一動就有善、惡之分。

　　聖人主靜，還是靜復以立體之意，為什麼主靜？周濂溪說「無欲」，正如孔子說：「無欲則剛」的意思。無欲，我們的心才會安靜下來。以下「聖人與天地合其德」等四句，則出於〈乾・文言〉。

第二節　張橫渠：天地之心

　　張載（1020-1077）為關學的代表人物，學者稱橫渠先生，關學之盛，原與程氏兄弟的洛學並駕齊驅；橫渠太重禮教，而程伊川最晚死，故吸收了明道弟子與橫渠門人，致關學式微。

　　張橫渠年輕時原以功名自許，後志於道，先求諸釋老，乃反求之《六經》。後遇程氏兄弟，他是二程的表叔，聽他們談論道學的大要，十分佩服，盡棄佛老之學。後來他考中進士，擔任雲

嚴縣令，敦厚人倫，使風俗恢復善良，為第一要務。著有《正蒙》、《東銘》、《西銘》。

張橫渠氣質剛毅，德盛貌嚴，告諸生學必如聖人而後已。其學以《易》為宗，以《中庸》為的，以禮為體，以孔孟為極。「為天地立心，為生民立命，為往聖繼絕學，為萬世開太平。」也可以看出他由內聖開外王的氣魄承擔，要將聖賢的理想實踐，使萬世都成太平盛世。

一、偉大的和諧

> 太和所謂道，中函浮沉、升降、動靜、相感之性，是生絪縕相蕩，勝負屈伸之始。其來也，幾微易簡；其究也，廣大堅固。起知於易者乾乎？效法于簡者坤乎？散殊而可象為氣，清通而不可象為神。不如野馬絪縕，不足謂之太和。語道者知此，謂之知道。學易者見此，謂之見易。不如是，雖周公才美，其智不足稱也已。（《正蒙·太和篇》）

太：最終極的，太和：極至的和諧。對立的種種現象皆包含在太和中，互相感應。種種對方現象，氣互相相合相蕩，生出了勝負、屈伸、浮沉、升降、動靜……等對偶性，這些對立是互相感應，消融在太和的韻律中；如動靜、升降……分別散列特殊而有形象的稱為氣，而對立現象中清通無形象者稱為神。由無形到有形，太和可以分解出神和氣。

　　莊子〈逍遙遊〉：「野馬者，塵埃也，生物之以息相吹（以呼息互相吹蕩影響）也。」春日澤中的游氣（地上生物的呼息造成，是萬物的生氣），非地上的塵土。《易傳》：「天地絪縕，萬物化醇。」地上的游氣，讓萬物化生。不如天地間浮蕩的游氣所激蕩的生意，不可謂太和。

　　所謂的「太和」便是指極至、偉大之和諧，此乃經典儒家之用語，道家則稱「混沌」。「中函」是指包涵，而「相感之性」，「升、降、動、靜」的，即是所謂的氣化之道，即張橫渠運用莊子氣化之概念，然在本質上和莊子仍有差異。而「絪縕」則是指《易傳》中「天地絪縕，萬物化醇」，即天地之氣相互激蕩之意，而「屈伸」是指強弱，「散殊……」一句，是個別形象化之意，而「清通」一句仍指不可形象化。清通，即氣化、太和；而「神」乃是氣，終歸於虛，是合於莊子的。而在張的語境之下，太和即太虛，是氣化之道。張橫渠某程度而言，是最明白運用莊子的天道觀，然而化入《易傳》的創生義。太和即氣之清通不可象，是神，是無形的；氣之散殊可象，就是氣。張橫渠欲融合《莊子》、《易傳》以建立儒家的天道觀。

　　太和涵對立的互相感應、感通，如是，對立也不成其為對立，故沒有對立，只有感通。

　　　太虛無形，氣之本體，其聚或散，變化之客形爾，至靜無感，性之淵源。有識有知，物交之客感爾。客感客形與無感無形，唯盡性者一也。　　　　　（《正蒙‧太和篇》）

太虛：偉大的虛空。氣之本體是沒有形象的。其凝聚或消散只是在變化狀態中一個暫時的形態，是氣化的偶然狀態。當性體在潛藏自存時，便在一個寂靜沒有感應的狀態，等到發出來，與萬物交會（主客交會），便有認識有認知（性體——主，外物——客）。我們性體平常在「寂」（潛藏自存）和「感」（與外物交會）兩種狀態下，達到「即寂即感」，「寂感一如」，徹盡性體使之全部朗現。

如就「太虛」即以神立本體，是神體，用氣化之道，顯本體，且是以客體顯現形象，和「道家之道」是有所不同的，因為道是氣則不能立實體，即氣化沒有所謂的實體。「至靜無感」之感是感通、感應，是道德性之本源。「識」與「知」亦是一種「感」的形態。而「無感無物」是真實無妄之本體，「客感客形」是徹盡自己的本性，是氣之本體，而能暢通其用。「唯盡性者一」是大同，以「感」之形態則是由「客感」之顯現。最後，「虛」之所以能感應是應之中有道德性的存在。

> 天地之氣，雖聚散攻取百塗，然其為理也，順而不妄。氣之為物，散入無形，適得吾體；聚為有象，不失吾常。太虛不能無氣，氣不能不聚而為萬物，萬物不能不散而為太虛。循是出入，是皆不得已而然也。然則聖人盡道其間，兼體而不累者，存神其至矣。彼語寂滅者，往而不返。循生執有者，物而不化。二者雖有間者矣，以言乎失道，則均焉。聚亦吾體，散亦吾體。知死之不亡者，可與言性矣。

（《正蒙・太和篇》）

天地之氣，聚散多端，然氣之聚散即為其理，只能順氣之聚散。氣散則無形象，即得氣化之道以為吾體，即太虛神體。氣聚則有形象，也不會離其太虛神體而失其常。人的生死循著氣聚其散出入，只是隨順而不得已。聖人在生死間盡道，只是保存著太虛神體的神妙莫測。佛家不看氣之聚散之理，只是看散之寂滅，生命祇是一去不回。道教教長生，執著於生命的有而沒有變化。（其實佛家的寂滅，是吹熄欲望的火焰，而莊子的氣化之道即物化之道，也沒有物而不化。）兩者雖有差別，失道是一樣的。生死只是氣之聚散，均是「不得已而然」，這也是行聖人之道的「兼體無累」。「死而不亡」也是取自老子的「死而不亡者壽」，「死而不亡」是氣之散返歸太虛神體。

二、大心

> 大其心，則能體天下之物，物有未體，則心為有外，世人之心，止於聞見之狹，聖人盡性，不以見聞梏其心。其視天下，無一物非我。孟子謂盡心則知性知天，以此，天大無外，故有外之心，不是以合天心。（《正蒙・大心篇》）

周濂溪、張橫渠皆從客觀面的天道講起，周濂溪講天道誠體，張橫渠講太虛神體。前者本《中庸》，後者合莊子與《易傳》說。

　　張橫渠區分「性」有兩種：義理之性（道德本心），氣質之
性，日常生活都陷溺在氣質之性，習性裏。

　　「大其心」即是聖人擴大心境，而能體察天下之事物，而「物
有未體」即是指不能體會、體貼，即是以心境的方式，把天下置
於自己內心。而從「聞見之狹」一句，能知其看不見創造性之道
德心，只見名利而不見超越之本心，超越性之於世俗是向上的本
心／性。然相較於以天道立說，太和、氣化之體而開展出的「聖
人盡性」而言，即聖人面對萬物之境界，「聞見之狹」的格局是
氣血之性質，只重欲望。而「聖人盡性」，乃是「窮盡本性」。

　　從聞見之心，也就是海德格所謂的好奇心超拔，就是要「大
其心」，如仁者體物而不遺。是則心不能有外，故張橫渠說：要
大其心，大其心才能盡性，把心擴大到社會，才能夠澈盡自己的
本性。

> 見聞之知，乃物交而知，非德性所知。德性所知，不萌於
> 見聞。由象識心，徇象喪心，知象者心。存象之心，亦象
> 而已，謂之心可乎？人謂己有知，由耳目有受也。人之有
> 受，由內外之合也。知合內外於耳目之外，則其知也過人
> 遠矣。（《正蒙‧大心篇》）

　　儒家：客觀面講「天道」、「性」，主觀面講「心」，三者
成為儒家義理的綱脈。孔子踐仁知天。心有「向上說」和「向下
說」，踐仁知天是向上說。

心可向上，道德本心是超越的心，形上的心，道德良心真實地呈現，心體便是宇宙本體，踐仁知天。

心可向下，經驗、自私的心，造成心體被隱蔽，此時便不講「心體」，而講心氣。

「天命之謂性」，透過我們的道德本心來彰顯性的內容，則即心即性。盡心成性。在道德行為實踐當中，把道德彰顯出來，即心即性合一。道德良心就能成就天賦的性。

心合內外，超過見聞之知而有德性之知，亦是合於「耳目之外」。如果德性之知來作主，此實由超越經驗者來作用於經驗之上。換言之，追索形上根據以成立的道德形上學，德性之知也實是見聞之知的根據。而張橫渠稍鬆動，說「合內外」，則外似也有實然、獨立的意義，只要不障蔽本心即可。

第三節　程明道：在春風裡

程顥（1032-1085），從學者稱為明道先生，與弟程頤，從學者稱為伊川先生，為北宋儒學中「洛學」領袖人物。

十五六歲與弟伊川受學於濂溪，即慨然有為求道之志。出入於老釋幾十年，返求諸六經得之。

明道作縣，嘗於座右書「視民如傷」，云：顥每日有愧於此。為御史時，神宗嘗使推擇人才，所薦數十人中，以父表弟張橫渠暨弟程伊川為首，天下咸稱允當。

明道書窗前有茂草覆蓋石階，或勸之割除，曰：不可，希望

常見造物生意。又置盆池養小魚數尾，時時觀之，或問其意，曰：
欲見萬物自得意。

明道視民如子，欲辦事者逕至庭下，從容理其曲直，無不釋
然。充養有道，和粹之氣，盎於面背，門人交友從之數十年，未
嘗見其忿厲之容。

伊川〈明道墓表〉謂：「孟軻死，聖人之學不傳，學不傳，
千載無真儒，先生於千四百年之後一人而已。」明道固真儒，蓋
由其學本於識仁。著有《識仁篇》、《定性書》。

一、識仁

學者須先識仁，仁者，渾然與物同體，義、禮、智、信，
皆仁也。識得此理，以誠敬存之而已。不須防檢，不須窮
索。若心懈則有防；心苟不懈，何妨之有？理有未得，故
須窮索；存久自明，安待窮索？此道與物無對，大不足以
明之。天地之用，皆我之用。孟子言：萬物皆備於我，須
「反身而誠」，乃為大樂。若反身未誠，則猶是二物有對，
以己合彼，終未有之，又安得樂？《訂頑》意思，乃備言
此體。以此意思存之，更有何事？「必有事焉而勿正，心
勿忘勿助長。」未嘗致纖毫之力，此其存之之道。若存得
便合有得。蓋良知良能元不喪失。以昔日習心未除，卻須
存習此心，久則可奪舊習。此理至約，惟患不能守。既能
體之而樂，亦不患不能守也。（《識仁篇》）

這篇是《識仁篇》全文。孔子問宰我：「衣乎錦，食乎稻，安乎？」宰我：「安也。」子嘆其安於鄙陋，習於故常。人不能如此，應感通萬事萬物，故孔子以心安不安來指點仁。

仁是真實無妄的本心的呈現，包含我們理想的心境，也包含了人格的目標，精神生命的覺醒。覺醒之後便能潤澤萬事萬物，精神的感召便是如此。仁者以天下為己任，生命的覺醒後便能健動不已，程氏亦以手腳痿痺來表現生命不覺醒的狀態。

稱大不足以明「與物無對」之意，因為仁者體物而不遺，故有物我同體或一體之感，只要以誠感通之即可。

由此能明白，在程明道的理路中，人創造性、道德性，即是人、物同體之因。於是有所謂「仁者，渾然與物同體」，而「義、禮、智、信」都是仁德。「以誠敬存之而已」是指誠心且恭敬的存養它，於是能知其將五倫攝歸於仁，程明道某種程度而言，是抓住了孔子的思路。因仁心即本心，所以不用「防檢、窮索」，即提防檢點、窮力追索，當本心有所懈怠墮溺於後天的習氣，只見名利二字，被後天的習氣障蔽，是人心是要提振，使其不陷溺。由此觀之，程明道的理論是自然親切，是溫和潤澤的，其是在人文世界的化成上討論。程明道某程度而言，是直接承自孔子，亦以仁心作本心，在其理路中，仁心是無限心，有仁心即聖人，但在實踐之中，其理論是以先天超越的本心的呈現，是天真的護持，是無法應付真實社會的。

《訂頑》為張橫渠《西銘》舊名。如果稍鬆動一些，不以實體義視之，仁可以視為感通的心境。「然人在有其仁心之發，而

對人對物動惻隱之心之時，人乃直接有此物我同體之感，而不待念其同原共本者。此同原共本，毋寧是對此一體之感，向上推述體會其所以可能之根據，而成之一形上學之義理。此乃後起之義。」[3]此義殊可注意，也是不必由西方形上學的方式把仁定為一實體，而是可以定為一現象學的心境或存有的心境。

二、定性

　　所謂定者，動亦定，靜亦定，無將迎，無內外，苟以外物為外，牽引而從之，是以己性為有內外也。既以內外為二本，則又烏可遽語定哉！夫天地之常，以其心普萬物而無心，聖人之常，以其情順萬事而無情，故君子之學，莫若廓然而大公，物來而順應。易曰：「貞吉，悔亡。憧憧往來，朋從爾思。」苟規規於外誘之除，將見滅於東而生於西也，非惟日之不足，顧其端無窮，不可得而除也。人之情：各有所蔽，故不能適道。大率患在自私而用智，自私，則不能以「有」為應跡。用智則不能以明覺為自然。今以惡外物之心，而求照無物之地，是反鑑而所照也。易曰：「艮其背不獲其身，行其庭不見其人。」孟氏亦曰：「所惡於智者，為其鑿也。」與其非外而是內，不若內外之兩忘也。兩忘則澄然無事矣。無事則定，定則明，明則尚何

3　唐君毅：《中國哲學原論　原教篇》（臺北：臺灣學生書局，1990），頁140。

應物之為累哉？聖人之喜，以物之當喜；聖人之怒，以物之當怒。是聖人之喜怒，不繫於心而繫於物也。是則聖人豈不應於物哉？烏得以從外者為非，而更求在內者為是也。今以自私用智之喜怒，而視聖人喜怒之正為何如哉？夫人之情，易發而難制者，惟怒為甚。第能於怒時遽忘其怒而觀理之是非，亦可見外誘之不足惡，而於道亦思過半矣！（《定性書》）

　　從「動亦定，靜亦定」中能明白，核心主旨就是「本心要定」雖以外為外，但心是內，於是本心要定。心是道德心，是仁心，由此可知程明道把握住了其是天生有之，是心體。以良心作為本體，此本雖是實體義，於是以此看世界萬物，其皆如是。世界是由主體性而架構的，是在樹立道德本心。而從道家的角度來看，道家是否定主體的。老子曰：「天地不仁，以萬物為芻狗」，在程明道的系統中，心是在內、本心自有；但人易因習氣，而陷溺本心而成小人和禽獸，在功利之中打滾。

　　情感順應萬物而無主觀好惡，隨萬物而來神感神應。人，即常人，非聖人。「有所蔽」即有所障蔽，被習氣障蔽本心，陷在利害關係中，良心不能顯現。「自私」是有私心，據程明道之理路，「而用智」即智在外，智即機心。接續而下的是說明，在事物不能刻意穿鑿有所作為，而要有所感應。仁心、良心就是明覺，明之覺察，而感應萬事萬物。由以上的論述中能清楚的知道，仁是內、知（智）是外，仁心、良心、明覺、感應，有時乃被事理

蒙蔽，因為事理有特殊性，而不能照察。於是智必須對外。不能光講仁心，而限於內在，明覺感應內外之間的關係。

講修養，便是要對染污的心從事道德的修養。習心一本心，所言修養易淪入漸教，故從習心一本心有——異質的跳躍，頓悟會發生修養是逆覺體證（逆覺回來，震動性體）的頓悟，沛然莫之能禦的狀態。

由下往上說：孔孟下學而上達。由上往下說：《中庸》、《易傳》之天命之謂性。

儒家以孔孟的心性論來說，天道性命相貫通（天命是一，性天之尊），從人的仁德決定萬事萬物生成變化的內容。孔子的「踐仁知天」——整個世界是實現仁的境域，仁體等於心體，心體向上即是踐仁知天，藉著仁的意義把天道包含其中。孟子的「盡心知性知天」——性就是道德性，亦是人之所以為人的本質，盡心是道德實踐的工夫，不同於告子的「生之謂性」。

儒家的天和道家的道實際上沒有很大的差別，只是儒——重開顯，道——重隱蔽。儒家的性是道德創生性、道德理想性。給萬事萬物一個生機，讓萬事萬物在仁心呈現。但儒家認為自己和天道合一，在天德的流行裏，讓萬物歸給萬物。

「對越在天」：道德意識本身有創造性，由心立體，心變成宇宙的大本、根據，人以道德意識彰顯天道。

北宋前三家皆有尋本的思想，由《中庸》、《易傳》，逐漸向孔孟回歸。陸王則直接回到孔孟，直接說明道德意識誠體、神體、易體，寂體兼可言是宇宙的大根本（心體與性體變成宇宙的

大根本）。

　　如果將仁定為實體義，固可藉仁心的活動義而內外成一體，則智為附屬於仁。而「夫人之情，易發而難制者，惟怒為甚。」則來自生活體驗，顯然智除了與仁心一起向內照察外，也有獨立地向外照察的含義，如此即成二本。固知如果現象學地將仁、智均平列於心境的涵義之中，智則單獨照察事理的含義，如此亦可說是經驗主義的超越論。

第四節　程伊川：人格的召喚

　　程頤（1033-1107），是明道先生的弟弟，人稱伊川先生，也是洛學的代表人物。十八歲時就上書宋仁宗，勸他罷黜世俗的議論，要以王道為心。英宗和哲宗時，大臣屢薦，均不肯出仕，後出崇政殿說書，為皇帝講解經籍。

　　程明道曾說：「將來能使人尊嚴師道的是我的弟弟。但若接引後學，隨人才性而使之有成的，我就不遑多讓了。」兩兄弟曾隨侍父親到漢州，宿於僧寺，明道入門而右，從者皆跟隨他，伊川入門而左，獨自行走。伊川自謂這是他不及家兄之處。明道平易近人，伊川較莊嚴。朱熹說：「性即理也一語，惟是伊川說得盡，這一句便是千萬世說性之根。」

一、自我尊敬

　　工夫之路：涵養、居敬、窮理。

入道莫若敬，未有能致知，而不在敬者。

（《二程全書·遺書第三》）

知者吾之所固有，然不致則不能得之，而致知必有道（方法），故曰：「致知在格物」。

（《二程全書·遺書第二十五》）

致知在格物，非由外鑠我也，我固有之也。因物有遷，迷而不知，則天理滅矣，故聖人欲格之。

（《二程全書·遺書第二十五》）

聞見之知，非德性之知。物交物，則知之非內也，今之所謂博物多能者是也。德性之知，不假見聞。

（《二程全書·遺書第二十五》）

格猶窮也，物猶理也，猶曰窮其理而已也。窮其理，然後足以致之。不窮，則不能致也。格物者適道之始。欲思格物，則固已近道矣。是何也？以收其心而不放也。

（《二程全書·遺書第二十五》）

隨事觀理，而天下之理得矣。天下之理得，然後可以至於聖人。君子之學，將以反躬而已矣。反躬在致知，致知在格物。

（《二程全書·遺書第二十五》）

　　「入道莫若敬」，是指尊敬。《易傳·坤文言》曰：「君子敬以直內，義以方外，敬義立而德不孤。」尊敬的態度，使內心保持正直，才能以社會正義來匡正外界。故程伊川的進路有《易傳》的支持。如果說北宋前三家所提出的進路是類似道德形上學的，向後以返本，以尋找一個形上根據，但也可以有現象學的提法，把形上根據定為第二序的。那麼這裡，程伊川所提出的，就更是一種現象學間架。

　　尊敬是指自我尊敬。「自我矛盾，像人格主義（personalism）認識到的，是邏輯的缺陷，因為首先是存有論的缺陷。它是否是主體存在的統一，自我摧毀，要求自我一致在基本上是需要自我尊敬。」[4]自我尊敬是「要求自我一致」，也容易推到這是人格主義。「超越主體作為人格（person），包含了一些主體性層次。」（同前書，頁175）故而這可以稱為現象學的人格主義轉變，而可以成為生活世界的主體。「它（絕對自我）參與歷史和交互主體性，胡塞爾有時稱它為（Leben），生活世界的主體；而我們已經知道，在具體自我和超越主體中，並沒有終極的差異。這同一在這裡直可作為胡塞爾哲學的最後面相，可以標示為經驗主義的基礎……真理可以定義為生活過的真理經驗——這是明證。」[5]超越主體的在生活世界中展開以致與具體自我沒有差異，反而可以作

4　Erazim Kohák, *Idea and Experience* (Chicago: Chicago Univ., 1978), p.188.

5　Jean-Francois Lyotard, *Phenomenology*, trans. by Brian Beakley (Albany: State University of New York Press, 1991), p.61.

為「經驗主義」的基礎，也就是說，儒家系統可以用現象學的方式展開，而不須一定推到道德形上學的方式。

所謂的「格物窮理」，即考察、窮盡事物之理，而「入道莫若敬」則說明是在心上講敬，是內在的，而外在的是智，敬屬於本性。然根據其理論，則又分內外，即敬和智，「不致則不能得」是指唯考察事物之理，才能知真、知真理。之後的「有道」是指有方法，即事物有其特殊性，之後從「非由外鑠」中能明白，智是本有，但即肯定仁智有二路：自「因物有遷迷而不知」一句則說明必須窮盡，物才能不迷惑（我）。而「天理滅矣」，即是「滅」本心。「故聖人欲格之」，即聖人欲窮盡事事物物，由以上能知其是肯定道德和修養的，即人心之自覺。然而有過於主觀之問題，其是橫向之進路，故宋明理學，有始終不夠開闊的問題和蒙蔽。那就是把物始終只視為行為物，相當於海德格對胡塞爾現象學的批判：走向事物本身沒有實現。

「物交物」乃「物之變」，是被遷引的，從這段引文中能看見敬和智的問題。首先，其將「心」橫放，乃是格物窮理，而敬、智橫放，則是經驗論，即「敬義立而德不孤」，指敬非本心之發現。以上的論述是相應於視心為實然的心氣之心的理路[6]，即其將程伊川之學說橫放，認同「敬」是後天之養成，是培養出的習慣，此解讀是有問題的。即「敬」若是後天培養，則必不是本心。「敬」該是現象學的心境，也有超越的力量，若只是習慣，則沒有意義。

6　牟宗三：《心體與性體　第二冊》（臺北：正中書局，1975），頁 381-385。

敬指的是人格。人格是道德之本體，亦是生活世界之本體。而「不假見聞」一句，即是否定經驗一面的論述與問題。牟宗三將其橫放，言「敬」是後天，是未能正視現象學的格局，亦能反映出宋明理學在繼承先秦儒學，再重新詮釋的過程中把格局縮小。

二、心、性、情三分

程朱從解決橫貫面問題，來體會縱貫面。

> 問：仁與心何異？曰：心是所主言，仁是就事言。
> 曰：若是，則仁是心之用不？曰：固是，若說仁者心之用，則不可。心譬如身，四端如四肢。四肢固是身所用，只可謂身之四肢。如四端固具於心，然亦未可便謂之心之用。
> 或曰：譬如五穀之種，必得陽氣而生。曰：非是，陽氣發處卻是情也。心譬如穀種，生之性便是仁也。（《二程全書·遺書第十八》）

心不是道德本心，心是所主言，而「性即理」。心難道一定要靠陽氣才能發顯出情來嗎？（孔、孟、陸、王：仁等於心），但程朱將其橫開，人性與隨事察識之理是一樣的。

如說程伊川的系統是如何從世俗經驗的心，返回到一個心的純然狀態？這是錯誤的，因為道德性正要活動在生活經驗中。人在日常生活中面對事物，如果能隨事察識也可以反顯一個超越之理，我們便能回到心的純然狀態。（因其心很難講一定不在超越

的道德本心，一定是經驗之心，但要求匡正事物之理，到物的一個超越面，便逐漸回到心的本心。是將心裂開橫放來說。）

程伊川系統中變成心、性、情三格局。

> 問：心之妙用有限量否？曰：自是人有限量。以有限之形，有限之氣，苟不通之以道，安得無限量？孟子曰：盡其心，知其性，心即道也。在天為命，在人為性，論其所主為心。其實只是一個道。苟能通之以道，又豈有限量？天下更無性外之物，若曰有限量，須是性外有物始得。（《二程全書·遺書第十八》）

人的出發點一開始便落入經驗的心，故要如何回歸純然的心？論其所主為心，在從縱貫面以心為主，但是落在心上，便有限量，程伊川說得明白：「無性外之物。」性有能動的層面。[7]

天道流行本身即是積極活動的力量，大德川流，小德敦化。而到了伊川、朱子，卻被批評其「只存有不活動」[8]，沒有積極開展創造性的力量。

程的心和孔孟、陸王的「心」是不同的。如果說孔孟是一道德本心，其實前已說過，道德的形而上根據，性是第二義。說程

---

7 唐君毅：《中國哲學原論 原教篇》（臺北：臺灣學生書局，1990），頁175。

8 同註5，頁282。

伊川是經驗的心氣之心，也是不公平的，他的心是「性」的，動能往「情」上帶，這是「心統性情」的架構，作為「生活過的心理經驗」。

而面對「物」的問題，朱程和孔孟亦不同。

孔、孟以下皆是以超越論的道德本心，甚少思考過物的存有問題。程伊川不只往橫面裂開談，後天的經驗的心，亦要決定事物合理的存在，那就是義。

日常生活便已面對事物，何謂物？是哲學基本問題，其認為儒家以天道流行決定物（理），是逃避物的問題，物只是為相應於道德活動而存在的。

三、中和問題

> 喜怒哀樂之未發，是言在中之義，若言存養於喜怒哀樂未
> 發之時，則可，若言求中於喜怒哀樂未發之前，則不可。
> （《二程全書·遺書第十八》）

此乃程伊川在回應中庸之中和問題。首先，《中庸》是以中為本，有創造之理，道之概念。未發，即是中、即性、性體，然而此處是有疑問：未發即性嗎？是先天的嗎？程伊川在解決中和問題時，試以人心之位置為觀察進路，是沒有以先天超越的根據，未發、已發之問題一時並了。（宋明理學是要求天理，其理論中本心是理，本心義不能動。但程伊川的論述之中，卻是心不即是

理之進路,是體的。)心只是現象學地求生活真理的經驗的心。「在中」是心統性情之二面的格局,超越不是必然;可能陷溺,於是要存養,存養於未發,保護一切經驗情感都未發時。求心性,但不求中,是不能肯定中體之存在。「求中」,是存養先天之氣息,但不能求,「中」並非肯定天下萬物之本體。

孔子踐仁知天,孟子盡心、知天,知性。儒學的大綱脈至程伊川新開的格局反有特別的新創造,不是像北宋周濂溪、程明道的尋本思想,由《中庸》、《易傳》回到孔孟。

「在人曰性,在物曰理」。人性平時潛存,要靠道德本心來彰顯事物應然的道理(義)。

天道流行由上貫下,從我本心出去。天道流行──「四時行焉,百物生焉」,人若能感受到天道真實無妄地呈現,便可看到四時行、百物生。天道下貫是一種能動的力量。一開始從本心通向經驗的心出發,而從所遇到的事「隨事察識」,以求其應然,故理是天理。

這種面對事物來格物窮理(窮究事物的應然之理),正好是激盪萬世的靈明(致知)。「涵養須用敬」,把心氣之心收束到純然狀態,但不是道德本心一定要形而上的說,它既是超越的,也可以是經驗的,是虛靈明覺之心,如此便可見到性之純然狀態。心不等於性,見心之純然便可見性之純然狀態。見性之純然便可見心之純然狀態,也更可貼近在日常生活追求的道德經驗,這不是孔子克己復禮的另一種表現嗎?也許程伊川創造的概念圖示相對較曲折,但這也是欲突破宋明理學文化傳統所可能具有的緊張相。

第五節 朱子：活出天理來

宋學原有濂、洛、關、閩四支，北宋濂、洛、關三支最後以洛學的程伊川為主，幾可以統一之。至南宋，原洛學的七系中，楊龜山（1053-1135）（曾與謝上蔡（1050-1103）等並稱程門四先生）再傳為李延平（1093-1163），三傳為朱熹。朱子（1130-1200）代表的閩學幾組成了儒教的大體系，他與張南軒（1133-1180）（湖南學）、呂東萊（1137-1181）（婺學）並稱三先生，南軒、東萊均短命，門人多歸朱子。簡言之，北宋以程伊川為主，南宋以朱子為主。[9]

十四歲時父親逝世，銜父遺命師事胡籍溪、劉白水等三位先生，這兩位均為洛學涪陵系的再傳。年十八，登進士第，授同安縣主簿。孝宗即位，下詔求直言。朱子上書：帝王之學必先格物致知，以極盡事物的變化，使事件義理之所在，纖悉畢照，則自然意誠心正，可以應付天下的事務。在江西南康縣任內，正值荒年，他救災救人，又上疏孝宗要親賢臣、遠那些嗜利無恥的小人。有人要他對上不要談正心誠意之論，以免惹人厭煩，他說：「我生平所學，惟此四字。」後往浙江救災也是功效斐然。朱子出仕不長，家故貧，簞瓢屢空，文天祥亦為朱學再傳。明嘉靖中，祀稱先儒朱子。著有《易本義》、《詩集傳》、《大學中庸章句或

---

9 繆天綬選註：《宋元學案》（臺北：臺灣商務印書館，1974），見頁 27-37，繆〈序〉。

問》、《論語孟子集註》等多種，以《四書集註》中把《論語》、
《孟子》、《大學》、《中庸》合稱《四書》對後代影響深遠。

一、中和

朱子三十一歲時，正式受學與李延平，以觀未發氣象為工夫
入路，引起理論的興趣。朱子三十七歲時，有與張南軒討論中和
問題之書信，為「中和舊說」。

> 人自有生，即有知識。事物來交，應接不暇。念念遷革，
> 以至於死。其間初無頃刻停息，舉世皆然也。然聖賢之言，
> 則有所謂未發之中，寂然不動者。夫豈以日用流行者為已
> 發，而指夫暫而休息，不與事接之際，為未發時耶？嘗試
> 以此求之，則泯然無覺之中，邪暗鬱塞，似非虛明應物之
> 體，而幾微之際，一有覺焉，則又便為已發，而非寂然之
> 謂。蓋愈求而愈不可見。
> 於是退而驗之于日用之間，則凡感之而通，觸之而覺，蓋
> 有渾然全體應物而不窮者，是乃天命流行，生生不已之幾，
> 雖一日之間，萬起萬滅，而其寂然之本體，則未嘗不寂然
> 也。所謂未發，如是而已。夫豈別有一物，限於一時，拘
> 於一處，而可以謂之中哉？
> 然則天理本真，隨處發見，不少停息者，其體用固如是，
> 而豈物欲之私所能壅遏而梏亡之哉？故雖汩于物欲流蕩之
> 中，而其良心萌蘗亦未嘗不因事而發現。學者於是致察而

操存之，則庶乎可以貫乎大本達道之全體而復其初矣。不
能致察，使梏之反覆，至于夜氣不足以存，而陷于禽獸，
則誰之罪哉？

（《朱文公文集·卷第三十〈與張欽夫書第三書〉》）

　　如日用流行為已發，不與事接之際為未發，後者為超越地與
日常生活的習氣隔一隔以見體，則未發是中體，已發是喜、怒、
哀、樂，則此兩者為異體。未發是超越之體，已發是經驗的。於
是改用體用關係來思考。未發的即是寂然的本體，虛明應物之體，
已發的是「天命流行，生生不已之幾」；這樣是稱體起用，寂感
一如的。這也是「蓋本心之寂感無間呈現，超越之體駕臨于感性
層之喜怒哀樂之上主宰而順導之，則喜怒哀樂之發自無不中節而
和矣。如此講，則超越之體與感性之喜怒哀樂之情分別既嚴，而
超越之體之超越地順節喜怒哀樂之情之義亦顯。說實了，只是一
本心之沛然莫之能禦，而形氣之發無不順命也。」[10]在良心之萌
蘗處之因事發現，不是心情上喜怒哀樂之已發。

　　諸說例蒙印可，而未發之旨尤其樞要，既無異論，何慰如
　　之！然比觀舊說，卻覺無甚綱領。因復體察，見得此理須
　　以心為主而論之，則性情之德、中和之妙，皆有條理而不
　　紊矣。然人之一身，知覺運用，莫非心之所為，則心者固

10　牟宗三：《心體與性體　第三冊》（臺北：正中書局，1975），頁77-78。

所以主於身，而無動靜語默之間者也。然方其靜也，事物
未至，思慮未萌，而一性渾然，道義全具。其所謂中是乃
心之所以為體，而寂然不動者也。及其動也，事物交至，
思慮萌焉，則七情迭用，各有攸主，其所謂和，是乃心之
所以為用，感而遂通者也。

（《朱文公文集·卷第三十二〈答張敬夫第十八書〉》）

此即「以心為主而論之」的表現，中、和直接就心言，心是
綱領。然真正的超越實體則在性而不在心，即真正的主宰在性而
不在心，朱熹面對中和問題時，是心、性、情三分，心統性情，
靜養動察，敬貫動靜，朱子雖把握住了橫通之理路。如以心通攝
一切，智的直覺，駕臨一切人、事、物的理論、架構，仍是很有
問題的，心是無限心，無限心自我坎陷是不合理的。經驗、事件
的差異，無法彰顯。

此乃朱子的「中和新說」，此中實可以指二面，一曰心，一
曰性。心是綱領，由心之體用周流貫徹，而性之澤然、粲然，亦
於焉以顯。朱熹有現象學、存在主義、經驗主義的味道，然而事
件是不能先天判斷的，其因情境而複雜。心是在中，性之體段，
仍不是性，心不能成體，否則心即性。然而如將天理放置於心，
事件經驗的特殊性亦不能彰顯。換言之，天理應在良心上呈現，
但仍要有經驗。

近得南軒書。諸說皆相然諾。先察識後涵養之法執之猶堅。

未發、已發條理亦未甚明。蓋乍易舊說，猶待就所安耳。
（《朱文公文集·卷第四十三〈答林擇之第三書〉》）

疑未發只是思慮事物之未接時，于此便可見性之體段，故
可謂之中，而不可謂之性也。發而中節，是思慮事物已交
之際皆得其理，故可謂之和，而不可謂之心。心則貫通乎
已發未發之間，乃大易生生流行，一動一靜之全體也。
（《朱文公文集·卷第四十三〈答林擇之第六書〉》）

此仍是在回應中和問題。「察識」是動是和，察先動，而有
順序，識是察識事物，「涵養」是「中」是靜，察識、涵養所回
應的是「已發」和「未發」。而從「未發、已發條理亦未甚明」
一句中，能知其是依《中庸》之理論，是中和問題一體貫之。發
是性之體段，在中仍不可謂之性，性是潛隱的。而已發則是情，
「發而皆中節」是如理合道，能知其是重生活經驗的。察是經驗
上的事，是先天上所不能確定的事理，沒有一定。未發只能涵養，
是縱貫橫講。

但事件是需要經驗的，朱子認識到任何事物有其特殊性，如
何應付事件，有客觀獨立的意義。

二、即物窮理

所謂致知在格物者，言欲致吾之知，在即物而窮理也。蓋

　　人心之靈莫不有知，而天下之物莫不有理。惟於理有未窮，
　　故其知有不盡也。是以《大學》始教，必使學者即凡天下
　　之物，莫不因其已知之理而益窮之，以求至乎其極。至於
　　用力之久，而一旦豁然貫通焉，則眾物之表裏精粗無不到，
　　而吾心之全體大用無不明矣。此謂物格，此謂知之至也。
　　（《四書集注・大學章句》）

　　天下之物已實然地在那裡，但物之理很難窮盡，這是知的問
題。人心之靈對物之理已有所知，要就已知而益窮之，認知的橫
向就表示物之理對人實際上是一問題，所以「格物」是要窮盡事
物之理。人對事物的認識也反過來投射到人對自己的認識。天理、
物理是一，因為理不容有二，但事件均有其特殊性，如何窮盡之
以使顯現其當然之則，是物理，也就是天理。故所謂「物」不是
單個的、特殊的物，而是事件，要使事件顯出天理。這樣，認知
或智慧是向外，人與事物的關係構成一事件，窮理就是要窮盡各
種關係，這也擴寬了人心的全體大用。

　　格物致知，彼我相對而言耳。格物所以致知。于這物上窮
　　得一分之理，即我之知亦知得一分；于物之理窮得二分，
　　即我之知亦知得二分；窮理愈多，則我之知愈廣，其實只
　　是一理，才明彼即曉此。（《朱子語類十八僩錄》）

　　向外所以向內，走出去又走回來。「由此心之虛靈，而天地

萬物之理，皆能顯於此心，原心為天地萬物之理之『管』，管之中虛，即所以喻心之虛靈也。天地萬物之理之用，在此心之虛靈中見。」[11]心保持虛靈，才可以即物而窮盡其理，使物理具現於心，而昭顯人之性理。

　　朱子一方面保持儒家的性天之尊，天是天理，但心不即是理，正是要從窮盡事物之理的過程，以使天理昭顯於人前。

第六節　陸象山：宇宙的靈魂

　　陸九淵（1139-1192），後以講學象山（貴溪的應天山）為名，自號象山居士。一般說朱子道問學，使人泛觀博覽而歸約之為經驗派；象山尊德性，其意欲先發明人的本心，而後使之博覽，為理性派。

　　象山之門，遠不及朱子之盛。陸象山本為江西之學，然其學脈流傳，偏在浙東。十三歲時讀古書，至宇宙二字，解者曰：「四方上下曰宇，往古來今曰宙。」他忽然大悟：「原來皆是無窮，人心便是那無窮底。」又說：「宇宙內事，乃己分內事；己分內事，乃宇宙內事。」又曾經說：「東海有聖人出焉，此心同也，此理同也。西海有聖人出焉，此心同也，此理同也。南海、北海有聖人出焉，此心同也，此理同也。千百世之上有聖人出焉，此

11　唐君毅：《中國哲學原論　原教篇》（臺北：臺灣學生書局，1990），頁270。

心同也，此理同也。千百世之下有聖人出焉，此心同也，此理同也。」

三十四歲時登進士，從遊者眾。陸象山能知人心術的隱微，說中其情實。他告訴學者：「念頭思慮不正的，瞬間了解了，可以歸於正，念頭思慮正確的，也可以在瞬間失去了，為不正。有可以用形跡觀察的，也有不可以用形跡觀察的。一定以形跡來觀察人，不足以瞭解他；必以形跡來糾正人，就不足以教人。」三十七歲與朱子有「鵝湖之會」，象山先朱子而卒，象山少朱子九歲，卒時朱子年六十三。兩家門人互相攻訐，陸門以朱為支離，朱門以陸為狂肆。其意見分歧，始於鵝湖之會，象山詩警策挺拔：「墟墓興哀宗廟欽，斯人千古不磨心，涓流積至滄溟水，拳石崇成泰華岑。易簡工夫終久大，支離事業竟浮沈，欲知自下升高處，真偽先須辨只今。」大抵象山學只在象山所云：「夫子以仁發明斯道，其言渾無罅縫。孟子十字打開，更無隱遁。」尤其是孟子學。

一、象山學是孟子學

緊抓住孟子的道德本心上來發言，掌握住道德意識即可。

陸氏認為「宇」——上下四方（空間），「宙」——古往今來（時間）。宇宙無窮，吾心亦無窮，「吾心即宇宙，宇宙即吾心」（我的道德意識充滿了整個宇宙）。

孟子存養擴充四端，惻隱之心（仁）、羞惡之心（義）、辭讓之心（禮）、是非之心（智），若泉之始達、火之始燃，沛然

若江河，莫之能禦。

　　陸象山則說：吾心即宇宙，宇宙即吾心。「仰首攀南斗，翻身倚北辰，舉頭天外望，無我這般人。」重估一切價值，提出超人理想，他抓住了道德意識，高高成為天神，道德意識充斥整個宇宙，即寂（然不動）即感（而遂通）天下之故（知道天下萬事萬物的道理），心體不是全然是寂，只要感通，如張橫渠所說：「大其心，則能體天下之物」。

㈠辨志、辨義利

　　在物曰理是從在人曰性開始說起，宇宙的目的和道德理想性的目的一樣，整個宇宙由道德意識規定，具道德創生性。

　　今日要為學，首先要「辨志」：「使是非善惡，無所遁形，因而迫人不能不在這種根源究竟之地，作一真正抉擇，以決定個人做人的大方向。」[12]要超越日常生活的習心，歸為道德本心，行為乃由道德本心來實踐，超脫物欲，道德本心呈現。「義利之辨」之義利亦是從道德意識規定。

㈡復其本心、先立其大

　　人若不恢復道德本心，談其他皆是「閒議論」。「心」即「理」，心是本心，理是天理。心是主觀面，理是客觀面，在此合而為一。吾心即宇宙，心與理是一，心可以自定方向，自發命令，宇宙事即吾分內事，整個宇宙都是我道德朗現之地。

　　陸象山的理論極為樸實，抓住根本，路數簡單。認為朱子繁

12　徐復觀：《中國思想史論集》（臺北：臺灣學生書局，1993），頁20。

雜的學問只是「平地起土堆」，是閒議論、閒嗑牙，陸氏只要人
抓住道德本心，理論簡明。

二、心即理

> 萬物森然於方寸之間，滿心而發，充塞宇宙，無非此理。
> 孟子就四端上指示人，豈是人心只有這四端而已？
>
> （《象山全集卷三十四·語錄上》）

　　首句之意即為把萬物收攝於心，而「無非此理」即是陸象山
所提出的心即理。是相對於物即理之格物致知。綜觀而言，心即
理，理由心發，不由外鑠。由此能知陸象山的思想仍是一心承擔
萬物。此是不能應對社會之特殊情景、事件。所謂的心，是「man's
being」應該是要往外且客觀化的，物是在心境中，萬物是有差異，
但就陸象山的理路而言，是將一切攝收於心，是只見自己之心，
看不見外物的。由此能知宋明理學仍沒回應道家的問題。

> 天下正道，不容有二。若明此理，天地不能異此，鬼神不
> 能異此，千古聖賢不能異此。

　　「天下正道」之「天下」，所指的就是「一」，天下是大於
天地的，所以天地是跟著天下正道走。即「若明此理」，天地乃
抓住天下之正道，而天下即等同於社會。社會體現的是社會正義，

求取公平，其是收攝於一心的，於此即能清楚的知道陸學是孟子之學的伸展，天地、鬼神、千古聖賢，所不能異的是仁心。然而若將一切交付仁心負擔，心要先開闊，要能吸收差異，才能收攝於心而承擔之。此能回應陸之主張。「吾心即宇宙，宇宙即吾心」，此是有矢量、方向的，以有限之人生，此仁心、道德心之無限，此是上比於天道的，此之自信源自孟子，但最重要的是能橫通，否則會相互阻隔。

> 道塞宇宙，非有所隱遁。在天曰陰陽，在地曰柔剛，在人曰仁義。故仁義者，人之本心也。（《象山全集卷一·與趙監書》）

所謂「道塞宇宙」，即是充養的工夫，「非有所隱遁」一句，指出儒家帶出了人心的光明面，亦是超越面（超越日常生活）的思想。「在天曰陰陽，在地曰柔剛，在人曰仁義」等句，是自《易經》而來，但此所顯現的問題是：陰陽、柔剛、仁義是相對的嗎？其是不統一是混淆不清的。「在地曰柔剛」中的「地」，所表現的是「材質性」，「仁義」（禮智）則收攝於心，其是抓住仁義本心即道德心一理路，然而道德只有一方面，陸之學說有太過簡易的問題，於是朱子曾言，陸之學說是「禪學」之疑問。物有時間之差異和變化，心該向宇宙，而非統一，宇宙所體現的是差異，但陸將一切收攝於心的思考，能體現出其學孟子之淵源，因儒家是求同一的，道德心的普遍性。

三、回歸孔孟

陸象山純粹是一孟子學。

> 此天所以予我者,非由外鑠我也。思則得之,得此者也。
> 先立乎其大者,立此者也。積善者,積此者也。集義者,
> 集此者也。知德者,知此者也。進德者,進此者也。同此
> 之謂同德,異此之謂異端。心逸日休,心勞日拙,德偽之
> 辨也。豈惟辨諸其身?人之賢否,書之正偽,舉將不逃於
> 此矣。自「有諸己」至於大而化之,其寬裕溫柔足以有容,
> 發強剛毅足以有執,齊莊中正足以有敬,文理密察足以有
> 別,增加馴致,水漸木升,固月異而歲不同。然由萌蘗之
> 生,而致於枝葉扶疏,由源泉混混,而至於放乎四海,豈
> 二物哉?中庸曰:「誠者物之終始,不誠無物。」又曰:
> 「其為物不二。」此之謂也。學問固無窮已,然端緒得失,
> 則當早辨;是非向背,可以立決。……故孟子曰:「人皆
> 可以為堯舜。」病其自暴自棄,則為之發四端曰:「人之
> 有是而自謂不能者,自賊者也;謂其君不能者,賊其君者
> 也。」夫子曰:「一日克己復禮,天下歸仁焉。」此復之
> 初也。鈞是人也,己私安有不可克者?顧不能自知其非,
> 則不知自克耳。(《陸象山全集卷一‧與邵叔誼書》)

天所給予我者就是「此心」,思則得之,也是「此心」,立

乎其大，也是立「此心」，我固有之。積善、集義、進德都是自此心開端，故「有諸己」。但「有諸己」只是開端，如孟子要存養擴充，至於「大而化之」，寬裕溫柔時有容人之量，發強剛毅時也擇善固執，齊莊中正時也使人產生敬意，由一小小的新芽以致枝葉扶疏，這就是辨端緒的效果。誠亦是誠此心。是非是馬上可以決定，孟子說人人都可以成為堯、舜，只是看自己能否存養擴充，說自己不能，是戕害自己，說國君不行，是戕害國君。所以克己，是克服己私，也是征服自己，人常常不知道自己的錯誤，而不知征服自己。

　　陸象山的主觀進路是「心即理」，不同於程朱客觀的進路「性即理」。由於北宋前三家周濂溪、張橫渠、程明道，或由《中庸》、《易傳》，或直接開出識仁來回歸孔、孟，依此尋本的思想，直接揭示道德本心，以使回歸孟子，這是陸王心學意義。孔子的仁、智雙彰，如果以仁為本，畢竟傾向於向主觀的一路，孟子更是如此，那麼以道統的意義來看，陸、王的心學在「內聖」一路，是承繼孔孟的。但如果從哲學看，程朱在客觀入路的新間架就特別有意義。

第七節　王陽明：光明之子

　　王陽明（1472-1528）幼年讀書時即說：「登第恐未為第一等事，或讀書學聖賢耳。」十八歲時以為聖人可學而至，遍求朱子遺書，開始做格物的工夫，眾物必有表裡精蠡，一草一木皆涵至

理，便對著庭中竹子去「格」，結果生了病。後來改做辭章，更閱兵書。二十八歲舉進士，曾學道行導引術，後因親情忽然覺悟，以為「此念生於孩提，此念可去，是斷滅種性矣」。

　　三十四歲到京，宦官劉瑾專政，南京科道官進諫，被矯旨逮捕下獄。王陽明上疏援救，也得罪下獄，廷杖四十，既絕又復甦，貶謫貴州龍場驛驛丞。行至錢塘，劉瑾的人跟隨在後意欲謀害，假作投江自盡，乘船而去。龍場多毒蟲瘴氣，居夷處困，忽悟聖人之道，吾性自足，而得「格物致知」之旨。朱子之學既已章明於天下，正可以一洗象山無實之誣之時。劉瑾伏誅，升任知縣，後巡撫南贛，平定宸濠（武宗叔父）之亂，升南京兵部尚書。五十歲時，揭「致良知」之教，說「我此『良知』二字，實千古聖賢相傳一點滴骨血也。」著有《五經臆說》、《大學古本旁釋》及詩文集，另門人編有《傳習錄》。

一、三變

　　先生之學，始泛濫於詞章，繼而徧讀考亭之書，循序格物。顧物理吾心終判為二，無所得，於是出入佛老者久之，及至居夷處困，動心忍性，因念聖人處此更有何道？忽悟格物致知之旨。聖人之道，吾心自足，不假外求：其學凡三變，而始得其門。自此而後，盡去枝葉，一意本原，以靜坐澄心為學的，有未發之中，始能有發而皆中節之和。視聽言動，大率以收斂為主，發動是不得已。江右以後，專

提「致良知」三字。默不假坐，心不待澄，不習不慮，自有天則。蓋良知即是未發之中，此知之前更無未發。良知即中節之和，此知之後更無已發。此知自能收斂，不須更主於收斂，此知更能發散，不須更期於發散。收斂者，感之體，靜而動也；發散者，寂之用，動而靜也。知之真切篤實處即是行，行之明覺精察處即是知，無有二也。居越以後，所操益熟，所得益化，時時知是知非，時時無是無非，開口即得本心，更無假借湊泊，如赤日當空而萬象畢照。是學成以後又有此三變也。（《明儒學案‧姚江學案》）

其立志做聖賢，先格理於竹。然看物理於吾心，終歸有二，格不出天理，物理亦不通吾心，其動心忍性終無所得。因此便順才氣而泛濫辭章，之後仍不足以通至道，輾轉之下出入佛老數十年。

於事物，即是求理於心外，此是朱子之路。但王陽明悟到的是，「不假外求」，其以歸良知以證物，心是本源，且能實踐，是體用如一。

從「去枝葉」中能明白其是「向外」的，而所謂的「本原」即是在心。「學的」是「目標」，「有未發之中」一句，即是自《中庸》而來的，中體即是心體，心體即是本體，即是「稱體起用」、「由用識體」，其以此回應《中庸》是合於《中庸》的天道觀。「靜坐澄心」是「隔」，即和日常生活隔絕，離開日常生活中的浮動、利害，而識本心、本源。而「收斂」是凝聚本心。

而「發散是不得已」有一回應了隔的心思入路。

　　「致良知」的「致」是所謂的推擴，良知即天理。這些都是主觀的。「物」是行為物，是良知的呈現，亦是良知的過程。而「默不假坐」即是所謂的隔絕，因此是「不待澄」，因本已凝現。而「未發之中」亦是良知，已發之中即是呈現，能知此是良知呈現之過程。「中節之和」是「良知」，其是一體，故在行為生活之中推擴良知。綜觀而言，主觀呈現只是行為過程，知行合一。「知之真切篤實處，即是行」，其將知放在良知上，是主觀之進路。是「道德形上學」的眼光、思考，對朱子「格物」之學所提出的問題：物是什麼？沒有深刻的反省。

二、致良知

　　剛開始陽明守朱子學──格（計度）物、窮理。後因格竹子格出病來，遂放棄朱子學，另闢蹊徑。

　　良知即天理，天理即良知，一本不得有二，道德理性便是萬事萬物的本性。

> 先生曰：先儒解格物為格天下之物。天下之物如何格得？且謂一草一木皆有理，今如何去格？縱格得草木來，如何反能誠得自家意？我解格字作正字義，物作事字義。大學之所謂身即耳目口鼻四肢是也。欲修身，便是要目非禮勿視，耳非禮勿聽，口非禮勿言，四肢非禮勿動。要修這個身，身上如何用得工夫？心者身之主宰，目雖視，而所以視者

心也。耳雖聽，而所以聽者心也。口與四肢雖言動，而所
以言動者心也。故欲修身，在於體當自家心體，常令廓然
大公，無有些子不正處。主宰一正，則發竅於目，自無非
禮之視；發竅於耳，自無非禮之聽；發竅於口與四肢，自
無非禮之言動。此便是修身在正其心。(《傳習錄·卷三》)

解物字為事字義，程、朱也不會有異議，天下物原就是天下
事，不是一草一木。天理在人曰性，在物曰理，故程、朱可以承
認性即理，而心可以上下，故心要虛靈明覺以應物，因物在心外。
窮理致知可以擴寬意識閾，擴大認識的領域也可以擴大心的領
域。當「格」字為正字義時，人與物的複雜關係被解消，甚至物
的特殊性也被解消，是物來就我，是良知以正物，良知即心體，
天理即社會正義，故行社會正義是「廓然大公」，心做為視、聽、
言、動的主宰，自是非禮勿視、聽、言、動，天理、物(事)理
不容有二，故心即理。

然至善者心之本體也。心之本體那有不善？如今要正心，
本體上何處用得功？必就心之發動處才有著力也。心之發
動，不能無不善。故須就此處著力，便是在誠意。如一念
發在好善上，便實實落落去好善，一念發在惡惡上，便實
實落落去惡惡。意之所發，既無不誠，則其本體如何有不
正的？故欲正其心，在誠意。工夫到誠意，始有著落處。
然誠意之本又在於致知。所謂人雖不知，而己所獨知者，

此正是吾心良知處。然知得善，卻不依這個良知便做去，
知得不善，卻不依這個良知便不去做，則這個良知便遮蔽
了，是不能致知也。吾心良知既不能擴充到底，則善雖知
好，不能著實好了，惡雖知惡，不能著實惡了，如何得意
誠？故致知者意誠之本也。

然亦不是懸空的致知。致知在事實上格。如意在於為善，
便就這件事上去為；意在於去惡，便就這件事上去不為。
去惡固是格不正以歸於正，為善，則不善正了，亦是格不
正以歸於正也。如此，則吾心良知無私欲蔽了，得以致其
極，而意之所發，好善去惡，無所不誠矣。誠意工夫實下
手處，在格物也。若如此格物，人人便做得。人皆可以為
堯舜，正在此也。（《傳習錄·卷三》）

這是四有句，也是四句教：「無善無惡心之體，有善有惡意
之動，知善知惡是良知，為善去惡是格物。」心體粹然至善，超
越相對的善惡，但意念的動蕩就有善有惡，故誠意工夫是良知的
關鍵，必放在「人所不知，而己獨知」的慎獨上。而致知就是把
良知推擴出去，推擴是行，也是實踐，所為「知行合一」。

物在某個特殊機緣裏，萬事萬物在我道德良知裏，我在這特
殊機緣裏把良知擴充出去，使物和我的良知一起呈現，物變成我
的行為物。在道德實踐所及的範圍，萬事萬物便在此境域中，例
如：事親知晨昏定省，在特殊機緣中便知如何事奉雙親，一遇特
殊機緣便把我的良知表現出來。深山裏花開花落，花本身寂寂然，

沒有意義，要有人去欣賞它才有意義，故王氏對自然的看法是本著人心來說。

在人為「心」，在「物」為理。心是道德本心、良知，事親為一物。「明覺感應」是事事物物都在我的良知中顯現出來，物是我們良知中的明覺感應物，是行為物。認為「格物」其實就是「正物」，物若有不正，依我們感應的是非來正之。感應出有不正，便將它規為正，如此便是把我的良知本體推於萬物。

心體本身便是要呈現、實踐出來，以感應是非為實踐內容。自然物與我們道德理想潤澤的物是一樣的，故萬物都在我良知感應中呈現，例如花開花落，若無人心潤澤，是等於不存在的。有良知存在的地方，一切事物方存在。天下萬事萬物，皆有人的道德理想作為根本：「知是行之始，行是知之成。」

王陽明說心外無物，熊十力曾予批判：「其言不能無病，夫以親，對吾敬事之心而言，親亦意所在之物也。……如此推去，乃以視、聽、言、動為物，而不以聲、色等境名物，幾等於否認物界之存在矣。此非《大易》及群經之旨也。」[13]而如「物在心之內」，黃宗羲亦曰：「說是無內外，其實全靠外來聞見，以填補其靈明也。」《明儒學案‧姚江學案》這也就是說，物的獨立存在或經驗層的聞見，對超越層有其定然的意義。而物不僅是科學知識，人與親有時有複雜的關係，推到極端，有暴力關係。君臣亦然，如劉瑾事件，此時就需朱子的格義。

13　熊十力：《讀經釋要》（臺北：廣文書局，1975），頁 102-103。

第八節　劉蕺山：是意還是念？

　　劉蕺山（1578-1645）為宋明儒學之殿軍。在明末亡國之時，年六十八歲，於崇禎自縊煤山，福王繼位南京不及一年被俘後，即「絕食二十日，勺水不入口者十有三日」，殉國而亡。

　　其學乘王陽明學之流弊而起者，其言王學之弊云：「今天下爭言良知矣。及其弊也，猖狂者參之以情識，而一是皆良；超潔者蕩之以玄虛，而夷良于賊。」（〈證學雜解·解二十五〉）也就是流弊在於「滿街都是聖人」，良知被猖狂者摻入了情識。劉蕺山「歸顯於察」，就是把心學的顯教復歸於性體的密教也。

> 性情之德有即心而見者，有離心而見者。即心而言，則寂然不動，感而遂通，當喜而喜，當怒而怒，當哀而哀，當樂而樂，由中導和，有前後際，而實非判然分為二時。離心而言，則維天於穆，一氣流行，自喜而樂，自樂而怒，自怒而哀，自哀而復喜，由中導和，有顯微際，而亦非截然分為兩在。然即心離心，總見此心之妙，而心之與性不可以分合言也。（《學言·中》）

　　如果「即心」是顯教，心只依止於最高的道德律令，故只依應當而行事，故只是一心之即寂即感，有前後際，「但非判然分為二時」。離心則指密教，心與性分設，而性天之尊巍然獨在，「一氣流行」導此性天，則心隨性走，故「自喜而樂，自樂而怒，

自怒而哀，自哀而復喜」，心之顯就歸於性之奧秘，故有顯微際，但「亦非截然分為兩在」。心與性總歸是一，此是將心攝於慎獨的意根中。

「從心體言慎獨，則獨字所指之體即好善惡惡之『意』是也。『意蘊于心，非心之所發也。』是以意與念不同。『意之好惡一機而互見』，好善即惡惡，反之亦然，故互見，雖有好惡，而實為一機，此顯意為超越層。『念之好惡兩在而異情』，有善有惡為兩在，兩在即異情，此顯念為感性層，故『意根最微，誠體本天。』蘊于心，淵然有定向者，即意也。『誠』就意之實言，故意根即誠體，誠者其實无妄之謂。」[14]故由意根見誠體，意根即誠體。故嚴分意念，意是心之所存，念是心之所發。意根能好善惡惡曰心，就潛隱自存曰性。

這即為「以心著性」的架構，「天非人不盡，性非心不體」，只有人能澈盡天道的意涵，只有心能體證性的密義。意乃即心而言，由心來形著性，故原來隱而不顯的性，由心所彰顯，心也由性得到貞定。

> 君子仰觀於天而得先天之《易》焉。「維天之命，於穆不已」，蓋曰天之所以為天也。「是故君子戒慎乎其所不睹，恐懼乎其所不聞」，此慎獨之說也。至哉獨乎！隱乎，微乎，穆穆乎不已者乎！蓋曰心之所以為心也。則心一天也。

14　牟宗三：《從陸象山到劉蕺山》（臺北：臺灣學生書局，1979），頁453。

獨體不息之中而一元常運，喜怒哀樂四氣周流。存此之謂
中，發此之謂和，陰陽之象也。四氣一陰陽也，陰陽一獨
也，「其為物不貳，則其生物也不測。」故中為天下之大
本，而和為天下之達道。「及其至也，察乎天地。」至隱
至微，至顯至見也。故曰體用一原，顯微無間，君子所以
必慎其獨也。此性宗也。（《易衍·第七章》）

天所命給吾人之性，於穆深遠不已，這是天道天命的流行不
已。這是超經驗層，超出感官的目擊與聽聞。在孤獨中，性體隱
微的震動，故要謹慎，能感受到莊嚴肅穆的流動。獨體即性體，
由性發心，惟此一元，故曰性宗。性體只是「喜怒哀樂四氣周流」，
故「一元常運」，一體起用。由中至和，「體用一原，顯微無間」。

君子俯察於地而得後天之《易》焉。夫性本天者也，心本
人者也。天非人不盡，性非心不體也。心也者覺而已矣。
覺故能照，照心常寂而常感。感之以可喜而喜，感之以可
怒而怒。其大端也。喜之變為欲，為愛；怒之變為惡，為
哀。而懼則立於四者之中，喜得之而不至於淫，怒得之而
不至於傷者。合而觀之，即人心之七政也。七者皆照心所
發也。而發則馳矣。眾人溺焉。惟君子時發而時止，時返
其照心而不逐於感，得《易》之逆數焉。此之謂後天而奉
天時，蓋慎獨之實功也。（《易衍·第八章》）

　　先天由性發心，後天由心證性。先天謂超越的，後天謂經驗的，但心要由好善惡惡之意根見，是心之歸於性。心是一種覺醒，覺醒就能發出照察的靈明之光，照心寂感一如。喜、怒、哀、樂四者本是當發而發，但懼立於四者之中，以免情識摻入而奔流。故「懼」是一種怖慄（dread），一種不同於日常生活經驗的感受，亦即戒慎恐懼，此為意根，故「眾人溺焉，惟君子時發而時止」，而不流於感性的追逐。喜、怒、哀、樂（愛）、惡、欲均得懼之調，提撕警醒，心之七政得而不放肆馳逐，故懼所以返回照心。

> 然則尊心而賤性可乎！夫心囿於形者也。形而上者謂之道，形而下者謂之器也。上與下一體而兩分，而性若踞於形骸之表，則已分有常尊矣。故將自其分者而觀之，燦然四端，物物一太極；又將自其合者而觀之，渾然一理，統體一太極，此性之所以為上，而心其形之者與？（《原性》）

　　尊心是工夫要在心上作，因心囿於形，易於情識而肆。故此為後天之《易》。道與性為形而上，為懼形而上的性「踞於形骸之表」，隨情識奔流，即先天之《易》或恐遭至之病，特重心來彰顯性的工夫。

　　其〈證人要旨〉節錄之於後：

　　一曰：凜閒居以體獨。

　　此時一念未起，無善可著，更無不善可為，只有一真无妄

在不睹不聞之地，無所容吾自欺也，吾亦與之「毋自欺」
而已。

二曰：卜動念以知幾。

念如其初，則情返乎性。動無不善，動亦靜也。

三曰：謹威儀以定命。

慎獨之學既於動念上卜貞邪，已足端本澄源。而誠於中者
形於外，容貌辭氣之間有為之符者矣。

四曰：敦大倫以凝道。

昔人之言曰：「五倫間有多少不盡分處」。夫惟常懷不盡
之心，而黽黽以從事焉，庶幾其逭於責乎？

五曰：備百行以考旋。

故君子言仁，則無所不愛；言義，則無所不宜；言別，則
無所不辨；言序，則無所不讓；言信，則無所不實。至此，
乃見盡性之學，盡倫盡物一以貫之。

六曰：遷善改過以作聖。

一遷一改，時遷時改，忽不覺其入於聖人之域。

尼采說：「在孤獨的時候，人不是成為天神，便是成為野獸。
最好的時候，兩者皆是，是個哲學家。」劉蕺山選擇成為天神，
便繼承了道統。

第七章　清代哲學

尾聲　王船山：天地交會

　　王船山（1619-1692）原名王夫之，北京陷落後，曾召集士民起兵反清，後回鄉定居。竄身猺洞，發憤著書。其哲學重矯王學之弊，故於陽明攻擊尤烈，獨契於張橫渠。「六經責我開生面，七尺從天乞活埋」，最可見其器識之不凡，著有《周易內、外傳》、《讀四書大全說》、《正蒙注》、《思問錄》、《讀通鑑論》、《宋論》等。其遍注群經，氣魄之大，亦多精闢之見。

一、形器之道

　　形器之道是有進於儒家的新格局，已與經世致用的思潮有關。

> 天下惟器而已。苟有其器，奚患無道？洪荒無揖讓之道，
> 堯舜無弔伐之道，漢唐無今日之道，則今日無他年之道。
> 未有弓矢，無射道。未有車馬，無御道。未有牢醴璧幣、
> 鐘磬管弦，則無禮樂之道。未有子，無父道。未有弟，無

　　兄道。故無其器則無其道。如舍此而求諸未有器之先，亙
　　古今，通萬變，窮天地人物而不能為之名，況得有其實者
　　乎？

這裡有一時間的關係，過去、現在、未來的道有所不同，什麼是
器呢？器在時間中改變。說堯、舜禪讓無「器」來弔伐也是儒家
情懷，莊子就說「昔者堯攻叢枝、胥敖，禹攻有扈，國為虛厲，
身為刑戮……。」（《南華真經·人間世》）不過其意在於器以
日新而道愈新，道乃隨器而變，而父子、兄弟之「形」亦可納入
器而說，形器俱器，即形器以明道，而不求之於「器之先」。器
是兵器，用以「弔伐」；弓矢、車馬、牢醴璧幣、鐘磬管弦，總
而可說是我們人類的工具、裝備。形（人）器均由這工具（裝備）
之道得到說明。道的歷史，成為工具的歷史，工具更新，則道以
日新，隨時而變。這是儒家從未有過的新義。

　　道是工具之道，工具日新，道也有時間的涵義。此是融道家
之注重工具義，更鑄新義。老子：「三十輻共一轂，當其無（王
船山注：「轂中空處」），有車之用。埏埴以為器，當其無（王
船山注：「盂中空處」），有器之用。鑿戶牖以為室，當其無（王
船山注：「戶竇空處」），有室之用。故有之以為利，无之以為
用（王船山引吳幼清注：「有氣以存身，无物以生氣」。）（《道
德經·十一章》）他是以器具的空處來解老子的「無」，而引吳
幼清注，則是有形則有氣存身，無形則虛空以生氣。王船山注此
章云：「造有者，求其有者也。孰知夫求其有者，所以保其無也？

經營以有，而但為其無，豈樂無哉？無者，用之藏也。」（《老子衍・十一章注》）不過老子是「有之以為利，無之以為用」，王船山是「無者，用之藏也」，「豈樂無哉」，有之以為大用。造一器具之有，是為其有用，無者是藏而不用，他是以「不用、有用」釋老子的無、有。

海德格說：「我們關心的主要是工作，……工作負擔著工具（equipment）在其中被遇到的參照整體性……在這可用性中，它讓我們遇到的已是朝向什麼，對什麼它是可用的。……在被使用的工具中，自然以那使用是沿著它被發現……如果它那種及於手邊（ready to hand）的存有被忽視，『自然』能只在它純粹的呈現在手邊（present-at-hand）被發現和界定。但當這發生，自然像一風景，『激動』和『衝突』、攻擊和迷住我們的，仍然隱藏著。」[1]我們工作，運用工具，置身於工具脈絡的整體性，工具之道是沿著有用性被發現，如果工具暫時不用了，道能只在純粹的「呈現在手邊」，被觀想，這是王船山的「豈樂無哉，無者，用之藏也。」就器之可用，如能進一步繁興大用，這種客觀的進路，就可以進一步發展科技，器之與時俱變，至晚清之畏船堅礮利，王船山是孤明先發。

以道來替換海德格的自然概念，是正確的。晚期海德格就以Being 和 Physis 互釋，道家樂無，和晚期海德格均以「自然像一

1　Martin Heidegger, *Being & Time.* trans. by Macquarrie and Edward Robinson (New York: Harper & Row, 1962), p.99-100.

風景能『激動』和『衝突』、攻擊和迷住我們」，怎麼說這種自然呢？野性自然！回到王船山的脈絡中，則海德格注意到「可能性……那關聯到存有史差異，也可能呈現在工具物所存在的方式。」[2]這句不太像海德格的意思，海德格批判科技，與道家一致對利用的批判，但此句更像是王船山的意思，時代之道，是沿著器（工具）改變而改變。

> 形之所可用，以效其當然之能者，如車之所以可載，器之所以可盛，乃至父子之有孝慈，君臣之有忠禮，皆隱於形之中而不顯。二者則所謂當然之道也，形而上者也。形而下，即形之已成乎物，而可見可循者也。（《周易內傳卷五・形而上者謂之道注》）

> 形而上之道隱矣，乃必有其形，而後前手所以成之者之良能著，後手所以用之者之功效定。故謂之形而上，而不離乎形。道與器不相離。（《周易內傳卷五・形而上者謂之道注》）

根據前條，形器又已皆是形，故形、器成可以替換，車、器是器，父子、君臣是形，也都其用或其道隱於形中而不顯，二者

2　Hubert L. Dreyfus and Harrison Hall edited. *Heidegger: A Critical Reader* (Oxford: Blackwell, 1992), p.177.

是當然之道。形「效其當然之能」就是形而上者也。「（王船山）
乃先肯定現實一切存在之真實性，先肯定個體事物之真實性。必
肯定個體事物之真實性，然後其『前乎所以成之者之良能』乃著，
『後乎所以用之者之功效定』乃定。然個體事物所以成之良能本
身，所以用之功效本身，則非形，而為形而上。」[3]此處仍須分解，
如果純就可以用之功效定，就成純粹的實用主義、功利主義，只
能即器明道是即現象求超越，只能求「前乎所之成之者之良能」，
此處能就船山更推進一步，海德格重新詮釋希臘的生產觀念：「那
形成的，像我們也能說，是造形的產物，陶器由陶工形成了花瓶，
一切造形產物的形成是由使用一意象造成。在一模型的意義上，
作為引導和標準，事物是由觀到預期的觀，到什麼要由造形、形
成所產生的而產生，是這對事物的預期的觀、事先的見（sighted
beforehand），是希臘由 eidos、idea 存有論地所意謂的。」[4]故希
臘理型或觀念存有論原本的生產觀念，是有預期的觀、事先的見，
這才能作為引導和標準，也就是「所以成之者之良能」。在此義
上，良能不是先天本具，而是即事物、現象而反求、超越，故體
無定體，已有時間之涵義，就無須定體。這仍然合乎儒家繁興大
用，且隨時求新求變之義。故事前求能，可以為現象學的觀，事
後求用只是現實地用。

3　唐君毅：《中國哲學原論　原教篇》（臺北：臺灣學生書局，1990），頁
　　519。

4　Martin Heidegger, *The Basic Problem of Phenomenology*. trans. by Albert
　　Hofstadter (Bloomington, IN: Indiana University Press, 1982), p.107.

二、乾坤並建

前面即物明道是從下面說上去，有類似海德格基本存有論的涵義。此則另必有從上面說下來的涵義，方能顯儒家的性天之尊，此又類似存有論的意涵，而更有時間之涵義。此即「命日降，性日生」之論。

> 命日降，性日生，性者生之理，未死以前，皆生也，皆降命，受性之日也。……成性存存，存之又存，相仍不捨，故曰維天之命，於穆不已。命不已，性不息矣。謂生初之僅有者，方術家所謂胎元而已。性者，生理也，日生而日成也。（《思問錄·內篇》）

天命日降，就有時間的涵義，永遠新新不已。天降命，性受命而日生，成為我們的理想性存之又存。天命深遠不已，我們的理想性則不停息了。

既有上、下兩路，「乾坤並建」成為必然的結果。「命日降、性日生」可以說是儒家式的存有論（海德格義），天道、天命日降，成為我們生生不已的道德性、創造性、理想性，但他又採了虛而能受的涵義，兼有道家的意涵。只不過王船山前說為道，此處說（天）命，隨文而異辭。

> 周易並建乾坤為太始，以陰陽至足者，統六十二卦之變通。

> 古今之遙，兩間之大，一物之體性，一事之功能，無有有陰而無陽，無有陽而無陰；無有有地而無天，有天而無地。（《周易內傳卷一・乾卦傳》）

> 周易並建乾坤於首，無有先後，天地一成之象也。無有有地而無天，有天而無地時。則無有有乾而無坤，有坤而無乾之道。無有陰無陽，有陽無陰之氣。無有剛無柔、有柔無剛之質，故無有仁無義有義無仁之性。（《張子正蒙注卷七・太易篇》）

「（船山）其言乾坤並建，蓋未達體用不二之旨，遂有此失。坤元亦是乾元，非並立也。乾元不能無坤者，特故反之，以成其變耳。本體為絕待，而現起為大用，則不能不有一反動，以成變化。老云：反者道之動是也。」[5]此是套在體用關係上說乾為體，坤為用，惟此為西方形上學以乾為本體之路數，何用套在老子學上說：反者道之動。道家又正是反此形上學之路數，所謂反者是反有入無；乾體稱體起用，由有至大有，不會如此反者而成坤用。現在王船山合此前由下面說上去，和從上面說下來的存有學的意趣，說乾坤都是太始，陰陽合而為一物之體性、一事之功能，剛柔成為其質料，仁義成為人性。

5　熊十力：《讀經示要》（臺北：廣文書局，1975），頁135。

天下濟而行，地上承而合。下行之極於重淵，而天恆入以
施；上合之極於層霄，而地恆蒸以應。此必有情焉，而必
有性焉，必有以輔形，而有以充神焉。故乾曰時乘六龍以
御天。乾者所以御天而下濟也。坤曰牝馬地類，行地無疆。
坤者所以行地而上承也。盈天地之間，皆器矣。器有其表
者，有其裡者，成表裡之各用，以合用而底於成，則天德
之乾、地德之坤，非其縕焉者乎？（《周易外傳卷五·繫
辭上傳十二章》）

　　此天地交會之義在以往儒家未之見者，多少援道入儒。老子：
「天地相合，以降甘露。」（《道德經·三十二章》）甘露者，
甜美的露水或雨水。天行，是下濟，地合是上承。天下行之極於
重淵，故大地與深淵為一體，地上合之極於層霄，地恆蒸以應，
好像地面熱氣上升。難道不像老子的「天地相合，以降甘露」嗎？
　　〈乾卦·象傳〉的意思是「君子」時乘六龍以御天，是俟時
機而動。王船山顯然因這「時」字，而改說「乾者」所以御天而
不濟也。這是因為他已改變了《易傳》以乾為主的系統，就如前
說：「周易並建乾坤於首，天地一成之象也。」乾、坤是天地之
太始，天德為乾、地德為坤，天地總萬象而言者，易即是道，流
行於天地之間，天地之間，都是器物（工具、裝備），可以暢通
對萬事萬物的用途，利於我們對萬物的使用，即正德、利用、厚
生的「利用」。
　　「世界和大地屬於開放，但世界並不只是與澄明相符的開

放，大地不只是與隱蔽相符的封閉。而是，世界是一切決定所服從的基本指引方向的道路的澄明。一切決定基於某些不能控制的，某些隱匿的、混淆的；否則它不會是決定，大地不只是封閉的，而是那當作自我封閉而昇起的。世界和大地常是內在的和基本的在衝突中，本性上是交戰的。只有當真理作為在澄明和隱蔽的首要衝突中發生。」[6]如果把「世界」概念換成「天」，則這個架構倒很有趣的與王船山的架構可以對照，這裡把大地視為是「不能控制的、隱蔽的、混淆的」，也就是「封閉的」，但也屬於「開放」，一旦大地「開放」，勢必影響甚至與天的開放「衝突」，甚至引起「交戰」。天的開放只是決定一切「基本指引的方向」，但必要奠基於大地。這種大地概念，我們可以認為屬於道家未表出的涵義。

王船山吸收了道家的存有論，保持了天地之間的運動，就是把儒家的「天」和道家的「地」並建，而萬物為器，均含有天的「表」和地的「裡」的構造。而且當前面講的道，或天命，或現在討論的易道，放在時間的涵義裡，必然與天地感應而生生不已，「命日降，性日生」是儒家人性觀的新格局。德勒茲認為康德的《純粹理性批判》有一康德革命最困難的面相。「自我本身在時間中，和這連續的變化：它是消極的，或是接受的，自我（Ego），經驗了在時間中的變化。但另一方面，我（I）是一行動（act）連

6　Martin Heidegger, *Poetry, Language, Thought.* trans. by Albert Hofstadter (New York: Harper & Row, 1971), p.55.

續地實踐了時間底和在時間中發生的綜合，是每一瞬間中區分開現在、過去、未來。我和自我此則由彼此關聯的時間線所分開，但在一基本差異的情況下。」[7]我不能構成我為主體，而是自我是消極或接受了各種影響和感應，必造成我和自我的分歧。所以王船山的「器」概念是「消極的，或是接受的」，即是要貯藏的，這來自道家的容器概念，與王陽明的道德主體性有很大的距離。

7　Gilles Deleuze, *Kant's Critical Philosophy*, trans. by Hugh Tomlinson and Barbar Habberjam (London: Athlone, 1986), p.viii.

第八章　結　論

圓教之諍

　　中國哲學百年來都是中西哲學會通的問題，出去了，再回來，用西方哲學的方法研究中國哲學。像尼采所說：「面對當代最高的標準，設法予以超越。」

一、儒家的諍議

　　我們可以用尼采喜用的希臘字 pathos 來定義孔子的仁，pathos是人天生有一種會憐憫的感情，被自然或事物轉變我們情感的能力，我們也會有悱惻的哀感。這觀念，德勒茲承襲了，並加上要用 ethos，也就是要配合社會風氣。這「大致」相符於孔子的「吾從周」，不過孔子雖然「若聖與仁則吾豈敢？」把仁放入人生歷程的實踐，但孔子的確有點把仁本質化的傾向：「仁者人歟？仁者人也。」但仁在孔子處總是與天地一體，活活潑潑的生機，只有到「一日克己復禮，天下歸仁焉。」人要克己，但復禮總是在社會面可見的形式，何況孔子心目中的禮，是周朝的禮樂，好像

古代顯示莊嚴。孟子更把仁、義、禮、智拉入一心中雖然只是個端倪、開端，卻是人與非人的判準，智也只是知是知非之心，孟子的心更是實體化了。「他無形中為後代開了個『道統』的觀念。儘管孟子有『浩然之氣』，此『浩然之氣』流行的境界正是『上下與天地同流』，其精神氣魄宏大無儔，卻也缺少寬容的心量。在中國學術史上，成為『道統』觀念的始作俑者。」[1]

　　宋明理學中以王陽明的「致良知」來說，良知當然是要呈現[2]，王陽明四句教中已將良知視為心體，套在體用關係來說，陽明學說也受批判。「陽明當理學禪學交流之世，簡單狹礙之唯心主義盛行於時。陽明受其影響。宜乎莫覯孔子之大也。至於良知之說，雖有符合於乾道。然乾道有元，陽明未究。又乾坤之義，廣大深遠。陽明單提良知，亦未盡乾坤之蘊也。然陽明之學，簡而得要。理學必宗陽明。[3]這有進一步的批評：「宋儒過分執著於偏頗的理性，而對於人類具有善性的欲望情緒，以及具有善性的情感、情操，都一概抹煞了。這是一個偏頗的哲學，它不能夠同文學、詩歌、藝術以及一般的開闊的文化精神結合起來。」[4]視良知為心體，也符合西方由亞里斯多德的實體形上學發展到康德的主體形上學。「理論理性的綜合在三個階段中完成自己：感覺進入知覺的結合，發生於時空形式；知覺進入實在的自然世界經驗中的結合，

1　方東美：《新儒家哲學十八講》（臺北：黎明文化事業公司，1983），頁7。
2　牟宗三：《生命的學問》（臺北：三民書局，1973），頁136。
3　熊十力：《存齋隨筆》（臺北：鵝湖出版社，1993），頁218。
4　同註1，頁78。

是憑藉理解概念而發生的；經驗的判斷進入形上知識的結合，是憑藉一般原則即康德所說的理念（Ideas）而發生。因此認知活動所發展的三個階段，作為綜合的不同形式，每一更高的階段均有較低的作為其內容。」[5]在高與低之間已說得很清楚：一層是要高過一層，理念是超越層，理解是經驗層，無怪乎在這樣的系統中，詩、文學是屬於比較低下的位置。「詩、文學所滿足的，我們叫它是 feeling，這種 feeling 康德的說法是 sensible feeling，是屬於感性的。」[6]

尼采對康德的主體形上學發出攻擊，他說康德的「物自身」是個低能兒，並說主體是西方形上學奠基在主—賓詞結構的錯誤信仰，「只由於語言的誘惑，（和理性僵化在語言中的基本錯誤）設想和誤解了一切效果是由某些造成效果的，由主體所制約的，它才出現得有所不同……但沒有這樣的基礎，在行為（doing），造成變化（becoming）之後沒有『存有』；行為者只是加在行為上的虛構——行為是一切。……（例如原子，是這一低能兒，康德的物自身也是）。」[7]至於海德格，可以運用基本存有論中 authentic 和 inauthentic 的區分來討論儒家，更可以用晚期海德格來拆解儒家。「伽達默在對話中指出大地（earth）觀念的重要性……

5　Willhelm Winderband, *A History of Philosophy*, (Taipei: Rainbow-Bridge,1971), p.539.

6　牟宗三：《中國哲學十九講》（臺北：臺灣學生書局，1995），頁 26。

7　Friedrich Nietzsche, *On the Genealogy of Morals,* trans. by Walter Kaufman (New York: Random House, 1967), p.45.

依伽達默，這觀念的重要性正在於海德格對自我意識主體的批判。」[8]後結構主義如德希達、德勒茲、李歐塔均曾批判重估，或融通消化。

二、道家的諍議

運用西方形上學的架構，去釐清魏晉玄學，視之足以代表老、莊，這同樣是「以傳解經」，經較傳豐富。若視道德主體的創生性才是真的，那麼在道家也找不到這樣的道德主體。老子「致虛極，守靜篤」，莊子「喪我，心齋」；也無實體義，「有」上可以說實體，「無」上不能說實體，就把道之主宰性、道之常存性、道之先在性掛在「主觀修證」上。「此沖虛玄德之為宗主實非『存有型』，而乃『境界型』者。蓋必本於主觀修證（致虛守靜之修證）所證之沖虛之境界，即由此沖虛境界，而起沖虛之觀照……此固是形上之實體，然是境界形態之形上的實體。此固是形上的先在，然是境界形態之形上的先在。此是中國重主體之形上心靈之最殊特處也。」[9]所謂「存有型」，也可以說「實有型」，這是依西方實體或主體形上學的說法，既然道「無」實體，故道之三性只是一姿態，掛在「主觀修證」，而且還要達到境界型態。

海德格對《老子》的熟悉，甚至在三十年代就已熟悉由馬丁・

8　Gianni Vattimo, *The End of Modernity*, trans. by John R. Snyder (Cambridge: Polity, 1991), p.43.

9　牟宗三：《才性與玄理》（臺北：臺灣學生書局，1975），頁 141-145。

布伯編選的《莊子》德譯本[10]。道家是否也提供海德格超克西方
形上學的思路和語言？「首先，道家視人類本質於他的與道相應。
真實（authentic）的人是那能適當地回應於道的。第二，依據道
家，要被顯露的是道的生產。當然，道家要區別於任何計算思考。
作為詩的思考，它主要服務於顯示自然本質。」[11]以海德格重構
中國哲學，道現在是「實有」，但不是西方形上學的實有，而是
生產活動，甚至詩的思考也回應於道，故不能迴避以海德格學重
構道家。另外，當海德格花了十年工夫寫四大冊《尼采》，力證
尼采的權力意志是主體形上學時，歐陸也掀起「新尼采」浪潮：
「……本質的次序是終極統一的穩定性，是神或超越自我，以兩
者，尼采均宣稱已死。權力意志是一深淵（abgrund），在所有根
據之下，在所有基礎之下的無根據的渾沌，而且它留下整個本質
次序為無根據的。」[12]這樣使否使我們對老子常用的「深淵」意
象和莊子「為混沌鑿七竅」有了呼應？事實上，道家的大地概念
需要重估，大地、大海、深淵可以換代，這是道「勉強名之曰大」
的同義詞。德希達對西方形上學的解構多少類似於道家對儒家形
上學的解構，道家的廣度量是可以在德希達的橫向觀念中找到知
音的。「大地──去領域化的，結晶的，巨大的分子，是無器官
的身體。這無器官的身體瀰漫著無形的，不穩定的物質，流動在

10　萊因阿德・梅依著，張志強譯：《海德格爾與東亞思想》（北京：中國社
　　會科學出版社，2003），頁 5-9。
11　陳榮灼：《海德格與中國哲學》（臺北：雙葉書局，1986），英文版，p.131。
12　David B. Allison edited, *The New Nietzsche* (New York: Dell, 1977), p.38.

一切方向,由自由的強度和游牧的獨特性,由瘋狂或過渡的粒子。」[13]「無器官的身體」避免有機統一的主宰,大地被一切「自由的強度」穿透,這巨大的分子本身瀰漫著無形、不穩定的物質。

大地概念是可以創新道家研究,也就使生活經驗的廣度面也同樣佔據道家思想的核心位置,莊子說:「體盡無窮,而游無朕。」也就是無窮盡的生活體驗。自由、混亂、豐富、強度構成一開放的空間,充滿動態和流動性。

或許我們無時間駐足於十八世紀的康德,至少也要涉獵這些新哲學家回看一眼的康德,最好是全幅接受,讓新哲學與中國哲學互相擴充彼此的疆界。

三、佛學的諍議

在空宗上,有說空宗是大小乘的共法,「淘汰即去掉執著,所以融通淘汰即是化除封限,去掉執著,而去掉執著,即是去掉眾人之病。所以融通淘汰的目的是要歸於諸法實相,而不是綜合起來成為一大系統,所以與黑格爾的辯證思想是不同的,這就是般若經的特殊性格。」[14]把它視為共法,因為它無所樹立,沒有展現教義的特殊內容,但是空除了是認識的作用,可產生心能以外,可不可以有存有論的含意?「不過有關『空』的意義,中國

---

13 Deleuze & Guattari, *A Thousand Plateaus*, trans. by Brian Massumi (Great Britain, Athlone, 2004), p.45.

14 同註 6,頁 155。

佛教傳統一般都把它作為方法論上的概念來處理，即『蕩相遣執』，表現出一種消解精神，不取相、不著相，而未能了解『空』亦是一存有論上的概念，目的在展露真實存有，所以沿用『空門』恐引起誤解，而且其涵義亦不夠明確。」[15]所謂存有論大概仍是西方形上學的，所以空可以做為主體的一種超越性的心能。這或許亦是佛教界多把空宗歸入大乘之因。

　　延續天台、華嚴究竟哪一宗為真圓教在歷史上的諍議，首先有共圓說。天台之圓，在即眾生心性，開佛知見，開三乘之權，顯一乘之時；而其本則在《華嚴宗》所言：佛眼所見之『心、佛、眾生三無差別』。華嚴之圓，則在直契此佛眼所見，以知佛之本懷，必普渡眾生，使與佛無異。而其末，則為《法華經》之開權顯實，使一切眾生畢竟成佛。而還契佛之本懷。」[16]一本一末均圓，想以這種調和平息諍議並不容易，但既有本末，即以華嚴之圓為本：起（華嚴之性起佛教）必含具（天台之性具佛教），具不必起。而另一說，「它（一念心）是開決了八識，相應圓教融而為一說的（圓教是就次第而不次第；開權顯實，非四味外別有醍醐，非三教外別有一乘）。復次，它亦不能通過超越的分解而來的真常心，真常心之隨緣不變，不變隨緣，是如來藏真心系統，此亦是別教，而非圓教。它是消化了這真心之「但中」，就「不

15　霍韜晦：《絕對與圓融》（臺北：東大圖書公司，1989），頁358。

16　唐君毅：《中國哲學原論　原道篇三》（臺北：臺灣學生書局，1986），頁327。

斷斷」之實踐中的存有論的圓具而說的煩惱心，故不偏指清清真如理心以為『一念心』也，此不是一念靈知，『知之一字眾妙之門』，這靈知心也。是故若就此『一念心』而言如來藏，這如來藏即是無明陰妄心，是就迷就事而論，此即是『理即』之如來藏。」[17]此說一出，大彰天台。

天台宗既非阿賴耶識系統，它開決暢通八識，又非如來藏系統，也不是用分解的方式說的系統，故「不偏指清淨真如理心」，是不斷煩惱而得解脫（不斷斷），故為不可思議斷，即是並非理性分析方法可思議的解脫；相對於華嚴宗的斷煩惱而得解脫（斷斷），是可思議斷。這是非分別說的天台宗對上了分別說的華嚴宗。

再延續上一代留下的諍議，當代仍試圖釐清。「華嚴宗人說理，非止形上真實義，亦非止理法義，而是在兼賅此二義之外，更有力用義、主宰義，結果即歸於真心。華嚴宗三祖法藏在解釋《起信論》的如來藏緣起思想時，說它是『理徹於事』、『理事融通無礙』。跟著在『一乘教義分齊章』中釋不變隨緣，認為此二者的關係是『真賅妄末，妄徹真源，性相通融，無障無礙』。由此可見他的理是扣緊真心說的，與一般從客觀上說理的不同。」[18]此將華嚴宗掛在主觀上的進路，更「扣緊真心」是主體，而視天台宗是客觀的進路，對於主體的注意不足。而在真心上，理有

17　牟宗三：《佛性與般若　下》（臺北：臺灣學生書局，1977），頁603。
18　同註15，頁398。

「力用義、主宰義」，而理事之間關係是「真賅妄末，妄徹真源，性相融通，無障無礙」。這是正視主體的力用、主宰義。另一說，同樣推崇華嚴宗之圓，也是就「真賅妄末，妄徹真源」而說，來回應天台宗對華嚴宗「曲徑迂迴，所因處拙」的批判。「實際上，用現代語言來說，賢首所言之『相入』就是『對立雙方過渡到對方』之義；而『相即』則是『相互綜合或者統一』之義。華嚴宗將此義之『相入』、『相即』並排而言，考其意義不外就是強調『對立雙方透過相互過轉或相互過渡，而把自己跟對方統一起來之諦義。這明顯是帶有一種『辯證過程』的『思辯統一』（speculative unity），其本質完全不同於『超越的分解』或『超越的統一』[19]。由此提出的辯證格局，認為本質不同於分別說的「超越的分解」或「超越的統一」，這仍是重於精神主體的相即相入。

　　這兩者似都帶有黑格爾精神主體的意味，即使辯證的格局不同於超越的分解，但其中是否已預設「正、反」的二元分解，仍是異體的相即相入，由「對立雙方互相過渡到對方」，同時「相互綜合或者統一」。辯證的格局仍有「對立雙方」才能進行。我們忽視「一念三千」的「三千」是真正的三千個世界，是依尼采的透視主義（perspectivism）而有的實然的三千世界，才能推到如來藏恆沙佛法佛性一觀念，也就是說既沒有現象與物自身的超越分解，也沒有精神（理）與現象（事）的並排。甚至說天台宗

19　陳榮灼：〈論唯識學與華嚴宗之「本性」〉，《鵝湖學誌》第4期，頁90。

是詭譎的，或辯證的詭辭亦不恰當，這不是預設現象與物自身的超越分解以後，經由辯證的格局再去否定現象或物自身，而是一切法當下如是，只有現象。天台宗就是要由「客觀的入路」完全淹沒主體，是無主體的學說，什麼分解俱搭不上，一切當體即是。也不須「一心開二門」的格局，只有一念，就是三千世界。經驗界的個別相即是法性，「不須背面相翻，直須當體即是」。只不過如將天台宗運用於依康德理性分解系統來分析的儒家，又會產生如何不同的面目呢？感性也就不那麼是劣義了。

國家圖書館出版品預行編目資料

簡明中國哲學史

趙衛民著. – 初版. – 臺北市：臺灣學生，2012.09
面；公分

ISBN 978-957-15-1572-4 (平裝)

1. 中國哲學史

120.9   101018822

簡 明 中 國 哲 學 史

著　作　者：趙　　　　衛　　　　民
出　版　者：臺 灣 學 生 書 局 有 限 公 司
發　行　人：楊　　　　雲　　　　龍
發　行　所：臺 灣 學 生 書 局 有 限 公 司
　　　　　　臺北市和平東路一段七十五巷十一號
　　　　　　郵 政 劃 撥 帳 號：0 0 0 2 4 6 6 8
　　　　　　電　話：(0 2) 2 3 9 2 8 1 8 5
　　　　　　傳　眞：(0 2) 2 3 9 2 8 1 0 5
　　　　　　E-mail：student.book@msa.hinet.net
　　　　　　http：//www.studentbook.com.tw
本 書 局 登
記 證 字 號：行政院新聞局局版北市業字第玖捌壹號
印　刷　所：長 欣 印 刷 企 業 社
　　　　　　新北市中和區永和路三六三巷四二號
　　　　　　電　話：(0 2) 2 2 2 6 8 8 5 3

定價：新臺幣四○○元

西 元 二 ○ 一 二 年 九 月 初 版

臺灣 學生書局 出版
中國哲學叢刊